金融业ESG导论

INTRODUCTION TO ESG IN FINANCIAL SECTOR

李志青 刘涛 主编

复旦大学出版社

前言

作为推进可持续发展的基础性制度,当前全球ESG理论与实践正在加速发展。

在国际上,欧盟、美国以及国际标准制定机构均强化了ESG信息披露的要求。一是2023年6月,国际可持续准则理事会正式发布了首批两份国际财务报告可持续披露准则。二是随着2023年1月《企业可持续发展报告指令》(CSRD,以下简称《指令》)正式生效,欧盟进一步在2023年7月通过了配套的《欧洲可持续发展报告准则》(ESRS,以下简称《准则》)。《指令》要求企业根据《准则》披露他们认为社会和环境问题带来的风险和机遇,以及其活动对人类和环境的影响等信息,具有强制性。三是2024年3月,美国证券交易委员会(SEC)关于上市公司气候变化相关信息披露规则的变更草案通过并形成最终规则,要求申报人在其年度报告和注册表中提供与气候相关的信息披露。在国内,2024年4月12日,上交所、深交所和北交所分别发布了《可持续发展报告指引》的最终版本,要求上市公司对可持续发展重要议题进行具体披露。

信息披露制度的发展是ESG投资发展的重要动力。在上市公司ESG信息披露要求趋严的背景下,ESG投资有望迎来扩大市场发展的重要契机。数据显示,中国ESG主题金融产品近几年发行明显提速,以公募基金为例,截至2023年5月,ESG相关公募基金产品共368只,整体规模达4 446.8亿元,较2022年底新发36只产品,规模增加100.6亿元[1]。

对于金融机构而言,ESG治理与ESG投资包含对内和对外两个重要维度。随着全球ESG信息披露框架体系逐渐趋于标准化、信息披露制度趋于强制化,金融机构对内将面临提升ESG管理能力的重要变革,同时,对外面临着ESG投资发展提速和ESG产品创新提速的重要变革。为此,本书旨在顺应全球ESG最新发展趋势,为金融机构更好地抓住ESG发展机遇、开展ESG转型提升、开拓ESG金融市场提供支撑,以期在全球ESG变革的背景下助力我国金融机构抢占发展先机。

本书认为,在全球绿色低碳变革与ESG大发展的浪潮下,金融业助力实体经济绿色低碳发展,首要的就是必须实现绿色价值观的再造,通过ESG来更好履行自身在保护环境、应对气候变化、促进经济社会高质量发展等方面的责任。总体上,金融机构开展ESG实践主要有以下三方面的价值:一是从投资者的角度来看,ESG有助于降低投资者的投资风险,提高投资者的投资收益以及推动投资者履行社会责任;二是从企业的角度来看,金融机构在自身业务开展过程中践行ESG理念,可以倒逼有融资需求的企业在生产过程中注重长期社会、环境价值的实现;三是从社会的层面来看,ESG实践可以促进资本市场正向发展,培育资本市场投资主体的责任投资意识和长期投资意识,进一步推动资本市场建立符合ESG投资规范的长效机制。

---

[1] 王林. 我国ESG主题金融产品量质齐升[N]. 中国能源报,2024-04-15(014).

本书内容分为理论与制度篇、实务与操作篇以及案例篇三个部分。

理论与制度篇包括四个章节。第一章从ESG的概念与发展历程切入,对国内外金融机构在ESG投资中的相关实践进行整理,并总结金融机构参与ESG投资实践的价值和意义。第二章分析了ESG监管和信息披露等方面的政策制度,总览全球范围内美国、欧盟和英国、亚太地区,以及中国对上市公司和金融机构ESG表现及信息披露的监管现状、政策制度以及发展特点。第三章回顾了中国和国际主要ESG评级的评级体系、评估逻辑,并深入分析各评级体系针对银行业、保险业、证券基金业的议题选择和评估要点,以帮助金融机构更好地把握ESG发展方向,从而实现自身高质量发展。第四章提出中国金融机构ESG转型的能力模型,涵盖引领层、管理层、支撑层三大层面,治理定位能力、战略整合能力、管理力、产品力、沟通力、ESG数据管理能力六大能力,并对各能力的定义、目标与核心行动展开分析。

实务与操作篇包括四个章节。第五章从"管理力""产品力"与"沟通力"三个核心方面为中国金融机构提供具体的行动指引,包括如何搭建ESG治理架构、如何制定ESG战略规划与目标、如何推进ESG管理实践。第六章围绕金融机构ESG风险管理背景及趋势、业务端ESG风险管理落实,以及聚焦金融机构气候相关风险管理,对气候风险类型、管理体系、情景分析等进行阐述,旨在为中国金融机构开展ESG风险管理提供参考。第七章从监管机构、投资者、第三方、上市公司等多方视角,以高效地实现ESG信息披露和对外沟通为目的,对金融机构建设、对外沟通体制机制提出了建议。第八章从银行机构、保险机构和证券基金机构三类金融机构入手,论述分析金融机构在ESG产品方面的实践与产品创新。

案例篇包括三个章节,分别以招商银行、太平洋保险以及海通证券的创新实践为例,为金融机构开展ESG治理和ESG投资提供参考样板。

在本书的创作和出版过程中,特别感谢全体编写团队的贡献。本书的作者来自不同的机构,具备多年的行业经验,对金融机构ESG发展问题有着深刻的洞察和理解,团队成员如下:

主编:李志青、刘涛

复旦大学绿色金融研究中心团队:李志青、胡时霖、杨光、石慧洁、刘潇阳

商道咨询上海ESG团队:刘涛、马源、丁文、郑雅丰

同时,感谢招商银行、太平洋保险、海通证券对企业案例编写的大力支持。

各章节主要执笔人员如下:第一、二章,李志青、胡时霖;第三章刘涛、郑雅丰;第四、五章,刘涛、马源;第六章,刘涛、丁文;第七、八、十章,李志青、杨光;第九章,李赢、郑雅丰;第十一章,马源。

金融机构ESG的理论和实践正在不断发展中,相关的法律规制也在探索中。限于时间和作者的水平,书中不足之处甚至错误在所难免,恳请广大读者批评指正。同时也欢迎广大读者将您所关注的ESG相关问题,以及您的思考和心得及时告诉我们,以便我们再版时改进。我们将在复旦大学绿色金融研究中心(微信公众号:复旦绿金)及HiESG官网(https://www.hiesg.com/#/)对本书的部分内容进行定期更新。

编　者

2024年4月22日

目 录

第一篇 理 论 与 制 度

第 1 章 金融机构 ESG 的理论基础 ... 3
本章导读 ... 3
1.1 ESG 的概念与界定 ... 3
1.2 国内外的金融机构 ESG 实践 ... 8
1.3 金融机构 ESG 实践的价值与意义 ... 22
思考与练习 ... 24

第 2 章 金融机构 ESG 的政策制度 ... 25
本章导读 ... 25
2.1 金融机构 ESG 政策制度发展现状 ... 25
2.2 金融机构 ESG 政策制度发展特点 ... 36
思考与练习 ... 38

第 3 章 金融机构 ESG 评级 ... 39
本章导读 ... 39
3.1 金融机构 ESG 评级介绍 ... 39
3.2 金融机构各评级体系详解 ... 43
3.3 金融机构 ESG 评级议题分析 ... 62
思考与练习 ... 74

第 4 章 金融机构 ESG 转型 ... 75
本章导读 ... 75
4.1 金融机构 ESG 转型驱动力分析 ... 75
4.2 金融机构 ESG 转型能力模型 ... 82
思考与练习 ... 95

第二篇 实务与操作

第 5 章 金融机构 ESG 管理实践 … 99
- 本章导读 … 99
- 5.1 搭建 ESG 治理架构 … 99
- 5.2 制定 ESG 战略规划与目标 … 105
- 5.3 推进 ESG 管理实践 … 113
- 思考与练习 … 119

第 6 章 金融机构 ESG 风险管理 … 120
- 本章导读 … 120
- 6.1 金融机构 ESG 风险管理背景及趋势 … 120
- 6.2 金融机构业务端 ESG 风险管理落实 … 122
- 6.3 金融机构气候相关风险管理 … 128
- 思考与练习 … 141

第 7 章 金融机构 ESG 信息披露与对外沟通 … 142
- 本章导读 … 142
- 7.1 金融机构 ESG 与环境信息披露 … 142
- 7.2 金融机构 ESG 与投资者关系管理 … 160
- 7.3 ESG 相关国际倡议与我国实践 … 169
- 思考与练习 … 175

第 8 章 金融机构 ESG 产品开发：实践与创新 … 177
- 本章导读 … 177
- 8.1 银行机构 ESG 业务实践与创新 … 178
- 8.2 保险机构 ESG 业务实践与创新 … 190
- 8.3 证券基金机构 ESG 业务实践与创新 … 193
- 思考与练习 … 199

第三篇 案 例

第 9 章 招商银行：描绘绿色发展画卷 助力打造"价值银行" … 203
- 9.1 健全顶层设计，助力绿色转型发展 … 204

9.2 加大创新,打造绿色产品体系 ………………………………………………… 205
9.3 强化能力建设,提升绿色金融研究水平 ……………………………………… 208
9.4 践行低碳理念,加速推进绿色运营 …………………………………………… 209
思考与练习 …………………………………………………………………………… 211

第10章 中国太平洋保险(集团)股份有限公司 ESG 实践 …………………… 212
10.1 环境层面:发展创新绿色金融,提供绿色融资支持 ………………………… 212
10.2 社会层面:支持实体经济发展,社保乡村振兴齐飞 ………………………… 214
10.3 公司治理层面:完善 ESG 治理体系,关切利益相关方诉求 ……………… 216
思考与练习 …………………………………………………………………………… 219

第11章 海通证券:深化 ESG 管理,推进 ESG 风险管理体系建设 ………… 220
11.1 ESG 管理发展背景及历程 …………………………………………………… 220
11.2 ESG 风险管理体系建设历程 ………………………………………………… 221
11.3 ESG 风险管理体系建设推进成果 …………………………………………… 225
思考与练习 …………………………………………………………………………… 226

第一篇

理论与制度

金融业 ESG 导论

第 1 章 金融机构 ESG 的理论基础

[本章导读]

作为一种新型投资理念,ESG(Environmental Social and Governance,环境、社会及公司治理)把环境、社会和公司治理因素与传统财务因素一并纳入考虑,关注投资回报收益的同时强调环境和社会价值的创造,从而实现社会和环境的可持续发展。因具有抗风险、稳收益的特点和社会责任属性,全球投资者对 ESG 的关注及兴趣在不断提升,全球 ESG 投资市场得到了快速发展。在中国,"双碳"发展上升到国家战略,同时中国资本市场不断开放,吸引了愈来愈多寻找 ESG 投资机遇的国际资本。

本章将从 ESG 的概念与发展历程切入,对国内外金融机构在 ESG 投资中的相关实践进行整理,并总结金融机构参与 ESG 投资实践的价值和意义。

1.1 ESG 的概念与界定

1.1.1 ESG 的内涵

ESG,是一种关注企业环境、社会责任、公司治理表现的投资理念和评价标准(见表 1.1)。投资是 ESG 领域最重要的活动之一,投资者可以基于投资对象的 ESG 评级结果,评估其在防范 ESG 风险、把握 ESG 机遇方面的管理水平,以及促进经济可持续发展、履行社会责任等方面的贡献。

表 1.1 ESG 三大维度

议 题	分 析 内 容
E(Environment,环境)	企业是否践行环境责任、提升生产经营中的环境绩效、降低单位产出的环境成本等
	企业是否构建环境管理制度、是否关注未来环境及生态影响等,包括环境或资源要素投入和产出两个方面
S(Social,社会)	企业是否坚持更高的商业伦理、社会伦理和法律标准,重视与外部社会之间的内在联系等
	衡量企业在对外领导力、员工、客户和社区等方面的表现

续 表

议　题	分　析　内　容
G(Governance,公司治理)	企业是否围绕受托责任合理分配股东、董事会、管理层权力,形成从发展战略到具体行动的科学管理制度体系
	衡量企业在所有权治理结构、董事会结构、透明度、独立性、管理层薪酬和股东权益等方面的表现

1.1.2　ESG 的发展

ESG 这一概念是在社会责任投资的基础上发展起来的,是对社会责任投资理念的丰富和延伸。在 20 世纪六七十年代的欧美地区,随着社会发展与环境变化,社会责任投资理念从早期的宗教教义转变为对当下社会意识形态的反映,从而形成了真正意义上的社会责任投资。社会责任投资强调在投资中关注劳工权益、环境保护、种族及性别平等问题,在此背景下企业社会责任(Corporate Social Responsibility,CSR)概念诞生。

1971 年,全球第一支社会责任投资基金——派克斯世界基金(Pax World Funds)在美国成立,该基金明确表示避免投资支持越战的相关企业。

1990 年,摩根士丹利国际资本发布了全球范围内首个具有 ESG 特征的指数,即多米尼 400 社会指数(Domini 400)[1]。

20 世纪 90 年代,随着公众对环境恶化的日益关注,投资者开始在投资时考虑环境因素。

2004 年,联合国环境规划署金融倡议组织(United Nations Environment Programme Finance Initiative,UNEP FI)首次明确了环境、社会和治理是影响股东长期利益的重要因素。

2005 年,联合国全球契约组织(United Nations Global Compact,UN Global Compact)发布的研究报告《关心者赢》(Who Cares Wins)首次整合了 ESG 的三个维度,提出了 ESG 的概念。

2006 年,联合国发布了负责任投资原则(Principles for Responsible Investment,PRI),并成立联合国负责任投资原则倡议组织(United Nations-supported Principles for Responsible Investment initiative,UNPRI),倡导将 ESG 纳入投资分析和决策过程,并对 ESG 进行恰当披露以报告和提升执行效果。

ESG 理念与 CSR 理念本质上是相通的,即鼓励企业将利益相关方的关注重点纳入决策过程,但相较于 CSR 理念,ESG 基于可持续发展理论,将环境、社会和治理因素纳入公司实现长远发展需要关注的要素中,更有利于形成公司内部治理效果和外部效应提升的和谐统一。

---

[1]　多米尼 400 社会指数为美国第一个以社会性与环境性议题为筛选准则的指数,由 KLD 研究与分析有限公司(KLD Research & Analytics, Inc.)编制,旨在为社会责任型投资者提供一个比较基准,并帮助投资者了解社会责任评选准则对公司财务绩效的影响。

【案例 1-1】 《关心者赢》(Who Cares Wins)

由联合国秘书长和联合国全球契约组织于 2004 年与瑞士政府合作发起的《关心者赢》(Who Cares Wins)得到了 20 多家金融机构的认可。这些金融机构的资产总额超过 6 万亿美元,国际金融公司和世界银行集团也在其中。该报告旨在将 ESG 因素引入资产管理、证券交易,以及对有关研究机构提供指导与建议。共有 9 个国家的 20 多家金融机构参与了报告的撰写。

从 2004—2008 年,联合国全球契约组织、国际金融公司和瑞士政府为投资专业人士资助了一系列活动,为资产管理人和投资研究人员提供了与机构资产所有者、公司和机构互动的平台。该计划旨在增强业界对 ESG 风险和机遇的了解,并改善 ESG 与投资决策的整合。从投资者与公司之间的接口到 ESG 问题在新兴市场投资中的特殊作用,每个事件都被认为是 ESG 主流化的一个特定元素。在与业界进行了四年的磋商后,最终报告提出了进一步整合 ESG 的行动——扩大现有专业知识,以实现将 ESG 问题广泛整合到金融市场中。

这份报告为分析师、金融机构、公司等不同角色提供了不同的环境、社会和公司治理问题的建议。例如,报告建议"投资者明确要求和奖励那些涵盖了环境、社会和公司治理因素的研究,并肯定那些很好地管理这一问题的公司。我们要求资产管理者将有关研究引入投资决策中,并鼓励券商和公司提供更好的研究和信息。不管是投资者还是资产管理者都应该实施或者代理行使与环境、社会和公司治理问题相关的投票权,因为这样可以支持那些正在开展有关研究和提供有关服务的分析师和基金经理。"

1.1.3 ESG 实践的驱动力分析

ESG 实践主要包括了 ESG 投资与 ESG 治理等,其中投资是 ESG 实践最重要的活动之一,而企业 ESG 治理则是 ESG 投资的基础[1]。企业在内外部作用下开展形式多样的 ESG 治理实践,如 ESG 风险识别、风险管理、信息披露等,从而提升 ESG 评级结果,并吸引更多的投资者。

1) ESG 治理的驱动力

第一,ESG 信息披露趋于强制化。

近年来,全球监管部门对于 ESG 信息披露工作愈发重视,中国证券交易所 ESG 信息披露逐渐趋于强制化。2017 年,上海证券交易所(以下简称"上交所")和深圳证券交易所(以下简称"深交所")先后成为联合国可持续证券交易所倡议(Sustainable Stock Exchanges initiative, SSE)伙伴交易所。在此背景下,中国证券交易所及证监会先后出台了不同层面 ESG 信息披露指引或建议,对于上市公司建立 ESG 治理架构、开展进一步 ESG 治理工作起到了方向性的引导作用(如图 1.1 所示)。

---

[1] 周宏春.ESG 内涵演进、国际推动与我国发展的促进建议[J].金融理论探索,2023(5):5-12.

其中，香港联合交易所有限公司(以下简称"香港联交所"或"联交所"[1])对于ESG信息披露的强制性最高。2012年，香港联交所发布关于ESG信息披露的建议性指引；2015年，香港联交所正式发布《环境、社会及管治报告指引》，将环境层面指标列为"不遵守就解释"；2019年，香港联交所发布《咨询总结检讨〈环境、社会及报告指引〉相关〈上市规则〉条文》，将社会层面指标提升至"不遵守就解释"，并将包括ESG管治架构在内的部分内容纳入"强制披露"项。至此，中国的ESG信息披露出现了"强制化"的要求。

萌芽期 (2008年以前)	初步发展期 (2009—2015年)	深化阶段 (2016年后)
• 2000年，上市公司需在招股说明书中显示其风险环境。 • 2004年，高污染企业被要求发布环境报告，并鼓励其他行业也这样做。 • 2006年，深交所推出《上市公司社会责任指引》，要求上市公司积极履行社会责任，定期评估公司社会责任的履行情况，自愿披露企业社会责任报告。 • 2007年，中国环境监管部门发布《环境信息公开办法(试行)》，对上市公司等企业的环境信息披露提出要求。 • 2008年，国务院国有资产监督管理委员会发布中央政府控制的企业社会责任指南；上交所发布《上市公司环境披露指引》。 • 2008年，上交所发布《关于加强上市公司社会责任承担工作的通知》。	• 2012年，香港联交所发布第一版《环境、社会及管治报告指引》，建议上市公司发布ESG报告。同年，原中国银监会发布《绿色信贷指引》。 • 2015年，香港联交所对《环境、社会及管治报告指引》进行修订，要求上市公司披露ESG报告，同时将部分指标分阶段提升至"不遵守就解释"。	• 2017年，原中国证监会颁布《公开发行证券的公司信息披露内容与格式准则第2号——年度报告的内容与格式(2017年修订)》，规定上市公司在报告期内以临时报告的形式披露环境信息内容的，应当说明后续进展或变化情况。 • 2018年，原中国证监会发布修订《上市公司治理准则》，确立ESG信息披露的基本框架。 • 2018年，中国证券投资基金业协会正式发布《中国上市公司ESG研究报告》和《绿色投资指引(试行)》，构建了衡量上市公司ESG绩效的核心指标体系。 • 2020年，香港联交所施行的《环境、社会及管治报告指引》增加了ESG强制披露内容，并将社会关键绩效指标披露要求提升为"不披露就解释"。 • 2021年2月，《上市公司投资者关系管理指引(征求意见稿)》指出投资人交流需包含ESG。

图 1.1　我国 ESG 政策发展演进

第二，全球资本市场 ESG 责任投资理念强化。

近年来，责任投资已成为国际资本市场的标配。随着A股市场国际化进程的加快，境外投资者不断加入中国资本市场，中国上市公司的ESG表现也成为越来越多的境内外投资者和资产管理公司关注的重点。明晟(MSCI)、标普(S&P)、恒生、富时罗素等指数机构纷纷上线ESG评级产品，中国华宝基金、易方达基金、嘉实基金等纷纷布局ESG指数产品，加速ESG责任投资的进程。

投资者亦将ESG风险纳入决策。因此，上市公司在ESG领域将遇到合规、管理、品牌三重风险，包括ESG评级管理、ESG绩效与目标管理等在内的ESG管治工作逐步成为上市公司精益管理的重要部分。

---

[1] 香港交易及结算所有限公司(简称"香港交易所"或"港交所")，是在香港联交所上市的公司。香港联交所为香港交易所全资子公司。

第三,上市公司自身高质量发展的管理需求。

随着中国资本市场的崛起,对上市公司的高质量发展提出了更高要求,而提高上市公司治理水平是提高上市公司发展质量的必然要求。上市公司开展ESG治理与国际资本市场的要求一致,也体现了中国经济向更低碳、科技、健康的可持续发展转型趋势。

越来越多上市公司基于内生动力开展ESG治理工作。基于前述因素,优秀的ESG评级或评级的持续提升能力可以为上市公司塑造良好资本市场品牌,ESG治理日益成为公司风险管理、品牌能力建设的重要组成部分。

2) ESG的价值转换

ESG价值转换就是将环境价值与社会价值转换为经济(财务)价值,促进利用资本来解决外部成本缺乏定价的问题。从微观层面来看,ESG相关考量因素及评价体系力图把企业在追求利润最大化过程中造成的外部性成本尽可能内部化,激励企业承担更多的社会责任,以应对日益严峻的气候变化、环境污染等经济社会发展过程中的挑战。通过外部驱动力,促使企业在追求利润最大化过程中,通过减污节能降耗,发展循环经济、提升社会责任等途径,尽量降低其经济外部性成本。企业在落实ESG相关责任过程中,也在降低环境安全等领域的合规风险,提升市场价值、品牌声誉、可持续盈利能力等方面获得经济价值,而ESG投资者也可由此降低不确定性风险,获得更稳定的投资回报。

从更宏观的层面理解ESG价值转换的内涵,可以以国家多次重点强调的"建立生态产品价值实现机制"这一命题为例,其关键是要彻底摒弃以牺牲生态环境换取一时一地经济增长的做法,建立生态环境保护者受益、使用者付费、破坏者赔偿的利益导向机制,探索政府主导、企业和社会各界参与、市场化运作、可持续的生态产品价值实现路径,推进生态产业化和产业生态化。从资源利用的角度理解生态产品及其价值实现,也就是体现为如何开发并利用好与生态环境相关的资源(包括各类生态产品和服务)。其中,生态资源禀赋的开发利用和良性循环是重点。在生态资源禀赋的开发利用中,既实现其"经济价值",又不违背保护的基本原则,即避免"涸泽而渔"。

2020年9月22日,习近平在第七十五届联合国大会一般性辩论上宣布中国将提高国家自主贡献力度,采取更加有力的政策和措施,力争2030年前二氧化碳排放达到峰值,努力争取2060年前实现碳中和(简称"双碳"目标)。ESG价值转换可从环境、社会及公司治理等非财务角度衡量各行业主体在实现"双碳"目标过程中的企业经营绩效,并为实现中国"双碳"目标提供重要路径支持。

从政府层面而言,ESG价值转换与当前经济绿色转型的目标相契合,将有效助力传统产业结构调整和碳减排工作的开展,促进碳中和目标的达成。具体可以从以下五条路径出发:(1)以强化机构和企业ESG信息披露要求为载体,进一步完善环境信息披露数量和质量,为中国"双碳"目标进度规划提供一定的数据支持和参考;(2)进一步完善ESG评价体系顶层设计,推动量化可比的ESG信息披露框架指引性文件出台,强调碳中和相关指标的创新与构建;(3)出台ESG投资指引性文件,引导市场深化ESG投资意识、提高ESG产品和服务创新动力;(4)加强ESG能力建设相关的激励和支持机制,以实现ESG从理念到实践的高效转化;(5)通过发展碳基金、碳排放权交易等绿色金融产品,实现ESG价值的经济转换。

从金融机构层面看，ESG 既是应对气候变化带来的物理风险和转型风险的重要落脚点，也是践行责任投资与低碳投资的重要理念。以银行类金融机构为例，践行 ESG 理念可以减少因自身业务活动、产品服务对环境造成的负面影响；同时通过构建环境与社会风险管理体系，将 ESG 纳入授信全流程有助于促进金融支持进一步向低碳项目及低碳企业倾斜。在全面实现碳中和的背景下，ESG 可为金融机构提供有力的支撑：(1) 将 ESG 指标绩效纳入金融机构支持"双碳"创新及转型项目筛选；(2) 以 ESG 投资为触点，助力国内外 ESG 指标的对接与融合，拓展以碳中和为核心的可持续发展国际合作。

企业层面，ESG 价值转换通过内化外部成本有利于促使企业节能减排、环境保护等碳中和绩效的达成。此外，ESG 表现较好的企业可以获得更多利益相关方的信任，并拓宽融资渠道，为达到碳中和目标提供更多资金支持。具体来说：(1) 企业可向专业机构及第三方智库寻求 ESG 信息披露方法的技术支持和综合路径规划，以量化可比的环境信息披露及时跟进自身的转型效率；(2) 企业在实现"双碳"目标的过程中强调社会、环境维度表现，可以提升企业的综合影响力，进而拓宽融资渠道；(3) 从公司治理维度来看，诸如科技创新、投资者关系管理、供应链管理和风险管理等指标要素都将对企业"双碳"创新及转型的实施形成合力支持。

1.2　国内外的金融机构 ESG 实践

1.2.1　国际实践

1) 发展现状

进入 21 世纪，ESG 的关注度上升，全球 ESG 投资开始快速发展，越来越多的国家将 ESG 纳入实践。根据 UNPRI 数据，截至 2023 年末，全世界已有 5 363 家机构成为负责任投资原则签署方，资产管理规模总计 141.78 万亿美元。根据全球可持续投资联盟(Global Sustainable Investment Alliance, GSIA)数据，全球可持续资产管理总规模在 2022 年为 30.3 万亿美元，在过去的 6 年(2016—2022 年)中增长了 33%，并于 2020 年达到峰值 35.3 万亿美元。之后，由于联盟成员美国可持续投资论坛(The Sustainable Investment Forum, US SIF)调整了计算方法以解决"漂绿"(Greenwashing，即误导公众相信某个公司或实体在保护环境方面做得比实际要多)问题，美国数据大幅下跌导致 2022 年相较 2020 年全球总规模下降 14%，但非美国市场(欧洲国家或地区及加拿大、日本、澳大利亚和新西兰)可持续资产管理规模则增长了 20%。

负责任投资原则组织 2021 年的年报显示，约 97% 的资产所有者和投资经理已将 ESG 因素纳入其股票投资决策之中。从地区分布来看，欧美发达国家始终走在 ESG 实践的前沿，2020 年美国的 ESG 投资市场占比达到 48%，超过欧洲市场成为 ESG 投资的最大市场。

在 ESG 投资理念兴起的进程中，机构投资者是全球 ESG 投资快速发展的主要推动力量，同时个人投资者的投资意愿也在逐渐增强。数据显示，2018 年美国 ESG 机构投资者中，公共部门、保险资管行业和教育基金三类机构投资者合计占比达到 97%。个人投资者方面,GSIA 数据显示,2020 年个人投资者持有的可持续投资资产规模占比达 25%,而该项比例在 2012 年仅为 11%。

2) ESG 实践

(1) 商业银行

在金融同业中,欧美及亚太地区的知名商业银行在 ESG 管理领域起步较早,至今已经形成了较为完善的 ESG 管理体系,并定期对外进行信息披露,与利益相关方沟通管理进展。

一是制定完整的 ESG 战略框架。国际上多家知名商业银行都已制定明确的 ESG 战略框架,并将之作为银行整体战略的一部分进行披露。战略基本架构可以归纳为"ESG 理念—ESG 总体规划—ESG 具体目标"三级架构。例如,渣打银行的 ESG 理念为"以符合渣打银行宗旨与价值行为的可持续与公平的方式,促进经济和社会发展",其 ESG 战略总体规划为"可持续金融、负责任公司、包容性社区"三大支柱,并在此之下细化了 37 项 ESG 具体目标,形成了一套完整的 ESG 战略框架。

二是建立清晰的 ESG 管理架构。ESG 管理架构是提升 ESG 管理水平、有序推进 ESG 管理活动的基础,部分国际银行已经建立起清晰的组织架构以支持 ESG 管理工作的开展。在 ESG 整体战略把控层面,国际银行普遍成立了专业委员会进行 ESG 管理的整体决策,如花旗银行成立提名、治理和公共事务委员会,渣打银行成立品牌价值观和行为委员会,日本三菱 UFJ 银行成立企业社会责任(CSR)委员会等。在具体执行层面,花旗银行由可持续与 ESG 团队牵头,日本瑞穗银行由战略规划部门牵头,渣打银行则由相关部门共同组成的可持续发展论坛(Sustainability Forum)负责执行工作,有的金融机构还在全球各区域设立了专门的可持续发展部,负责全面推进 ESG 管理的落地。

三是大力发展 ESG 产品体系。在经济绩效方面,国际银行通过不断丰富 ESG 产品体系,致力于以金融力量促进可持续发展。以花旗银行为例,具体业务模式包括:设定 1 000 亿美元可持续投融资目标,并专门发布《花旗集团可持续发展千亿融资进程与影响》,定期披露目标进程;另有银行同业将 ESG 产品划分为可持续融通(债券与股票)、融资(贷款)和投资(负责任投资)三大类分别推进。此外,还包括向小型企业客户提供 150 亿美元专项融资、提供 ESG 视角下的私人银行投资解决方案等 ESG 产品的创新尝试。据统计,2022 年全球新发行的绿色、社会、可持续发展和可持续发展相关债券的销售额约为 6 350 亿美元,迎来首次下跌,同比下降 30%,其中占比最大的绿色债券下降 23%。2022 年第四季度绿色债券发行量为 836.4 亿美元,环比下降 15.9%,为 2020 年第二季度以来的最低水平。但在世界经济好于预期、绿色经济扶持力度加强、利率更加确定和 2022 年推迟发行等因素的影响下,最新数据显示,2023 年全球 ESG 债券发行量达 7 260 亿美元,较 2022 年增长 12%。

【案例 1-2】 汇丰银行 ESG 实践[1]

汇丰银行于 2020 年正式制定气候策略,计划包括:到 2030 年共实现 7 500～10 000

---

[1] 来源:Wind 数据库。

亿美元可持续投融资额;为创新气候解决方案提供融资支持;2030年或之前实现净零碳排放。除此之外,汇丰银行也注重在社会层面开拓全球机遇,在管理层面坚持按照高标准进行企业管理。

一、支持客户转型

为助力客户经营可持续转型,实现碳中和目标,汇丰银行早在2017年就承诺于2025年前对相关行业注入超1 000亿美元的资金。截至2021年底,汇丰已在相关行业提供/促成1 215亿美元可持续发展投融资,并进一步承诺于2030年前在相关行业投资7 500～10 000亿美元。

二、建立系统化ESG产品体系

在可持续投融资方面,汇丰银行从一般项目融资、基建项目融资和投资三个维度设计了涵盖绿色(E)、社会(S)、可持续发展在内的一系列产品。除此之外,出于严格内部控制和风险管理,汇丰还针对相关ESG产品的审核发放流程发布了单独的认定标准和审核框架。

三、逐步退出动力煤融资业务,压降高气候风险敞口

为履行气候及可持续发展目标,汇丰银行承诺将于2030年前逐步停止向欧盟提供动力煤融资,并在2040年前退出全球动力煤融资业务。除此以外,汇丰银行也在逐步压降高气候风险行业的贷款风险敞口。据公告,截至2021年末,汇丰定义的六大高气候风险行业(汽车制造、建筑、化工、金属及采矿、石油及天然气、电力及公用行业)的对公贷款风险敞口占对公及同业贷款的20.0%,较2018年下降0.8个ppt;其中,动力煤贷款余额仅占对公贷款余额的0.2%。

---

(2) 证券基金

证券公司作为资本市场的核心服务中介,可以通过发挥财富管理/经纪、投资银行等功能,帮助创设、发行、销售ESG相关金融产品,引导资金合理高效地流向符合ESG理念的实体领域。在财富管理业务方面,证券公司依托ESG财富管理平台和量化工具,提供丰富的、定制化的产品及投资解决方案。例如,摩根士丹利开发了影响力投资平台(The Investing with Impact Platform)及IQ应用程序,满足客户在ESG领域的定制化财富管理需求。2021年,摩根士丹利92%的投顾业务使用了影响力投资平台、为超30万客户提供ESG金融产品。在投资银行业务方面,证券公司通过股权/债权服务支持ESG领域优质企业。例如,摩根士丹利与企业、金融机构、非营利组织、市政当局、主权国家及超主权国际机构合作,为复杂的可持续发展挑战构建创新性债权融资解决方案,积极推进社会责任主题债、市政及非营利债券等的发行承销工作;同时,作为绿色债券原则(the Green Bond Principles,GBP)、社会债券原则(the Social Bond Principles,SBP)的顾问委员会成员,协助引导ESG债券市场发展、加强绿色/社会和可持续发展债券交易的披露。

此外,资产管理人在ESG理念和实践上也在快速发展。自2006年联合国负责任投资原则组织成立起,全球资产管理人积极响应可持续号召,签署PRI。截至2023年底,共有4 103家资产管理人签署PRI。其中,欧盟签署PRI的资产管理人占总机构数量的30.64%,其次是美国。头部资管机构的签署时间均较早,且总部位于欧盟的资产管理人签署PRI的时间大部分要早于总部位于美国的资产管理人。

资产管理人积极关注气候变化，并致力于通过ESG投资和气候投资实现净零排放目标，推动全球可持续发展。2017年12月，气候行动100＋倡议启动，参与投资机构超过700家，资管规模达68万亿美元。2020年12月，净零资产管理人计划（the Net Zero Asset Managers Initiative, NZAMI）启动，旨在激励资产管理行业致力于实现净零排放，以配合将全球升温限制在1.5℃的目标。截至2023年底，共有315家资产管理人签署NZAMI协议，总资产管理规模达57万亿美元。

随着资产管理人推出越来越多的ESG产品，监管框架逐步成型，ESG市场逐渐标准化，资管机构内部开始逐渐成立ESG治理团队和策略团队，帮助企业更规范地实现ESG战略和可持续发展。2021年5月，晨星发布基于资管公司ESG实践和风险水平的ESG承诺报告，旨在定性分析资管机构将ESG纳入投资流程的程度，涵盖251只基金、140种策略和31家资管公司。晨星将资管公司的ESG实践治理水平分为四个等级，分别为低级、基本、高级和领导者，Amundi、法国巴黎银行资产管理公司、汇丰环球资产管理公司、Jupiter和LGIM五家公司获得了高级级别的评价。

从投资政策角度，美国资管公司的ESG投资主要分为声明使用ESG准则、追求ESG相关的主题、在获得收益的同时追求可测量的ESG影响的开放式基金和ETP（Exchange Traded Products，交易所交易的投资组合）。一种比较细致的ESG投资方法是先基于ESG评估和相关研究选定样本池，然后在证券筛选过程中使用ESG指标或者相关的主题、积极参与企业的ESG议题、尝试衡量投资组合对环境和社会的影响。另一种更基本的做法是要求分析师在投资分析时包含重要的ESG议题，他们有的会主动寻找ESG评级较高的企业，有的会主动排除ESG排名较差的企业。被动投资方法主要取决于该基金与基准指数业绩跟踪的紧密程度；一些基金经理确保对各个板块都有一定的暴露，也有的基金经理会根据他们的ESG分析低配或高配某些板块。

在海外成熟市场，养老金由于规模大、投资期限长、存在委外管理需求的特性，成为ESG投资领域的领跑者，其投资理念和对资产管理机构的投资要求往往对整个市场起到标杆作用。据GSIA统计，2020年初全球五大市场的可持续投资中，机构投资占比达75%；其中以养老金为代表的长期投资者是ESG投资的引领者，截至2020年，已有89%的养老机构表示将在投资中纳入ESG因素。

据中信证券统计，2022年全球ESG基金总规模达24 970亿美元。欧洲、美国、亚洲（除日本）三地的ESG基金规模分别占总规模的83.22%、11.45%、2.04%，位居前三名。在除日本外的亚洲地区，中国内地的ESG基金规模占该地区ESG基金总规模的68%。2022年全球ESG基金总数达7 012只。欧洲、美国、亚洲（除日本）三地分别贡献了75.81%、8.53%、6.55%的基金数量，位居前三名。2022年全球ESG基金净流入规模较2021年度大幅缩水，但融资表现优于全球基金总体水平。2022年全球ESG基金净融资额接近1 824亿美元，四个季度分别融资870亿美元、339亿美元、245亿美元、370亿美元，较2021年净融资额大幅缩水。虽然第四季度净融资额扭转连续三个季度的下降趋势，但第四季度美国ESG基金呈净流出态势。同时，2022年全球基金净流出5 350亿美元，四个季度分别融资1 410亿美元、-2 780亿美元、-1 980亿美元、-2 000亿美元。ESG基金融资表现优于全球基金总体,这彰显了全球投资者对 ESG 投资的信心。2022 年全球 ESG 基金发行数量较上一年度有所减少。2022 年全球共发行 ESG 基金 927 只,四个季度分别发行 242 只、245 只、232 只、208 只,全年总发行数量较 2021 年下滑。

【案例 1-3】 加州公务员退休基金 ESG 实践

作为美国规模最大的主权养老基金,加州公务员退休基金(California Public Employees' Retirement System,CalPERS)在 ESG 投资方面拥有丰富的经验。截至 2020 年底,CalPERS 管理的基金规模已经超过 4 000 亿美元,并且在进行投资的过程中采取"投资促进变革"的理念,积累了独特且充满借鉴性的 ESG 投资模式。

一、投资理念

公司治理的高效,对自然环境的尊重,以及对员工和社区福利的贡献,可以让公司拥有更大、更稳定可靠的价值来源与价值储蓄。秉持着这一理念,基金管理者被要求在作出投资决策时,必须考虑 ESG 的要素,以降低投资风险。在长久的实践中,CalPERS 已经建立了属于自己的专业化 ESG 投资团队,为投资分析提供指导性意见。

二、投资决策机制

为了实现 ESG 理念在投资中的运用,CalPERS 制定了专注于自身特点的 ESG 实践制度指南。例如,CalPERS 制定的权益投资指南中就包含了一整套的制度规划,以保证在投资项目执行中实现基础投资之外的 ESG 理念嵌入。

在选择投资标的时,团队会根据指南中资产划分进行筛选,选取 E、S、G 三方面的指标,建立模型进行 ESG 等级评定。投资标的的最终得分将很大程度地影响对其投资的选择,这就在初步选择上践行了 ESG 理念,保障了项目开始的大方向选择。

由于基金在实际运营中受到投资团队特点的影响,CalPERS 控制最为重要的方式就是制定特殊条款,通过条款引导投资团队以 ESG 理念进行长期投资,并且还规定定时进行信息披露,如果出现不符合合同规定的情况,可能会受到惩罚措施。

除了在项目选定和指引上进行严格规定外,CalPERS 还比较注重对投资过程的监督,内部监督机构会根据 ESG 的投资理念对疑似违反原则的公司或项目进行审查。

---

(3) 保险

作为风险承担者、风险管理者和主要机构投资者,保险公司承担着引导经济、社会和环境可持续发展的重任。2012 年,由联合国环境规划署金融倡议组织倡导的可持续保险原则(Principles for Sustainable Insurance,PSI)正式启动,PSI 是全球保险业应对环境、社会及治理(ESG)风险与机遇的全球践行框架。在 PSI 的指引下,保险公司需要将 ESG 因素融入保险业务决策模型,与客户/业务伙伴合作,与政府/监管机构和其他相关方合作,定期披露实施进度。从风险评估模型到风险汇报,保险公司全程均需充分考虑 ESG 因素。

保险机构的 ESG 实践可以分为两个重要部分:一是负债端实践,即业务端的 ESG 实践,保险公司主要以保险产品和服务为依托,参与环境及社会风险治理;二是资产端实践,即投融资的 ESG 实践,主要通过对 ESG 相关优质资产的投融资活动来进一步增进社会效益、改善环境。

在负债端,国际保险公司对于可持续保险的标准分类有一定的差异性。例如,劳合社在 2022 年度产品服务展示报告中按领域共划分了 12 个类别,分别为建筑、可再生能源、生物多样性、天气、ESG、绿色经济、碳排放补偿、企业脱碳、核能、氢能、电力交通、食品和农业的技术与创新。瑞士再保险集团(Swiss Re-insurance Company, Swiss Re)则将可持续议题分为 5 大类,包括数字化、可持续的未来、健康、减轻气候风险、加强全球合作。慕尼黑再保险公司(Munich Re Group, Munich Re)按行业客户分类的保险解决方案,分类进一步筛选出与可持续发展相关的保险产品。在其官网中共划分 6 大类,符合绿色保险的合计 4 大类 13 小类:第一大类为绿色科技,下设光伏保险、海上风电场保险、可再生能源和能源效率、绿氢、实现电动交通转型、循环经济解决方案、电能储存系统保险;第二大类为天气与农业解决方案,下设天气风险转移解决方案、农业保险;第三大类为参数保险,全面快速应对自然灾害;第四大类为企业风险解决方案,下设电力和公用事业行业。

保险公司的资产端兼具资金方和发行方的角色,资金方主要通过自有保险资金进行投资;而发行方则作为资管机构管理第三方资金参与相关投融资活动。作为资金方,保险资金运用独特的要求与可持续投资理念天然契合。投资需要满足偿付能力及大类资产比例限制的监管框架,同时资金运用具有资产负债匹配的内在需求。险资资产负债匹配下对长期投资的需求与可持续投资的理念天然契合,同时监管及行业协会也正逐步对险企绿色投资进行引导。险资主要由保险保费这一负债性流入组成,在保险期限届满之前,承保保险公司所有的资产(即扣除受托管理的资产)都是该公司所签发保单的备付资金,因此负债性是险资的首要特性。刚性负债成本也决定了险资资金运用:(1)需要尽可能地匹配负债端久期,对冲久期缺口暴露的风险敞口,对于合同期限较长(通常为 15 年及以上)的寿险保单,长久期资产的投资需求相对较高;(2)具有长期保值和增值的内在要求,对长期稳定的投资回报需求较高。因此,险资资产负债匹配要求下对长期投资的需求与可持续投资的长期理念是天然契合的。作为发行方,保险资管产品定位为私募产品,具备 ESG 相关项目的投融资基础。

【案例 1-4】 安联集团 ESG 实践

一、管理层面

安联致力于将可持续性融入各条业务线及决策中,确定了多业务线的具体目标,构建了以集团 ESG 董事会为统筹、首席可持续发展官领导的全球可持续发展部门为核心、多运营实体协作的 ESG 组织架构;同时,基于《安联声誉风险管理标准》《安联 ESG 投资职能规则》等准则,设置 9 项 ESG 治理流程,实现 ESG 方法与核心业务的更深入整合。

ESG 目标与组织架构方面:(1)集团目标方面,安联的主要目标是将可持续性融入各条业务线及各决策中,并从业务、基础建设及气候三方面提出多项清晰的业务效益标准及实现时间。具体而言,安联提出到 2023 年集团实现 100% 可再生电力,同时承诺最迟到2040年在专有投资和财险投资组合中全面淘汰基于煤炭的商业模式。（2）组织架构方面，安联的ESG治理体系可以分为四个层级：集团ESG发展委员会、全球可持续发展部门、ESG工作组、地方ESG治理团队。其中，集团ESG发展委员会起到统筹指导的作用；全球可持续发展部门由首席可持续发展官领导，主要负责可持续发展议程的制定；各部门工作的协调和沟通由ESG工作组负责；各运营实体的主要职责是将可持续性方法和政策有效地整合到具体的业务流程中。

ESG管理层考核方面：ESG相关绩效被整合到安联的薪酬体系中，激励管理委员会成员根据ESG优先事项做出决策并采取行动。

ESG治理流程方面：安联把9个ESG流程融入保险、投资及采购等业务线中。安联已开发出跨保险和投资业务线的ESG综合治理流程及方案，以强化可持续性风险管理。（1）ESG转介流程为核心流程。安联首先确定13个敏感业务领域中的潜在关联交易，其次对每笔交易进行筛选，并提交详细的ESG评估，有效避免潜在的ESG风险。当检测到ESG风险时，就会触发强制转介机制，从而交由专业部门进行多个级别的评估。在所有安联运营实体中，都将运行转介流程。集团可持续发展报告将每年披露其实施的进展以及有关转介流程数量的KPI。（2）ESG评分方法。该方法系统评估了上市资产的ESG表现，得分低于阈值的公司需要资产管理人的解释或做撤资处理。（3）ESG排除政策。这意味着安联严格禁止投资某些行业（如违禁武器、煤炭商业模式，有严重侵犯人权记录的国家提供的政府债券）；同时将保险范围限制在某些业务领域。安联在2015年引入煤炭排除政策，相关股权已经被剥离，此后也不会产生相关投资。（4）ESG业务机会拓展。公司抓住ESG带来的业务增长机会，提供多样的可持续保险或资产管理解决方案，并将这一业务机会列为重要的业绩目标，与管理层薪酬挂钩。

二、业务实践层面

安联将可持续保险原则融入负债端实践和资产端实践中，针对气候变化、低碳转型、自然灾害、新兴消费者等领域建立起全面的ESG业务方法体系，推出丰富的可持续保险和投资解决方案。

负债端实践。持续加强产品开发及风控能力，拓展可持续保险产品矩阵。（1）气候变化和低碳方面，安联每年举行理解气候风险的利益相关方对话和研讨，帮助客户、员工和其他机构伙伴了解气候风险；2021年安联和瑞士再保险合作为加纳开发自主灾害风险保险解决方案；与其他7家保险公司联手创建Net-Zero保险联盟，与政府、企业合作探索应对气候变化风险的缓和措施。（2）自然灾害方面，安联再保险搭建并持续完善Nat Cat风险模型，模拟自然灾害发生并获取优质数据，提升公司及业界的风险管理水平和风险定价能力；提升地理信息系统工具，更智能化且全面地检测自然灾害风险程度。（3）新兴消费者方面，安联为首次进入金融市场的低收入人群提供可负担得起并有效的保险和服务支持，相关产品具备社会普惠性。（4）可持续解决方案扩充方面，安联持续扩充可持续保险解决方案的内容和产品，目前扩充方案主要分为三个方向：可持续保险解决方案、基于保险产品的可持续附加服务、新兴消费者解决方案。

资产端实践。将负责任投资原则纳入投资决策，为第三方资管客户提供ESG投资解决方案。（1）自有投资方面，安联致力于为低碳转型经济提供资金支持，目前已投资资产主要包括可持续发展企业证券及其他资产、可持续主权国家债券、可再生能源、绿色建筑四类,并持续推动建立脱碳投资组合以支持减少实体经济的温室气体排放。(2)资管业务方面,旗下投资业务主体 Allianz GI 聚焦三大策略(ESG 风险策略、关注可持续性策略和关注影响力策略),通过设立可持续投资办公室、研究智库等举措推动有影响力投资的增长和公司的 ESG 整合。同时,安联也为其第三方资产管理客户提供可持续资产管理解决方案,提供 ESG 和社会责任投资产品及策略。

1.2.2 国内实践

1) 发展历程

近年来,ESG 在中国政策话语体系中逐渐主流化。有关政府部门印发 ESG 相关政策,明确对 ESG 理念的响应和支持,推动中国 ESG 的创新发展。随着越来越多的企业披露合规的 ESG 信息,项目投融资与 ESG 的联系日益密切起来。近年来,签署 PRI 的中国金融机构数量不断攀升。截至 2023 年底,中国内地 PRI 签署机构共 139 家,包括 3 家资产所有者、101 家投资管理人、35 家服务提供商;环比签署 PRI 机构数净增 28 家,增量主要来自投资管理人和服务提供商。值得注意的是,截至 2022 年 9 月底,中国内地公募基金管理机构中,已签署 PRI 的数量达到 23 家。其中,资产管理规模排名前 20 的公募基金管理机构中已有 13 家 PRI 签署方。头部资管机构积极拥抱负责任投资理念将对市场起到良好的示范作用。

根据《中国责任投资年度报告 2022》,截至 2023 年第三季度,可统计的中国责任投资市场规模约为 33.06 万亿元人民币。其中,绿色信贷余额 28.58 万亿元人民币,ESG 公募证券基金规模 4 384.11 亿元人民币,绿色债券市场存量 2.15 万亿元人民币,可持续发展挂钩债券市场存量 1 148.9 亿元人民币,社会债券市场存量 7 609.79 亿元人民币,转型债券市场存量 377.8 亿元,可持续理财产品市场存量 1 586 亿元,ESG 私募股权基金规模约 4 343 亿元,绿色产业基金约 3 848 亿元。

2) ESG 投资实践

ESG 生态体系的建设需要监管方、资金方、资产管理机构和第三方服务商等相关方共同努力。在中国,随着金融机构对 ESG 责任投资理念的认可和深化,商业银行、证券基金和保险等不同类型的金融机构已经开始进行丰富的 ESG 投资实践,ESG 相关的投资金额也在不断增长。

(1) 商业银行

在信息披露方面,目前银行的 ESG 披露主要参照 2009 年中国银行业协会发布的《中国银行业金融机构企业社会责任指引》,同时参考《赤道原则》、全球报告倡议组织(GRI)、气候相关财务信息披露工作组(TCFD)等国际组织的 ESG 信息披露框架进行整合。银行的 ESG 信息披露主要有两种形式:一是 ESG(或 CSR)报告,这是较为普遍的银行 ESG 披露形式;二是环境信息披露报告。近几年,受气候相关风险重视度逐渐提高影响,部分银行纷纷开始以全行/支行形式发布独立的环境信息披露报告。例如,2021 年 7 月兴业银行深圳分行发布《2020年环境信息披露报告》，成为首个公开发布环境信息披露报告的全国性银行分支机构；2022年7月中国建设银行发布首份《环境信息披露报告》，成为首个正式发布环境信息披露报告的国有大行。

在风险识别与管理方面，中国银行业通过开展气候相关风险压力测试进行相关探索。2016年，央行等七部委在《关于构建绿色金融体系的指导意见》中提出"支持金融机构开展环境压力测试"，同年，工商银行开始发布环境因素压力测试结果，分析高耗能产业在环境政策收紧的情况下行业信贷质量的变化。随后，央行于2020年《金融稳定报告》中正式明确气候风险的界定和影响金融稳定的风险传导机制。2021年，央行组织部分银行业金融机构开展第一阶段气候风险敏感性压力测试，以评估"双碳"目标的实施对银行体系的潜在影响。

在ESG投资方面，国内银行业主要开展ESG概念信贷以及ESG概念债券业务。一是投放ESG概念信贷。根据相关研究，ESG概念贷款包含绿色信贷、涉农贷款和普惠金融贷款。据统计，2022年末，国内ESG概念贷款的余额规模为103.42万亿元，其中绿色信贷余额22.03万亿元，社会概念贷款(涉农贷款、普惠金融贷款)的余额规模为81.39万亿元。二是发展ESG概念债券业务。国内尚未对ESG概念债券作出定义，目前有明确定义的为绿色债券，即绿色债券＝标准债券＋绿色，指将所得资金专门用于资助符合规定条件的绿色项目或为这些项目进行再融资的债券工具。根据ESG理念，我们将相关债券分为绿色债券概念衍生债券和关注更广泛的可持续发展主题债券。其中，绿色债券概念衍生债券包括传统的绿色债券、气候债券、转型债券、蓝色债券、碳中和债等；关注更广泛的可持续发展主题的债券包括社会责任债券、乡村振兴债券、可持续发展债、可持续发展挂钩债等，具体分类情况详见图1.2。据Wind数据，2022年ESG债券发行1 140只，发行总额1.55万亿元，同比增加15.11%；2023年一季度ESG债券发行249只，发行总额3 759.13亿元，同比减少14.57%；截至2023年4月，ESG存续债券有5 872只，债券余额合计达12.08万亿元。

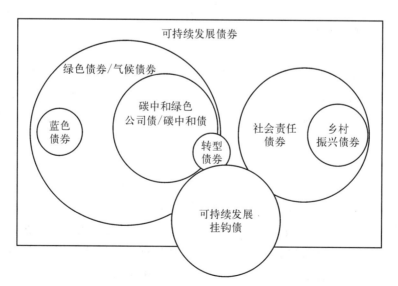

图1.2 ESG概念债券的主要类别

【案例1-5】 工商银行ESG实践[1]

中国工商银行股份有限公司(以下简称"工商银行")坚持以创新引领绿色金融发展,是全球范围内率先开展环境风险压力测试研究的金融机构之一,且多项绿色金融指标处于市场领先水平,积极推动行业非财务信息披露实践的发展,全方位打造绿色金融的"工行样本"。基于人才管理、普惠金融和绿色银行方面的优异表现,2023年,工商银行的MSCI评级已升级为AA。

一、将绿色金融纳入公司战略体系

2021年,工商银行董事会审议通过《2021—2023年发展战略规划》,将绿色金融作为重点发展领域之一。作为绿色金融领军企业,工商银行秉承"以绿色金融促进实体经济发展"的经营宗旨,将"建设国际领先的绿色银行,成为具有良好国际声誉的绿色银行"设定为战略目标,明确了绿色金融任务使命、战略体系、战略重点及战略举措。2022年,工商银行管理层进一步优化了绿色金融(ESG与可持续金融)委员会职能职责,并印发《绿色金融(ESG与可持续金融)委员会工作规则》。董事会及专门委员会听取ESG汇报,开展ESG调研。至此,工商银行形成了全面的绿色金融战略推进体系。

二、气候风险应对措施获国际认可

作为金融稳定理事会"气候相关信息披露工作组"(TCFD)成员单位和"中国银行业支持碳达峰碳中和目标专家工作组"组长单位,工商银行制定了一系列"自上而下"的举措控制气候风险。政策方面,工商银行修订了《全面风险管理规定》,以强化气候风险的识别和管理,建立各层级部门职责明确的气候风险管理体系。基础设施方面,工商银行建立气候风险数据库收集业务和宏观经济数据,模拟压力情景形成气候风险宏观影响数据库,并将气候风险纳入智能化风控体系,加快智能化系统建设。压力测试方面,工商银行借鉴联合国环境规划署(United Nations Environment programme, UNEP)技术框架,选取央行与监管机构绿色金融网络(the Network of Central Banks and Supervisors for Greening the Financial System, NGFS)压力情景,结合国内实际建立传导模型,并基于行内外客户、业务、行业等数据,开展全行气候风险压力测试。工商银行近年在气候风险管理体系建设与相关技术创新获得了《亚洲银行家》(*The Asian Banker*)的认可,于"2022年度中国奖项计划"评选中荣获气候风险管理成就奖。

三、绿色融资绩效领跑行业

截至2022年第三季度,工商银行绿色信贷规模和增幅稳中有进。绿色信贷余额约3.4万亿元,位居六大国有银行首位,占金融机构总本外币绿色贷款余额20.9万亿元的约16.26%,较年初增长约9 500亿元,增幅34%。

2022年,工商银行在全国银行间市场成功发行100亿元碳中和绿色金融债券,为中国商业银行首次在境内市场发行碳中和绿色金融债券。该债券首次在境内债券市场引用了中欧《可持续金融共同分类目录》,中国绿色金融国际化再进一程。

---

[1] https://www.casvi.org.

2022年上半年,工商银行累计主承销各类绿色债券32只,主承销规模267.30亿元,同比增长23%。其中,碳中和债6只,主承销规模58.76亿元。

四、参照国际标准完善非财务信息披露体系

工商银行已构建以社会责任(ESG)报告、绿色金融专题报告及绿色债券年度报告为主体的非财务信息披露体系。2007年以来,工商银行连续15年发布社会责任报告,并自2021年起发布半年度ESG专题报告。2017年起,工商银行发布《绿色债券年度报告》《绿色金融专题报告》等相关报告。

工商银行参与国内外信息披露指南编制工作。2021年,工商银行作为主要起草单位参与了《金融机构环境信息披露指南》的编制。该指南是由中国人民银行引领的中英环境信息披露试点项目,是中国首个金融机构环境信息披露行业标准。中国人民银行还委托工商银行牵头编制《商业银行环境信息披露操作指南》和《商业银行环境风险压力测试指南》两项绿色金融相关指引标准。工商银行作为国内最早签署支持TCFD建议的专家成员单位,积极助力TCFD实践项目在中国金融业落地,牵头研制《中国金融机构环境信息披露试点工作方案》与《中方金融机构环境信息披露目标框架》,形成银行、保险、资管专题讨论机制。此外,工商银行在碳中和路径、压力测试和棕色资产披露方面积极开展研究,稳步推进标准编制工作。

---

(2)证券基金

在财富管理业务方面,近年来,中国证券公司积极引入以绿色环保为代表的ESG基金产品,并积极推进财富管理客户服务方面的ESG转型。例如,2021年中信建投证券销售新发ESG概念基金(新能源、低碳、碳中和、环保概念等)共35只,合计金额14亿元;光大证券于2021年上半年参与鹏华基金低碳ETF销售2 600万元、易方达低碳ETF销售473万元、华夏碳中和ETF销售13 500万元、泰康碳中和ETF销售8 000万元。在投资银行业务方面,2021年中国证券公司共承销绿色债券及创新创业公司债共1 720亿元,2017—2021年CAGR达49.7%,占证券公司发行债券及资产证券化产品总额由2017年的0.68%增至1.43%。[1]

近年来,中国资产管理行业积极响应国家高质量发展战略和国内外资本市场负责任投资需求,不断精进ESG投资研究实力,踊跃创新和发行相关主题产品,助力国内金融体系的更高质量、更可持续发展。2021年4月,中国首批3只ESG ETF基金获批。2022年3月,中国首只ESG主题的债券型证券投资基金成立。总体来看,中国ESG基金以环境保护主题为主,长期收益显著优于短期表现。2015年开始,ESG基金发展提速,截至2023年8月1日,ESG基金已有477只,基金规模达到5 923.07亿元。从结构上看,环境保护主题基金占比最大,主要得益于中国政府在环境保护和绿色发展领域推出的一系列扶持政策和监管要求。纯ESG主题基金相比于ESG策略基金占比较小,说明中国目前仍主要是将ESG投资策略作为一个辅助策略。从ESG基金收益率来看,近三年和近五

---

[1] https://www.sac.net.cn/shzr/hgfpdt/.

年的各类 ESG 基金较沪深 300 和中证 500 均取得了不错的超额收益。但近一年的各类 ESG 基金收益和风险情况,其表现并不理想。[1]

【案例 1-6】 华夏基金 ESG 实践[2]

作为国内最早开展 ESG 投资的基金公司之一,ESG 已成为华夏基金的价值底色。华夏基金将 ESG 融入企业战略、组织架构、投资管理和企业运营中,以价值投资为内核,以 ESG 为底层逻辑,追求股东价值与利益共同体的社会价值的双重体现。截至 2022 年 9 月 30 日,华夏基金母公司及子公司管理资产规模超 1.79 万亿元,服务超 2 亿户个人投资者与 18.7 万户机构客户,其中,包括 3 只 ESG 策略基金和 10 只泛 ESG 主题基金,规模共计约 320 亿元。此外,在全部跨境投资资产的主动权益类账户中应用 ESG 整合投资理念,规模超 400 亿元。

一、构建公司 ESG 治理架构

华夏基金是国内首家签署负责任投资原则的基金公司。自 2017 年 3 月加入 PRI 起,华夏基金深入贯彻其六大原则,系统性地将 ESG 考量整合到投资流程中,建立了完善的 ESG 风险管理框架体系和 ESG 投资研究团队,并设立 ESG 业务委员会。该委员会与投资委员会平行,由 CEO 领导,负责统筹管理公司的 ESG 投资和推广业务,决定公司 ESG 投资的发展方向和具体计划。

2020 年,华夏基金的 ESG 投资制度实践获得 PRI 签署方年度评价报告中"策略与治理"模块的全球最高等级"A+"评定,是国内首批获得该评定的资产管理公司。

二、创建本土特色 ESG 投研体系

首创将 ESG 研究团队嵌入投资部门的组织模式。华夏基金将 ESG 投资理念融入主动权益投资管理的各个环节,并在主动管理中采取策略制定、基本面分析、组合管理、风险控制、上市公司沟通、定期跟踪的六步 ESG 投资流程,妥善管理 ESG 风险并产生可持续的回报。

将 ESG 深度嵌入基本面研究。在借鉴国际主流 ESG 评价体系的基础上,华夏基金的 ESG 研究团队基于中国上市公司特点,开发出一套适用于本土市场的 ESG 基本面研究框架。华夏基金风险控制部门建立了覆盖全公司的内部负面信息筛查系统,通过关键词抓取过滤,及时识别并预警投资标的 ESG 风险。每个季度,ESG 研究员会向基金经理汇报其组合的 ESG 风险暴露,并及时提请仓位调整或后续关注,以实现 ESG 与主动权益投资管理全流程的体系化深度整合。

制定具有行业特征的本土化 ESG 评价体系。华夏基金的 ESG 评价体系是以政策框架为基础,结合市场特点所构建的,覆盖了重点行业的上市公司,并持续对具体指标进行改进,以期构建完善的评价体系。

---

[1] 资料来源:Wind 数据库。
[2] https://www.casvi.org。

针对不同行业,华夏基金ESG研究团队通过分析调研发掘其个性化指标,并进行指标权重调整。指标评估以定性与定量相结合的方式进行。定性指标基于行业研究员、投资经理以及ESG团队调研的综合判断,对其进行分级定档。量化指标以权威、准确的现有数据源为主,数据缺失时用多种方法构建拟合指标。最终汇总定量和定性指标,并通过权重和偏度调整形成ESG分数。

2022年,华夏基金搭建了贯穿ESG各环节指标筛选的ESG数据平台系统,通过市场调研筛选出市场上具有专业度的数据供应商,提升ESG数据可得性与可比性,提高ESG投资研究实力与效率。

三、尽责管理提升企业ESG表现

华夏基金入选PRI资管机构践行尽责管理活动的案例,展示了其在ESG尽责管理中的实践经验。当识别出争议事件或通过行业和股票分析发现被投企业的可持续性风险和机遇时,通过与高层沟通、团队交流和出具报告等方式,华夏基金根据被投企业所处的行业环境、公司发展历程、股权结构以及被投企业自身意愿程度等特征采取不同的沟通策略,提供针对性的意见和建议。如果沟通进展不理想,华夏基金将视不同情况采取与其他投资者协作共同开展沟通、在股东大会提交股东提案、投票提出反对意见,甚至撤资等不同措施。2018年以来,华夏基金ESG团队已与超过40家上市公司进行了深度ESG交流,帮助相关公司提升ESG管理水平与绩效。

四、全线布局ESG投资策略产品

华夏基金自2017年布局泛ESG产品以来,持续扩宽境内外ESG产品线,并在产品中逐步深入融合ESG投资策略。2020年3月31日,华夏基金与战略合作伙伴NN Investment Partners(NNIP)成立了NN(L) International China A-share Equity Fund,系全球首个由境内基金管理公司管理的ESG策略UCITS产品。2022年,华夏基金首只ESG指数产品"华夏沪深300ESG基准ETF"正式成立,填补了被动型ESG产品线的空白。同年,华夏基金推出ESG整合基金"华夏ESG可持续投资一年持有基金(014922)"和"华夏融盛可持续一年持有混合"(014482)。"华夏ESG可持续投资一年持有"是目前境内公募市场上唯一纯使用ESG策略的ESG基金。

华夏基金将ESG理念贯彻于产品实践中。2022年12月7日,华夏越秀高速REIT(180202)的《2021年环境、社会及管治(ESG)报告》发布,披露了项目基础资产相关的ESG关键议题和绩效指标。这是境内首份公募基金ESG报告、首份公募REITs ESG报告。

五、全面减碳助力碳中和目标实现

华夏基金是国内首家明确提出碳中和具体目标和实施路径的基金公司。2021年,华夏基金提出实现运营活动碳中和的目标,并制定了完整的实施方案。华夏基金持续通过节约用电、用纸、改进差旅等方式降低排放,辅以购买绿色电力凭证及符合标准的碳汇等举措抵减剩余排放量来实现运营活动减碳。据外部机构依据温室气体议定书(GHG Protocol)系列标准进行碳排放核算的结果显示,华夏基金总部及各分公司2020年二氧化碳当量排放约为9 225.62吨,人均排放量为9.5吨。华夏基金2021年碳排放总量为9 034.80吨,同比下降2.07%,人均排放量为8.94吨。

华夏基金计划在2025年前完成投资组合碳排放基线测算及目标设定,承诺加强投资组合碳排放的测算工作,并敦促被投资企业加强气候变化风险管理和信息披露。

(3)保险

在负债端,保险公司通过承保ESG相关风险标的,提供对应保险产品及服务来参与环境及社会可持续发展的治理。根据原中国银保监会[1]于2022年11月发布的《绿色保险业务统计制度的通知》,环境、社会、治理(ESG)风险保险业务主要涵盖了气候变化风险类保险(巨灾保险、碳保险)、环境风险类保险(环境污染责任保险、船舶污染责任保险)、社会治理风险类保险(安全生产责任保险)以及其他(表1.2)。

表1.2　环境、社会、治理(ESG)风险保险业务分类

气候变化风险类保险:指为气候变化、低碳转型提供风险保障的保险产品	巨灾保险:指为预防和分散自然灾害等事故可能造成的重大人员伤亡、财产损失和社会风险,促进灾后应急管理和社会秩序恢复的保险产品
	碳保险:指为减少碳排放所产生的特定交易、技术、行为和设备提供保障、降低损失风险的保险产品
	涉及绿色产业的保险业务:统计气候变化风险类保险业务中为绿色产业提供风险保障的情况
环境风险类保险:指以环境保护为目的,为各类环境损害事件提供风险保障的保险产品	环境污染责任保险:指为企业环境污染事故责任提供风险保障的保险产品
	船舶污染责任保险:指为船舶环境污染事故责任提供风险保障的保险产品
	涉及绿色产业的保险业务:统计环境风险类保险业务中为绿色产业提供风险保障的情况
社会治理风险类保险:指服务于社会治理,为矛盾纠纷高发领域提供风险保障且与可持续发展密切相关的保险产品	安全生产责任保险:指为安全生产事故责任提供风险保障的保险产品
	涉及绿色产业的保险业务:统计社会治理风险类保险业务中为绿色产业提供风险保障的情况
其他:指其他为环境、社会、治理(ESG)领域风险提供风险保障的保险产品	涉及绿色产业的保险业务:统计其他保险业务中为绿色产业提供风险保障的情况

在资产端,保险公司兼具资金方和发行方的角色,资金方主要通过自有保险资金进行投资;而发行方则作为资管机构管理第三方资金参与相关投融资活动。2021年10月,中国保险资产管理业协会责任投资(ESG)专业委员会成立,这有利于引导保险资金树立

---

[1] 2023年更名为国家金融监督管理总局。

ESG责任投资理念,并通过设计ESG责任投资产品,明确投资流程,进行风险识别和风险防范等,扩大保险领域ESG责任投资进程和覆盖面。据中国保险资产管理业协会数据统计显示,截至2022年底,保险资金债权投资计划、股权投资计划和保险私募基金支持绿色产业发展登记(注册)规模近1.2万亿元。其中,债权投资计划投资项目中涉及绿色产业的登记(注册)规模超1万亿元,投向的主要领域包括交通3 905亿元、能源3 282亿元、水利830亿元、市政674亿元等;股权投资计划项目中涉及绿色产业的登记(注册)规模为351亿元,其中,直接投向环保企业及清洁能源企业股权162亿元、投向清洁能源产业基金权益189亿元;保险私募基金中涉及绿色产业的登记(注册)规模为858亿元,重点投资可再生能源等项目。

1.3 金融机构ESG实践的价值与意义

1.3.1 对投资者的价值与意义

对于投资者而言,ESG有助于其实现投资目标。根据CFA(Chartered Financial Analyst,特许金融分析师)全球ESG投资认知的调查,73%的资金方都在投资分析和决策中考虑了ESG因素。ESG投资理念符合追求长期投资回报的需求且ESG投资评价体系有助于资金方更好地满足监管规定,符合长期优质投资资产的需求。社保基金、养老金等更加关注投资对象长期的价值基础,ESG正是这一长期思维模式的代表。

第一,降低投资风险。

ESG作为一种新型投资理念,可以有效降低个股及组合风险。ESG表现优秀企业可以通过风险传导机制来降低自身管理风险,从而降低其投资人的投资风险。

风险传导机制主要通过三个环节实现。首先,ESG表现更好体现在环境、社会和公司治理三个方面的因子得分更高。这些因子既包括公司管理层对企业自身的管理,也包括对供应链的管理。因此,这些因子的得分越高,说明公司自身管理以及供应链管理越好,也意味着更严格的合规管理和更高的风险管控能力。其次,更高的风险管控能力能有效帮助公司避免受到欺诈、贪污、腐败或诉讼案件等负面事件的影响,进而避免因这些负面事件严重影响公司的价值和股价。风险事件的减少最终降低了公司股价的尾部风险。

从风险角度来看,气候变化带来的物理风险让市场越来越意识到环境保护的重要性。而各国采取的环境政策让相关公司的成本和盈利都大受影响,公司估值的变化给资产管理人带来了不小的影响。良好的企业ESG表现能减少信息不对称,降低企业债务违约的风险。其传导机制主要体现在三个方面:良好的企业ESG表现能提升企业的经营能力;良好的企业ESG表现能降低企业的经营风险;良好的企业ESG表现能提升企业的履约意愿。经营能力、经营风险和履约意愿是影响企业债务违约的重要因素。

此外,社会发展的问题也在愈演愈烈。以美国为代表的发达国家,收入分化越来越大,随之而来的民粹主义上升,给整个经济社会的稳定带来挑战。借助ESG对环境社会和公司治理等问题相对全面的覆盖,资产拥有者和管理者们可以在一定程度上规避这些风险。

第二,提高投资收益。

投资收益是投资人进行投资决策最重要的指标之一,ESG 投资也不例外。ESG 投资收益通过两个方面体现:一是股息分红;二是股价上涨。MSCI 研究团队分别对这两个方面进行研究,推导出两个传导机制。

首先,股息分红可以为投资者带来长期稳定的收益,股息的高低决定了投资者的收益水平。ESG 评级较高的公司通常具备长远的发展目标、科学的战略规划和更好的人力资本发展或者更好的创新管理,形成竞争优势。此外,ESG 表现更强的公司往往更擅长制定长期的业务计划和人才激励计划,提高公司人才黏性,推动公司管理水平提升。这个管理竞争优势会转化成市场竞争优势,可提高公司营业收入和降低成本,实现盈利能力提升,而更高的盈利水平会为投资者带来更高的股息。

其次,投资收益亦可通过股价上涨实现。实质性议题分析作为 ESG 体系建设的重要一环,能有效识别公司的系统性风险,ESG 表现好的公司意味着较好的实质性议题分析能力,因此展现出较低的系统性风险,不易受到系统性市场冲击的影响。系统性风险溢价会转换为股票的期待回报率,即较低的系统风险意味着较低的期待回报率,因此公司获得资本的成本也会降低。MSCI 研究团队比较了 ESG 评级从低到高的 5 组公司的价格收益率,比率越小表明企业获利能力越大,因此市场估值也更高。结果发现,ESG 评级高的公司对应的价格收益率更低,意味着其市场估值更高。

第三,履行社会责任。

从 ESG 投资的发展过程来看,最初阶段是由伦理道德所引导的,旨在筛除或规避投资与个人、团体价值观不一致的公司或行业,关注伦理、宗教、人类和平等问题。随着社会发展进入新的阶段,新的问题伴随产生。自 20 世纪末以来,全球人口不断攀升,自然资源快速消耗,气候变化问题突出,人类生存面临非常严峻的考验,促使政府、企业以及社会思考社会责任问题。意识的提高推动着社会价值观的形成。民众对可持续发展的关注促使资本市场思考如何引导社会和人类向更美好的未来发展,在价值观驱动下,投资者在投资活动中关注和实践 ESG,推动企业绩效持续改进。

1.3.2 对企业的价值与意义

金融机构在自身业务开展过程中践行 ESG 理念,能够倒逼有融资需求的企业在生产过程中注重长期社会、环境价值的实现。

采纳 ESG 标准能扩大企业融资渠道,良好的公司治理能有效降低股权和债务融资成本。Raimo 等[1]提出 ESG 披露对债务融资成本产生了正面影响,且在 ESG 信息传播方面具有更高透明度的公司可以在更好的条件下获得第三方财务资源。Wang 等[2]也提

---

[1] Raimo N, Caragnano A, Zito M, et al. Extending the benefits of ESG disclosure: The effect on the cost of debt financing[J]. Corporate Social Responsibility and Environmental Management, 2021(3): 1412-1421.

[2] Wang C, Zhao M, Zhang Z. Research on the relationship between corporate governance performance and financing cost under the background of ESG theory[C]. 2020 Management Science Informatization and Economic Innovation Development Conference (MSIEID). EDP Sciences, 2020: 309-312.

出良好的公司治理绩效能够有效降低融资成本。邱致远和殷红[1]提出ESG表现较好的企业的融资成本会显著降低。Sabbaghi[2]发现不利的ESG信息披露对公司波动性的影响更大。

1.3.3 对社会的意义与价值

主权机构投资者对于ESG投资的积极参与可以促进资本市场正向发展,培育资本市场投资主体的责任投资意识和长期投资意识,进一步推动资本市场建立符合ESG投资规范的长效机制。

实现碳达峰、碳中和目标需要对能源、工业、建筑、交通等领域的产业结构和空间布局进行重大调整,涉及大规模的投资。面对如此大规模的绿色资金需求,政府财政手段覆盖有限,更多的还是需要发挥其引导作用,进一步强化资本市场的资金支持力度。随着ESG理念在中国的快速发展,资本市场ESG投资意识逐步深化,关注可持续与高质量发展领域的ESG投资必将在"双碳"背景下的资本市场转型波动中成为热门投资方式。

[思考与练习]

1. 简述ESG理念的三大维度和关键议题。

2. 对比国内外金融机构参与ESG投资的实践,你认为国内市场目前存在哪些不足与挑战?

3. 简述金融机构参与ESG投资的意义。

---

[1] 邱牧远,殷红.生态文明建设背景下企业ESG表现与融资成本[J].数量经济技术经济研究,2019(3):108-123.

[2] Sabbaghi O. The impact of news on the volatility of ESG firms[J]. Global Finance Journal, 2020(4):100570.

第 2 章　金融机构 ESG 的政策制度

[本章导读]

国家法律法规和金融监管政策的变化发展,会直接对投融资活动各参与主体产生影响。在政府监管和证券交易所等信息披露政策驱动下,市场主体在投融资活动中首先需要满足外部监管机构的合规要求。对于金融机构而言,要在 ESG 政策制度的引导下,将资本注入符合 ESG 价值理念的投资项目中。

本章分析 ESG 监管和信息披露等方面的政策制度,总览全球范围内美国、欧盟、英国、亚太地区,以及中国对上市公司和金融机构 ESG 表现及信息披露的监管现状、政策制度、发展特点。

2.1　金融机构 ESG 政策制度发展现状

金融机构在 ESG 中扮演的角色是多元化的。首先,各类金融机构本身即企业主体,对企业自身 ESG 管理有所要求,并需要依据监管要求向投资人和相关机构披露自身的 ESG 管理情况。其次,金融机构依托自身的相关职能,通过开展包括资产管理、信贷、保险等各类金融业务,参与 ESG 投资实践。因此,本节将根据金融机构的不同角色,一方面,梳理针对金融机构的 ESG 政策制度;另一方面,梳理与金融机构相关的针对企业主体的 ESG 政策制度。

信息披露制度的发展是国际 ESG 投资发展的重要动力,国际信息披露框架体系逐渐趋于标准化。目前国际上引用较多的信息披露参考框架主要包括全球报告倡议组织(Global Reporting Initiative,GRI)、国际综合报告委员会(International Integrated Reporting Council,IIRC)、可持续会计准则理事会(Sustainability Accounting Standards Board,SASB)、气候披露标准委员会(Climate Disclosure Standards Board,CDSB)、全球环境信息研究中心(前身为碳信息披露项目,即 Carbon Disclosure Project,CDP)、气候相关财务信息披露工作组(Task Force on Climate-Related Financial Disclosure,TCFD)等。2020 年 9 月,五大全球性可持续发展标准制定机构(CDP、CDSB、GRI、IIRC 和 SASB)发布联合声明表示,未来将共同努力建立一个企业 ESG 报告标准体系以解决当前标准割裂的问题。2020 年 11 月,IIRC 与 SASB 宣布整合为价值报告基金会(Value Reporting Foundation,VRF)。2021 年 11 月,国际可持续发展准则理事会(International Sustainability

Standards Board，ISSB)正式成立，并于2022年8月对CDSB和VRF完成整合。2023年6月，ISSB正式发布了其首批准则《国际财务报告可持续披露准则第1号(IFRS S1)——可持续相关财务信息披露一般要求》及《国际财务报告可持续披露准则第2号(IFRS S2)——气候相关披露要求》。

国外ESG信息披露制度及相关政策基本都是自上而下推动，并逐步由自愿性披露过渡到强制披露。鉴于金融行业有支持实体产业发展方向的重要作用，国际金融监管机构针对金融行业出台了部分专项ESG信息披露要求。2022年4月，欧盟委员会通过了金融市场参与者在根据《可持续金融披露条例》(Sustainable Finance Disclosure Regulation，SFDR)披露可持续性相关信息时使用的技术标准。该标准规定了须披露信息的确切内容、方法和呈现方式，从而提高了披露信息的质量和可比性。这项规定为金融市场参与者披露投资过程中对环境和社会的负面影响提供具体指引，有助于评估金融产品的可持续性表现，并加强投资者保护与减少"漂绿"行为。2022年5月，美国证券交易委员会(United States Securities and Exchange Commission，USSEC)提出了针对基金管理人和投资顾问的ESG概念基金命名和投资标准信息披露两项监管改革的拟议方案。具体而言，ESG投资因子低于其他概念的基金将不得使用ESG或相关的命名，ESG基金须详细披露ESG投资策略与投资组合中的温室气体排放(环保类基金)。这加强了对以ESG命名的基金的监管，规范了基金管理人与投资顾问的ESG信息披露行为。

2.1.1 国际现状

1) 欧盟及英国

欧洲长期以来在ESG政策体系领域属于先行者，ESG政策数量远超其他地区，且增速长期保持稳定，当前已自上而下建立起一套较为完善及统一的ESG监管体系，从公司治理、信息披露及可持续产品分类等方面立法推动可持续发展。发展至今，欧盟仍然在基于外部可持续发展背景、企业可持续发展现状，持续出台对于企业ESG及可持续发展管理及信息披露的新规定。

在公司治理方面，规则持续收紧。2006年英国修订《公司法》(Company Act)，从公司治理角度要求董事进行决策时兼顾对社会及环境的长期影响，规定所有上市公司须披露温室气体排放、人权和性别多元化信息。2007年欧洲议会及欧盟理事会首次发布《股东权指令》，促进股东在股东大会上积极行使权利，强调良好的公司治理和参与投票的重要性。2017年欧盟修订《股东权利指令》，明确要求资管公司和机构投资者对外披露有关被投资公司股东参与的政策，或就选择不予披露进行解释，并且每年必须披露该股东参与政策的实施信息，尤其是重要投票情况等。

在信息披露方面，欧盟作为全球ESG信息披露政策的先行者，目前已逐步建立了较为成熟的ESG报告框架及标准。法国于2001年出台了《新经济规章》(New Economic Regulation)，要求上市公司在其管理报告中提及业务活动造成的环境、社会影响。德国和意大利等在2011年、2012年相继出台了鼓励企业披露环境及社会信息的政策。2014年，欧盟颁布了《非财务报告指令》(NFRD)，引入"不遵守就解释"原则，要求员工数超过500人的大型企业披露ESG相关信息，各成员国应于2016年12月前开始遵守。目前，所有欧盟成员国均已完成了国家层面的相关法规建设。随后，欧盟 ESG 信息披露政策制定经历了持续的完善和修订，包括对 ESG 资产管理、ESG 金融产品的信息披露提出要求。2019 年，欧盟出台了《可持续金融披露规范》(SFDR)，强制要求欧盟金融市场参与者以及位于欧盟外但在欧盟市场内发行金融产品的机构披露 ESG 信息。2020 年，欧盟委员会发布《可持续金融分类法》(SFTR)，为各类金融产品的信息披露提供了一套共同语言和分类方法。2021 年，欧盟委员会通过了《公司可持续发展报告指令》(CSRD)征求意见稿，拟修正或取代现行的《非财务报告指令》(NFRD)，将应当披露 ESG 报告的企业范围扩大至所有的大型企业和上市公司(包括上市中小企业)，并提出了统一采用欧盟可持续发展报告标准(ESRS)的设想。2022 年 4 月，欧洲财务报告咨询小组(EFRAG)发布了欧盟可持续发展报告标准(ESRS)的征求意见稿。2023 年 1 月，《可持续金融披露条例》第二阶段监管标准生效，将欧盟市场上的金融产品按照 ESG 属性分为三类，包括：没有在投资中积极考虑可持续因素的金融产品、促进环境或者社会责任特性的产品、以可持续投资为目标的产品。此外，欧盟设置环境信息编码，提高 ESG 披露质量。欧盟以污染物排放和转移登记(PRTR)的方式强制披露 ES 信息，法律依据主要是《污染物排放及转移登记议定书》《奥胡斯公约》等。其中，PRTR 是指监管部门对特定的环境信息设置编码，以此要求上市企业信息披露内容趋于统一，便于监管部门和投资者识别和分析。同时，欧盟针对不同类别的企业及其产生的污物进行细分，并设定了不同的污染物指标。2019 年，欧洲证券及市场管理局(ESMA)发布《ESMA 整合建议的最终报告》《金融服务业可持续性相关披露条例》，建议明确界定有关概念和术语，以便解决 ESG 信息披露不一致的问题。

在规范市场标准方面，欧盟理事会通过了《促进可持续投资框架》，帮助企业和投资者识别具有可持续性的经济金融活动。欧洲证券和市场管理局出台《可持续金融策略》，将 ESG 要素纳入风险管理，帮助资产所有者更好地控制下行风险。欧盟委员会可持续金融技术专家组发布了《可持续金融分类方案》，从技术上对可持续经济活动设定了筛选标准。

除企业以外，欧洲对于投资机构亦提出了可持续投资的要求。2005 年，英国劳动与养老金部率先在两项养老金保障基金条例中纳入对环境、社会及道德的考量。2010 年英国财务报告委员会发布的《尽职管理守则》(UK Stewardship Code)明确机构投资者应参与被投资公司的 ESG 事项。2014 年英国《投资中介机构的信托责任》(Fiduciary Duties of Investment Intermediaries)进一步明确中介人责任，指出 ESG 考量应作为受托者责任的一部分。2016 年，欧盟出台《职业退休服务机构的活动及监管(重订)》，对金融工具发行人披露 ESG 信息、资产管理者将 ESG 纳入投资考量作出规定，进一步畅通了 ESG 投资渠道，提升了养老基金中用于负责任投资的比例。

2) 美国

美国拥有全球最大的金融市场和成熟的市场体系，与欧洲政府主导的全面性 ESG 政策相比，美国由资本市场持续加码可持续性投资而引导企业自发披露 ESG 信息的趋势较为明显。

美国的 ESG 监管政策主要集中于上市公司，美国证券交易委员会(USSEC)于 1993 年颁布《92 财务告示》要求上市公司及时准确地披露现存或潜在环境责任。2010 年，就气候变化发布《上市公司气候变化信息披露指引》,要求上市公司在信息披露中对气候变化相关的影响进行描述。2021年2月,发布《关于强化上市公司气候相关信息披露的声明》并更新《上市公司气候变化信息披露指引》。可以看出,美国证券交易委员会要求强制披露的内容主要为环境方面,对于其他ESG信息则少有强制要求。2021年6月,美国众议院针对该问题通过了《2021年ESG信息披露简化法案》并提交至参议院,该项法案要求美国证券交易委员会制定定义清晰的ESG披露指标,这将大幅提高对上市公司ESG信息披露的要求。此外,美国的证券交易所则积极制定ESG报告指南:纳斯达克交易所在2017年和2019年分别发布了《ESG报告指南1.0》和《ESG报告指南2.0》;纽约证券交易所2021年发布了ESG指南《可持续发展报告最佳实践》。

此外,针对资产管理机构的可持续投资披露规范也在持续推进。2015年加利福尼亚州通过的《第185号参议院法案》要求加州两大退休基金逐步停止对煤炭的投资,向清洁能源过渡。美国劳工部先后于2016年和2018年出台了《解释公告IB2016-01》和《实操辅助公告2018-01》,针对退休基金,要求社会责任投资产品的受托者和资产管理者在其投资政策中披露ESG考量,强调ESG投资的受托者责任。2018年,美国国会通过了《第964号参议院法案》,进一步提升了此前《第185号参议院法案》中对两大退休基金(加州公务员退休基金和加州教师退休基金)的气候变化风险管控及相关信息披露要求。这表明美国开始加强对资产的受托者和管理者ESG信息披露的监管。2020年美国证券交易委员会通过对"法规S-K"的修正案,根据该修正案的要求,美国上市公司在年度报告中应披露影响投资决策的重要ESG信息,涉及人力资源、重大环境诉讼和风险信息等。

3)亚太地区

日本的ESG法规虽然相比欧美起步较晚,但在亚太地区超越其他主要市场。2015年,日本金融厅联合东京证券交易所(Tokyo Stock Exchange)颁布《日本公司治理守则》,将可持续发展议题和ESG要素考量纳入董事会责任范畴,规定董事会应主动处理这些事项并为此积极采取行动。2018年发布修订版,鼓励更多公司自愿披露ESG信息,明确非财务信息应包括ESG要素,更加注重董事会在建立可持续发展的文化中的引领作用,要求董事会承诺并确保所披露的非财务信息有价值。日本交易所集团(Japan Exchange Group)和东京证券交易所于2020年联合出版了《ESG报告信息披露指导手册》,填补了日本上市公司在ESG披露指引文件上的空白。这也是日本交易所集团自2017年底正式加入可持续证券交易所(SSE)后的重要举措。2022年,日本交易所集团与QUICK公司共同发布了《JPX-QUICK ESG问题说明集——促进信息披露》。

新加坡的公司治理在亚洲乃至全世界范围处于领先地位。从新加坡的ESG政策法规演进历程看,其透明度建设走在了世界前列。2011年6月,新加坡证券交易所(Singapore Stock Exchange或Singapore Exchange,SGX,以下简称"新交所")发布《可持续发展报告政策声明》和与之配套的说明文件《上市公司可持续发展报告指南》,建议上市公司就其环境、社会和公司治理表现发布报告。2016年6月,新交所发布了新版《可持续发展报告指南》(Sustainability Reporting Guide),要求所有上市公司在2017年12月31日及之后结束的会计年度中必须发布可持续发展报告。新交所将《可持续发展报告指南》作为主板和凯利板(Catalyst)上市规则的补充收录至"实践准则"的7.6和7F两项内容中。《可持续发展报告指南》的发布,意味着新加坡成为继中国香港之后亚洲第二个强制要求上市公司披露ESG信息的经济体。针对投资者,由亚洲尽职治理中心领导的新加坡尽职治理原则工作组在2016年发布了《新加坡责任投资者尽职治理原则》(Singapore Stewardship Principles For Responsible Investors)。这一文件明确了责任投资者应当遵守的七条原则:(1)表明尽职治理立场;(2)了解投资实情;(3)保持主动知情;(4)处理利益冲突时保持透明;(5)负责任地投票;(6)树立好榜样;(7)共同合作。目前,新加坡已有57家大型投资机构对该原则表达了支持。

2.1.2 国内现状

中国的ESG研究起步较晚,监管文件早期集中于环境保护的信息披露方面。近年来,国家发布了一系列文件,鼓励企业开展ESG管理,披露ESG相关信息。

1) ESG相关顶层政策

近年来,国家陆续公布了多个ESG相关的顶层政策,这些政策对企业的监管、指引方向与ESG理念中的部分议题高度一致。

(1) 环境信息及"双碳"目标

在环境信息披露方面,2007年原环保总局[1]发布了《环境信息公开办法(试行)》,规定企业必须公开和自愿公开的环境信息。2021年5月,生态环境部发布了《环境信息依法披露制度改革方案》,将环境信息强制性披露纳入企业信用管理,强化企业依法披露环境信息的强制性约束。2021年3月,生态环境部组织起草了《碳排放权交易管理暂行条例(草案修改稿)》,规范碳排放权交易,加强对温室气体排放的控制和管理。2021年12月,生态环境部审议并通过了《企业环境信息依法披露管理办法》,要求企业建立健全环境信息依法披露管理制度(见表2.1)。

表2.1 环境信息相关政策

时间	颁布机构	主 要 内 容	涉及领域	涉及对象
2007年	原国家环保总局(现生态环境部)	《环境信息公开办法(试行)》,规定从2008年5月1日开始,所有企业可以自愿公开企业环境信息,对于污染物排放总量超标的企业,必须强制披露	信息披露	企业
2021年	生态环境部	《环境信息依法披露制度改革方案》,到2025年,环境信息强制性披露制度基本形成,企业依法按时、如实披露环境信息,多方协作共管机制有效运行,监督处罚措施严格执行,法治建设不断完善,技术规范体系支撑有力,社会公众参与度明显上升	信息披露	企业

---

[1] 2018年更名为生态环境部。

续 表

时间	颁布机构	主要内容	涉及领域	涉及对象
2021年	生态环境部	《碳排放权交易管理暂行条例（草案修改稿）》，规范碳排放权交易，加强对温室气体排放的控制和管理，推动实现二氧化碳排放达峰目标和碳中和愿景，促进经济社会发展向绿色低碳转型，推进生态文明建设	碳排放交易	企业
2021年	生态环境部	《企业环境信息依法披露管理办法》，加快推动建立企业自律、管理有效、监督严格、支撑有力的环境信息依法披露制度，明确企业环境信息依法披露的主体、内容、形式、时限、监督管理等基本内容，强化企业生态环境保护主体责任，规范环境信息依法披露活动	信息披露	企业

在推动碳达峰、碳中和方面，2021年10月，中共中央、国务院发布《关于完整准确全面贯彻新发展理念做好碳达峰碳中和工作的意见》，明确了"双碳"的主要目标和实施路径。2021年10月底，国务院印发了《2030年前碳达峰行动方案》，聚焦在2030年前实现碳达峰目标的路径与举措部署(见表2.2)。

表2.2 "双碳"目标相关政策

时间	颁布机构	名称	主要内容
2021年	中共中央、国务院	《关于完整准确全面贯彻新发展理念做好碳达峰碳中和工作的意见》	指出要积极发展绿色金融。有序推进绿色低碳金融产品和服务开发，设立碳减排货币政策工具。支持符合条件的企业上市融资和再融资用于绿色低碳项目建设运营，扩大绿色债券规模。研究设立国家低碳转型基金。鼓励社会资本设立绿色低碳产业投资基金。建立健全绿色金融标准体系
2021年	国务院	《2030年前碳达峰行动方案》	指出要拓展绿色债券市场的深度和广度，支持符合条件的绿色企业上市融资、挂牌融资和再融资。研究设立国家低碳转型基金，支持传统产业和资源富集地区绿色转型。鼓励社会资本以市场化方式设立绿色低碳产业投资基金

（2）绿色金融

2015年，中共中央、国务院发布《生态文明体制改革总体方案》，提出要建立上市公司环保信息强制性披露机制，积极推动绿色金融。2016年，中国将绿色发展理念融入G20议题，并将"建立绿色金融体系"写入"十三五"规划，出台了系统性的绿色金融政策框架。2016年8月，中国人民银行等七部委联合发布了《关于构建绿色金融体系的指导意见》，指出构建绿色金融体系的重要意义，推动证券市场支持绿色投资。2018年11月，中国证券投资基金业协会发布了《中国上市公司ESG评价体系研究报告》和《绿色投资指引（试行)》,初步建立了符合中国国情和市场特质的《上市公司 ESG 评价体系》核心指标体系,致力于培养长期价值取向的投资行业规范,进一步推动了 ESG 在中国的发展。2019 年 3 月,国家发改委颁布了《绿色产业指导目录(2019 年版)》,明确了绿色投资行业的范围问题,要求各地方、各部门要以指导目录为基础,根据各自领域、区域发展重点,出台投资、价格、金融、税收等方面政策措施,着力壮大节能环保、清洁生产、清洁能源等绿色产业。ESG 相关评价体系成为评价相关标的项目的重要参考依据。2019 年 12 月,原银保监会发布《关于推动银行业和保险业高质量发展的指导意见》,指出银行业金融机构须将环境、社会、治理要求纳入授信全流程,强化环境、社会和治理信息披露。2020 年 10 月,生态环境部等五部门联合印发发布《关于促进应对气候变化投融资的指导意见》,指出将引导和促进更多资金投向应对气候变化领域的投资和融资。2021 年 4 月,《绿色债券支持项目目录(2021 年版)》正式发布,新版目录进一步界定了绿色债券支持项目范围,统一了国内绿色债券支持项目和领域,更好地支持绿色产业发展,并逐步实现与国际通行标准和规范的接轨。2021 年 7 月,中国人民银行正式发布《金融机构环境信息披露指南》,建议金融机构每年至少对外披露一次本机构运营的环境影响信息,以及其投融资活动产生的环境影响。此前该指南已经在部分试验区开展试行。2022 年 6 月,原银保监会印发《银行业保险业绿色金融指引》,规定了银行保险机构应当公开绿色金融战略和政策,充分披露绿色金融发展情况,必要时可以聘请合格、独立的第三方,对银行保险机构履行 ESG 责任的活动进行鉴证、评估或审计。表 2.3 是绿色金融的相关政策。

在中国地方政府绿色金融政策与实践方面,地方政府推动绿色转型的自主性逐步增强。2018 年,深圳市人民政府发布了《关于构建绿色金融体系的实施意见》,提出 18 条绿色金融支持政策。2020 年 10 月,深圳市出台《深圳经济特区绿色金融条例》,这是全国首部绿色金融法规。该条例从金融机构的管理、投资、信息披露等方面明确了金融机构和绿色企业的主体责任,要求各类金融机构应当建立内部绿色金融管理制度,包括银行绿色信贷管理制度、保险绿色投资管理制度、机构投资者绿色投资管理制度等,并强制要求在特区内注册的金融行业上市公司、绿色金融债券发行人和已经享受绿色金融优惠政策的金融机构履行环境信息披露的责任,明确规定环境信息披露的内容、形式、时间和方式等要求。2022 年 7 月 1 日,《上海市浦东新区绿色金融发展若干规定》(以下简称"《若干规定》")正式施行。《若干规定》鼓励金融机构参与国际国内生物多样性金融示范项目等;发挥中国(上海)自由贸易试验区及临港新片区跨境资金流动先行先试优势,为企业绿色转型发展提供更便利的跨境投融资服务;鼓励金融机构创新绿色信贷、绿色票据、绿色债券、绿色保险、绿色融资租赁、绿色信托、绿色投资、绿色基金等,支持浦东新区开展气候投融资试点。同时,《若干规定》围绕浦东新区产业绿色转型需求,实现金融支持绿色发展的资源配置、风险管理和市场定价三大功能,发挥好浦东新区法规对全市的溢出效应,包括鼓励金融机构提供多样化的金融产品及服务,关注不同类型企业转型过程中减排路径,促进可持续性发展;支持国家绿色发展基金等聚焦浦东新区环境保护、污染防治、能源资源节约利用、绿色建筑、绿色交通、绿色制造等领域开展绿色投资;支持金融机构开展环境权益融资等业务,推动建立具有国际影响力的碳交易、定价、创新中心等。

表 2.3 绿色金融相关政策

时间	颁布机构	主要内容	涉及领域	涉及对象
2016年	中国人民银行等七部委	《关于构建绿色金融体系的指导意见》，鼓励使用资金引导和财政工具构建绿色金融市场，完善绿色债权发行人和上市公司的强制性环境信息披露制度	ESG投资	金融机构
2018年	中国证券投资基金业协会	《绿色投资指引（试行）》，明确绿色投资的定义，界定绿色投资的范围，阐述绿色投资的目的，提供绿色投资的开展方法，以及为投资标的的环境评估提供指标框架	ESG投资	金融机构
2019年	国家发改委	《绿色产业指导目录（2019年版）》，进一步厘清产业边界，将有限的政策和资金引导到对推动绿色发展最重要、最关键、最紧迫的产业上，有效服务于重大战略、重大工程、重大政策，为打赢污染防治攻坚战、建设美丽中国奠定坚实的产业基础	ESG投资	企业、金融机构
2019年	原银保监会	《关于推动银行业和保险业高质量发展的指导意见》，到2025年，实现金融结构更加优化，形成多层次、广覆盖、有差异的银行保险机构体系；公司治理水平持续提升，基本建立中国特色现代金融企业制度；个性化、差异化、定制化产品开发能力明显增强，形成有效满足市场需求的金融产品体系；信贷市场、保险市场、信托市场、金融租赁市场和不良资产市场进一步健全完善；重点领域金融风险得到有效处置，银行保险监管体系和监管能力现代化建设取得显著成效	ESG投资	金融机构
2020年	生态环境部等五部门	《关于促进应对气候变化投融资的指导意见》，为实现国家自主贡献目标和低碳发展目标，首次从国家政策层面将应对气候投融资提上议程，对气候变化领域的建设投资、资金筹措和风险管控进行全面部署	ESG投资	企业、金融机构
2021年	中国人民银行等三部委	《绿色债券支持项目目录（2021年版）》，在四级分类上不再将煤炭等化石能源清洁利用项目纳入绿色债券支持范围	ESG投资	企业、金融机构
2021年	中国人民银行	《金融机构环境信息披露指南》，旨在通过统计金融活动的环境信息来提升绿色投融资透明度，激励金融机构参与绿色投融资活动	信息披露	金融机构
2022年	原银保监会	《银行业保险业绿色金融指引》，要求银行保险机构从战略高度推进绿色金融，将环境、社会、治理要求纳入管理流程和全面风险管理体系，强化信息披露和与利益相关方利益相关方的交流互动	信息披露	金融机构

(3) ESG 管理

2007年12月,国资委发布《关于中央企业履行社会责任的指导意见》,提出把履行社会责任纳入公司治理,融入企业发展战略,落实到生产经营各个环节。2016年,国资委印发《关于国有企业更好履行社会责任的指导意见》,要求国有企业将社会责任融入企业战略和重大决策、融入日常经营管理、融入供应链管理以及融入国际化经营,建立社会责任指标体系,加强社会责任日常信息披露。2022年5月,国资委发布《提高央企控股上市公司质量工作方案》,推动央企控股上市公司 ESG 专业治理能力、风险管理能力不断提高,推动更多央企控股上市公司披露 ESG 专项报告,力争到2023年相关专项报告披露"全覆盖"。

2) ESG 信息披露

2022年以来,证监会和深圳证券交易所、上海证券交易所在 ESG 信息披露和监管方面发布了多个相关政策,对上市公司在社会责任报告编制与披露、环境信息披露、重大风险情形信息披露、利益相关方权益保护披露以及公司治理等 ESG 信息披露方面提出了更显性和明确的要求。

(1) 证监会

证监会不断研究健全上市公司 ESG 信息披露工作,规范上市公司运作。2017年,证监会修订了上市公司年报及半年报内容与格式准则,明确提出分层次的上市公司环境信息披露制度,即要求重点排污公司强制披露、其他公司执行"不遵守就解释"原则,新增上市公司支持扶贫开发工作的信息披露要求。2018年,证监会结合国际经验和中国国情对《上市公司治理准则》进行修订,提出上市公司应加强员工权益保护,将生态环保要求融入发展战略和公司治理过程,在社区福利、救灾助困、公益事业等方面积极履行社会责任,并鼓励上市公司自愿披露可能对股东和其他利益相关方决策产生影响的信息。2021年5月,证监会发布了《公开发行证券的公司信息披露内容与格式准则第2号——年度报告的内容与格式(2021年修订)》,新增"环境和社会责任"章节,要求全部上市公司披露报告期内因环境问题受到行政处罚的情况,鼓励自愿披露为减少其碳排放所采取的措施及效果,鼓励积极披露巩固拓展脱贫攻坚成果、乡村振兴等工作情况。2022年4月,证监会发布《上市公司投资者关系管理指引》,要求上市公司主动向投资者沟通企业 ESG 相关信息,突出了上市公司将 ESG 内容与投资者沟通的重要意义。

(2) 交易所

在证监会发布的上市公司信息披露规则基础上,深交所和上交所出台了更为细化的 ESG 信息披露指引要求。与香港联交所相比,目前深交所和上交所未要求上市公司强制披露 ESG 信息,且相关文件披露事项规定比较笼统,未制定具体的关键绩效指标。

在鼓励披露社会责任情况方面,2006年9月,深交所发布《上市公司社会责任指引》,鼓励上市公司积极履行社会责任,定期评估社会责任的履行情况,自愿披露社会责任的相关制度建设。2008年12月,上交所发布《〈公司履行社会责任的报告〉编制指引》,要求上市公司披露在促进社会可持续发展、环境及生态可持续发展、经济可持续发展方面的工作。2022年1月,上海证券交易所、深圳证券交易所分别更新了《上海证券交易所股票上市规则》(2022年修订)、《深圳证券交易所股票上市规则》(2022年修订),在公司治理中纳入社会责任,并加强了社会责任信息披露要求,除公司应当按规定编制企业社会责任报告外,还在"应当披露的其他重大事项"中加入了"上市公司应当按规定披露履行社会责任的情况"。

在信息披露内容方面,2022年,深交所发布《深圳证券交易所上市公司自律监管指南第1号——业务办理(2022年7月修订)》,其附件《上市公司社会责任报告披露要求》给上市公司披露社会责任报告提供了框架。2022年,上交所发布《上海证券交易所上市公司自律监管指引第1号——规范运作》,提出上市公司可以披露每股社会贡献值,即公司为社会创造的每股增值额。

在信息披露考核方面,2020年,深交所发布《上市公司信息披露工作考核办法(2020年修订)》;2022年,上交所发布《上海证券交易所上市公司自律监管指引第9号——信息披露工作评价》,将履行社会责任的披露情况纳入上市公司信息披露工作考核内容,作为加分事项,重点关注是否主动披露环境、社会责任和公司治理ESG履行情况,报告内容是否充实、完整等,上市公司是否披露ESG信息、信息披露质量均会影响公司信息披露评级。

对于香港联交所,2012年,首次发布《环境、社会及管治报告指引》,倡导上市公司进行ESG信息披露;2016年,将部分事项由建议披露升至半强制披露;2019年12月,再次扩大强制披露范围并将ESG全部事项提升为"不遵守就解释",除"独立验证"为建议性条款外,所有指标均为强制披露条款。

表2.4为ESG信息披露相关政策。

表2.4　ESG信息披露相关政策

时间	颁布机构	主要内容	涉及领域	涉及对象
2006年	深圳证券交易所	《上市公司社会责任指引》,鼓励上市公司自愿披露《社会责任报告》(CSR)。深交所要求,所有"深证100指数"的成分股上市公司,必须披露《社会责任报告》	信息披露	企业
2008年	上海证券交易所	《〈公司履行社会责任的报告〉编制指引》,要求上市公司披露在促进社会可持续发展、环境及生态可持续发展、经济可持续发展方面的工作。	信息披露	企业
2012年	香港联交所	《环境、社会及管治报告指引》,要求上市公司将"环境"和"社会责任"相关内容作为"一般披露"事项	信息披露	企业
2016年	香港联交所	确立强制ESG信息披露的上市制度:对于所有申请香港联交所上市的公司,对一般披露要求,必须遵循"不遵守就解释"的披露规则	信息披露	企业
2017年	香港联交所	将环境绩效指标升级为"不遵循就解释"	信息披露	企业
2018年	香港联交所	《绿色金融战略框架》,主要任务包括加强上市公司对环境信息的披露(特别是与气候有关的披露)	信息披露	企业、金融机构
2018年	证监会	修订《上市公司治理准则》,明确上市公司股东对上市公司的经营享有法定的知情权和参与权,对上市公司的独立性、高管职责、环境保护、社会责任以及信息披露与透明度等方面提出了具体的要求	信息披露	企业

续 表

时间	颁布机构	主要内容	涉及领域	涉及对象
2019年	香港联交所	《环境、社会及管治报告指引》和《上市规则》,其中增加对董事会的ESG监管、决策做出了强制披露的要求,将披露建议全面调整为"不披露就解释"	信息披露	企业
2021年	证监会	《公开发行证券的公司信息披露内容与格式准则第2号——年度报告的内容与格式(2021年修订)》,除了必要的独立性、内部治理等内容,准则鼓励公司在定期报告中披露"为减少其碳排放所采取的措施及效果"(E),以及"巩固拓展脱贫攻坚成果、乡村振兴"(S)等工作情况	信息披露	企业
2021年	香港联交所	《气候信息披露指引》,目标对象为尚未就气候相关议题建立实质内部专门知识的公司,旨在为促进上市公司遵守气候相关财务信息披露工作小组(TCFD)的建议提供实用指引,并按相关建议进行汇报	信息披露	企业
2021年	香港证监会	《致单位信托基金及互惠基金——ESG基金管理公司的通函》,为以ESG因素作为主要投资重点的基金(ESG基金)披露提供指引,该通函加入了关于ESG基金进行及披露定期评估以及汇报如何纳入ESG因素的规定	ESG投资	金融机构
2021年	香港证监会	《有关基金经理管理及披露气候相关风险的咨询总结》,建议基金经理在投资及风险管理流程中考虑气候相关风险。总结建议采用分级制:基本规定适用于所有基金经理;而进阶标准则适用于资产管理规模等于或超过80亿港元的基金经理	ESG投资	金融机构
2022年	上海证券交易所、深圳证券交易所	《上海证券交易所股票上市规则(2022年修订)》(以下简称"新《上市规则》")、《深圳证券交易所股票上市规则(2022年修订)》。以上交所为例,新《上市规则》在4.1.4节中新增要求上市公司应当积极践行可持续发展理念、主动承担社会责任、维护社会公共利益、重视生态环境保护。按照规定编制并披露社会责任报告等非财务报告,出现违背社会责任等重大事项时,公司应当充分评估潜在影响并及时披露,说明原因和解决方案。在7.7.10节中规定对上市公司发生重大环境事故、不当履行社会责任等情形的,应当披露事件概况、发生原因、影响、应对措施或者解决方案。同时,新《上市规则》在基本原则和一般规定中增设了"信息披露管理制度"章节,并增设了"公司治理"章节,提出上市公司应当建立健全有效的治理结构,形成科学有效的职责分工和制衡机制	信息披露	企业

续　表

时　间	颁布机构	主　要　内　容	涉及领域	涉及对象
2022年	证监会	《上市公司投资者关系管理工作指引》,明确上市公司与投资者沟通的主要内容,落实新发展理念的要求,在沟通内容中增加上市公司的环境、社会和治理(ESG)信息、股东权利行使的方式、途径和程序、投资者诉求处理信息、公司正在或者可能面临的风险和挑战等内容	信息披露	企业

3) ESG 标准

2022 年 2 月,中国人民银行等四部委发布《金融标准化"十四五"发展规划》,明确指出标准是绿色金融可持续发展的重要支柱,并提出了加快建立绿色债券标准、制定上市公司和发债企业环境信息披露标准、建立 ESG 评价标准体系等重点工作。中国证监会于 2022 年 4 月 12 日发布了《碳金融产品行业标准》,碳金融产品被划分为碳市场融资工具、碳市场交易工具以及碳市场支持工具,为相关碳金融产品制定了统一的规范,给证券公司等金融机构发行、推广相关的金融产品给定了具体的实施准则与路径。

此外,ESG 相关团体标准在 2022 年也呈爆发式增长,《企业 ESG 披露指南》《企业 ESG 评价体系》《企业 ESG 报告编制指南》《能源企业 ESG 评价标准》等多项团体标准发布,这为中国特色 ESG 标准体系建设起到了积极推动作用。

2.2　金融机构 ESG 政策制度发展特点

2.2.1　全球市场

1) 关键推动者:多机构协同推动,形式因国情而异

由于 ESG 涵盖三大议题,相关政策法规的制定与推行也需要部门之间的合作,因此 ESG 监管制度的制定主体呈现跨行业、跨领域的特点。ESG 政策法规的制定机构主要有:法律制定机构、政府主管部门、金融监管机构、中央银行、行业机构等。

此外,ESG 政策法规制定呈现与本国法制体制、公共管理模式深度结合的特征,尤其是法律制定机构与政府主管部门协同互补、共建共创。法律体系较完备的国家,更倾向于针对 ESG 部分或全部议题,直接制定详细的法律标准;而法律体系化程度不高的国家,倾向于出台引导性政策,基于软性制约引导市场发展。

值得注意的是,ESG 三大议题政策法规的出台顺序、侧重点因各国国情而异。比如,对解决环境问题较为迫切的国家,由法律制定机构与环境部门牵头制定相关政策;在规范公司治理方面需求突出的国家,则率先由财政部门、公司事务管理部门、金融或证券机构部门主导,提升公司治理水平。

2) 政策类型:ESG 披露法规数量最多,交易所发挥重要作用

进入 21 世纪以来,全球范围内 ESG 政策法规呈现增长趋势,其中有关 ESG 披露的

法规最多。

在各国 ESG 市场发展中,金融监管力度加大、交易所发挥平台引导作用日益成为重要趋势。一方面,各国为谋求可持续发展,所制定的 ESG 政策法规趋于严格,从自愿性/半自愿性政策逐步过渡为强制政策,从头部企业和金融企业披露要求逐渐扩展至上市公司乃至非上市公司的全面披露指引;另一方面,以证券交易所为代表的交易平台也对实体企业、金融机构和投资者进行规则引导,以配合金融监管法律法规的执行。

2009 年,由联合国贸易和发展会议(UNCTAD)与责任投资原则组织联合发起可持续证券交易所倡议(UN SSE),助推各签署交易所编制发布 ESG 报告指南,提高上市公司的信息披露水平。截至 2022 年 10 月,已有 130 家证券交易所作为正式成员加入联合国可持续证券交易所倡议。目前,全球已有超过 35 家证券交易所颁布或者承诺颁布上市公司 ESG 信息披露指引。伦敦证券交易所自 2016 年起连续三年发布《ESG 报告指南》,帮助各类经济实体规范 ESG 信息披露,为资本市场提供更多高质量、易量化和公开透明的 ESG 信息。纳斯达克证券交易所发布的《ESG 报告指南 2.0》,要求上市公司和证券发行人从利益相关方、重要性考量、ESG 指标度量等方面披露 ESG 信息。ESG 信息披露的需求不断增长,全球 ESG 相关披露标准不断细化。

2.2.2 国内市场

1) 政府牵头多方联动,尚未形成统一体系

中国 ESG 体系以政府引导为主,起步较晚,尚未形成成熟的披露、评价和投资体系。ESG 相关政策制度散落在法律及部门规章、规范性文件以及行业自律规则中。与发达国家相比,中国 ESG 相关政策法规的制定出台和评价体系的研究实践还处于起步阶段。

一是针对企业以及金融机构 ESG 信息披露的内容和要求以自愿披露为主。目前,美国、欧盟等在环境污染、温室气体排放、能源效率、财务状况等方面均强制披露相关信息,且实行"不披露即解释"原则。中国的 ESG 政策法规仍以自愿披露为主,且大多针对污染物排放、企业治理等个别领域。同时,披露框架有待统一,ESG 信息的可比性有待提升。

二是金融机构缺乏对 ESG 评价指标的系统性研究,对上市公司履行社会责任、绿色发展情况进行单独评价的研究也存在一定局限性。同时,ESG 评价的数据基础较为薄弱,国内评级机构使用的信息一般来源于企业官网、年报、可持续发展报告、监管部门公告、社会组织调查、媒体采访等公开渠道,数据缺乏准确性和可得性。

三是缺乏针对金融机构的 ESG 投资政策引导体系。相比于欧美的 ESG 投资主要由投资人需求推动、通常根据 ESG 评级结果筛选出可持续发展潜力更大的企业,现阶段国内 ESG 投资自主性与动力有待提升,需要通过政策引导培育可持续投资市场,引导各方践行 ESG 投资理念。同时,需要完善 ESG 投资市场配套制度,如借鉴美国经验从制度层面规定基金管理人践行 ESG 理念和追求高收益的责任不冲突。在需求层面,要加强政策引导,让机构投资者参与其中,进一步扩大养老、社保基金对 ESG 领域的投资比重。在供给方面,加大力度发展绿色产业,指导金融机构设计 ESG 金融产品,扩大投资者选择范围。

2) ESG 政策法规多强调信息披露,尚未出台统一的信息披露框架和披露标准

一是在政策法规方面,尚未形成体系。在"碳中和"全球趋势的背景下,ESG 的气候

环境信息披露成为应对气候变化领域的重要基础,"金融机构监管和信息披露要求"也已成为中国人民银行确立的绿色金融五大支柱之一。但监管的政策法规目前仍较为分散,主要为独立的环境、社会信息要求,或在原有信息披露要求的基础上补充关于ESG信息的一般性阐述,较少关注社会及公司治理层面的披露标准与指标事项,尚未形成系统化的ESG信息披露政策法规体系。

二是在上位法规定方面,有待补充完善。目前,中国关于ESG信息披露的规定中,除了《企业环境信息依法披露管理办法》规定了适用的企业必须依法强制披露环境信息,并明确制定了罚则,以及证监会和交易所对于上市公司环境和社会责任信息的披露要求外,大部分规定为部门规章、监管政策要求或行业规范,且大多遵循自愿性原则,未就必须披露的具体内容进行说明,缺乏法律层面的规范对披露行为进行强制性披露约束,处罚力度较弱。因此,国内非上市企业,特别是民营企业存在ESG信息披露的积极性不高、披露内容及质量参差不齐等问题。

三是在框架标准和披露指标方面,待制定统一规范。已有部分机构发布了ESG信息披露相关指南,如由中国企业改革与发展研究会与首都经贸大学中国ESG研究院及数十家标准研制单位共同推出的《企业ESG披露指南》团体标准、商道纵横编制的《中国企业境外投资ESG信息披露指南(2021试行版)》等。但仍缺乏广泛认可的权威性标准,对披露范围、披露数据等指标缺乏统一规范,导致企业的披露报告多为自愿性采用,多数采用《GRI可持续发展报告标准》(GRI Standards),部分采用《气候相关财务信息披露工作组建议报告》(TCFD框架),部分非香港上市公司亦采用香港联交所《环境、社会及管治报告指引》,部分采用MSCI等ESG评级机构的评价指标作为报告编写的指标参考。这在另一层面造成企业披露的ESG信息缺乏可比性和延续性,无法真正实现"以披露促管理"的目标。

[思考与练习]

1. 对比国内外的ESG政策制度,你认为金融机构参与ESG实践主要面临哪些方面的监管与要求?

2. 你认为国内外的ESG政策制度有哪些异同点?形成这些异同的原因有哪些?

3. 面对国内ESG政策制度的不足,你有哪些建议?

第 3 章　金融机构 ESG 评级

[本章导读]

ESG 评级体系和评级机构为投资者提供了了解中国企业 ESG 管理水平和进展的平台。金融机构作为 ESG 评级信息的重要使用方,在应用 ESG 评级信息的同时也会被评级机构给出 ESG 评级结果。与其他上市公司一样,金融机构开展 ESG 评级管理的首要动力来自投资者的要求,其次金融机构通过管理 ESG 评级有助于自身高质量发展,也有助于应对监管对 ESG 的要求。本章将回顾中国和国际主要 ESG 评级的评级体系、评估逻辑,并深入分析各评级体系针对银行业、保险业、证券基金业的议题选择和评估要点,以帮助金融机构更好地把握 ESG 发展方向,从而实现自身高质量发展。

3.1　金融机构 ESG 评级介绍

3.1.1　背景介绍

为满足 ESG 投资者对于企业 ESG 表现日益增长的数据和评级需求,ESG 评级行业应运而生。ESG 评级是根据对企业在环境、社会和治理问题上的质量、标准或绩效的比较评估得出的对公司的评估,主要用来评估上市公司对 ESG 风险或机遇的敞口。ESG 评级帮助利益方将看待 ESG 指标的方式标准化,提供了一种筛选上市公司 ESG 表现的方法。随着投资者对气候变化带来的潜在金融风险以及其他 ESG 因素的潜在影响变得更加重视,ESG 评级在投资决策中变得越来越重要[1]。ESG 评级机构是对企业可持续发展表现进行评价的组织,由商业机构和非营利组织构成。不同的 ESG 评级机构有不同的评估策略,部分评级机构只关注非财务信息,也有评级机构结合财务信息和非财务信息综合评估企业价值以及可持续性。

ESG 评级的使用者主要为投资者,用来评估上市公司环境、社会和治理方面的风险,帮助投资者在既定的风险收益要求下进行资本配置。除此之外,面对日益庞大的 ESG 评级行业,众多利益相关方开始关注 ESG 评级,从而衍生出更多需求。上市公司通过评级体系更好地了解自身优势、劣势、风险点和机遇,监管及自律组织、供应商和合作伙伴、学术或研究机构以及其他利益相关方也是 ESG 评级的重要使用方(见表 3.1)。

---

[1]　https://www.iosco.org/library/pubdocs/pdf/IOSCOPD690.pdf.

表 3.1 ESG 评级对不同利益相关方的作用

ESG 评级使用方	ESG 评级作用
投资者	• 评估公司 ESG 风险和气候变化风险敞口,管理可持续相关的风险或机遇 • 用于开发可持续产品,监督可持续产品的 ESG 属性 • 指导其参与被投公司治理,推动被投公司发生积极变化 • 分析被投公司的环境影响,如温室气体排放、碳强度、监测投资组合与《巴黎协定》的一致性 • 满足监管的汇报要求
上市公司	• 影响投资者、金融机构对公司的评估,直接影响股价、资本成本等 • 作为上市公司内部评估工具,了解 ESG 综合表现及行业水平,了解自身环境、社会和治理层面的优势和弱势、潜在风险和机遇 • 完善 ESG 管理,改善公司管理流程与制度,强化企业风控能力,为整体战略规划提供依据 • 影响企业公众形象
监管机构或行业自律组织	• 有助于监管机构研究政策制定的合理性,帮助识别 ESG 发展不足之处 • 有助于监管机构衡量上市公司整体 ESG 发展成效,分辨出榜样力量,引导行业良性发展
学术和研究机构	• 了解产业管理与风控水平、企业自身优势、行业未来发展前景,帮助学术和研究机构分析经济周期 • 研究 ESG 评级与各类指标的相关性,观察行业关注议题

3.1.2 评级简介

ESG 评级指标体系是 ESG 核心价值的具体体现,也是 ESG 投资的基础。评级机构普遍将评级议题分别划入 E、S、G 三个方面,但在底层指标设计上各有不同。在计算方法上,以加权平均为主,根据各自方法赋予一定的议题权重,并按照行业情况对权重进行调整。

纵观国内外,评级体系按议题、权重设置的精细度可分为三种类型。第一类为无行业差异评级,所有行业采用同一套评级体系,评级议题针对性不强;第二类为有行业差异评级,为不同行业设置了不同的评级议题或不同议题权重,评级体系与特定行业具有较强适配性;第三类为特定公司评级,即在第二类的基础上,针对特定公司的 ESG 议题进行财务重要性评估,使用公司特定、问题特定、动态加权等方式进行评级。第三类评级体系的精细度最强,越成熟的评级体系越倾向于采用这种评级模式。

目前,国际上较为知名的 ESG 评级有 MSCI ESG 评级、S&P Global ESG 评分、晨星 Sustainalytics ESG 评级、FTSE ESG 评级、恒生可持续发展指数评级、CDP 评分等。中国境内知名的第三方 ESG 评级产品包括商道融绿 ESG 评级、万得 ESG 评级、中证指数 ESG 评级等(见表 3.2)。

表 3.2 主流 ESG 评级简介

评级名称	评级机构	评级信息来源	评级影响力和评级方法概述
国际评级			
MSCI ESG 评级	摩根史丹利资本国际公司	公开信息抓取+企业反馈的公开信息	• MSCI ESG 指数是全球投资组合经理中最多采用的投资标的 • 评级总分由风险管理水平和风险敞口水平决定
S&P Global ESG 评分	标普全球公司	公开信息抓取+CSA 问卷填写	• S&P Global 企业可持续发展评估（CSA）为全球最大规模的企业可持续发展实践年度评估之一。其关联指数道琼斯可持续发展指数(DJSI)被认为是全球社会责任投资的参考标杆之一 • 评级总分由披露程度和绩效表现决定
晨星 Sustainalytics ESG 评级	Sustainalytics	公开信息抓取+企业反馈信息	• Sustainalytics 是晨星的子公司，是一家专注于 ESG 研究、评级与分析的全球领先提供商 • ESG 评级得分代表未管理的风险，由管理差距和不可控风险构成，也可以由风险总敞口扣除已控风险后得出
FTSE ESG 评级	富时罗素	公开信息抓取+企业反馈信息	• 富时罗素衍生富时社会责任指数系列，是首个度量符合全球公认企业责任标准的公司表现的指数系列 • 评级总分由 ESG 管理水平、ESG 风险敞口水平决定
CDP 评分	全球环境信息研究中心	CDP 问卷填写	• CDP 被投资者评选为全球第一的气候研究机构 • 问卷分为气候变化、水、森林三类，按照问卷填写的完整程度得分，企业只有在低层面取得 80% 以上的得分，才能获高层面的评级资格
恒生可持续发展指数评级	香港品质保证局	公开信息抓取+企业反馈信息	• 恒生可持续发展指数是首个涵盖中国香港及中国内地的可持续发展企业指数系列，大中华区领先的 ESG 评级及指数之一 • 在实务分数之和的基础上，经当责性评级、国别风险评级、行业风险评级、媒体观察评级四个系数调整后得到可持续发展表现分数
国内评级			
商道融绿 ESG 评级	北京商道融绿咨询有限公司	公开信息抓取	• 商道融绿是国内领先的绿色金融及责任投资专业服务机构，建立了中国最早的上市公司 ESG 数据库 • 评级总分由主动管理分数和风险敞口分数决定

续　表

评级名称	评级机构	评级信息来源	评级影响力和评级方法概述
万得 ESG 评级	上海万得信息技术股份有限公司	公开信息抓取	● 万得是一家中国大陆领先的金融数据公司 ● 评级总分由管理实践得分和争议事件得分构成
中证指数 ESG 评级	中证指数有限公司	公开信息抓取	● 中证指数是一家具有境内外影响力的指数供应商 ● 由指标开始,依次计算单元、主题、维度和 ESG 总分及评价结果

3.1.3　金融机构 ESG 评级管理必要性分析

关注金融机构各利益相关方的诉求有助于我们更好地理解金融机构开展 ESG 评级管理的必要性。

1) 金融机构开展 ESG 评级管理的首要动力来自投资者的要求

金融行业属于典型的资本密集型行业,当前资本实力已经成为影响金融机构未来发展的关键因素,因此金融机构非常关注投资者的诉求;同其他行业的 ESG 评级结果应用一样,ESG 评级高大多代表上市公司的 ESG 风险管理水平好、风险敞口水平低。鉴于金融的本质在于承担和管理风险,金融产品的 ESG 风险也会传导到其自身,因此较高的金融机构 ESG 评级代表其运营层面和业务层面较低的 ESG 风险敞口,投资者可基于期限、风险收益等诉求对其进行配置。

2) 金融机构管理 ESG 评级有助于自身高质量发展

第一,从吸引投资的角度看,金融机构有必要对其 ESG 评级进行管理,从而提升股价或降低融资成本;第二,关注 ESG 评级有助于金融机构了解其 ESG 综合表现和行业水平,根据评级议题和评级体系明确金融行业管理 ESG 风险的要点,并借鉴最前沿的管理思路,助力金融机构识别、梳理、评估、管理 ESG 风险;第三,金融机构可以以评级体系为锚点,制定 ESG 相关的整体战略规划,不断提升 ESG 管理水平;第四,金融机构承担较多社会责任,是我国经济社会高质量发展和绿色转型中的重要一环,借助良好的 ESG 评级表现,金融机构可以提升社会形象,彰显企业时代担当。

3) 金融机构提升 ESG 评级表现有助于应对监管对 ESG 的要求

第一,金融行业属于强监管行业,金融监管的出发点是维护社会公众利益,监管目标是防范系统性金融风险。ESG 风险作为上市公司非财务风险的重要方面,监管机构通过查询金融机构 ESG 评级来识别其 ESG 风险,以完善金融系统风险监督体系;第二,虽然我国 ESG 评级行业尚未有明确监管,但监管机构可以对标识 ESG 主题的投资产品进行监管,筛选"漂绿"行为,引导社会资金流向真正利于可持续发展的领域。

根据上一小节对国内外主流评级机构的观察,金融机构管理 ESG 评级也可以从风险敞口水平、风险管理水平出发,并不断提升 ESG 信息披露水平。下一节,我们选取国际国内几家主流评级产品,分析各评级体系的金融行业二级议题,寻找各评级体系的共性和个性,筛选出金融行业最重要的 ESG 议题,详细解读金融机构 ESG 评级体系。

3.2 金融机构各评级体系详解

3.2.1 MSCI ESG 评级

MSCI ESG 评级旨在帮助投资者识别上市公司与财务相关的 ESG 风险和机遇,助力其将 ESG 因素整合到投资组合构建和管理流程中。MSCI 对风险的评估通常分为三类,分别为公司应对主要风险和机遇的组织能力以及承诺的水平,为提高表现而制定的举措、计划和目标的力度和范围,公司在管理特定风险或机遇方面的历史记录。以下从议题选择和权重分配、议题评分、评级结果输出等过程对 MSCI ESG 评级流程进行分析。

1) 议题选择和权重分配

MSCI 评级整个评级体系包括环境、社会、治理 3 个范畴以及对应的 33 个关键议题(见图 3.1),环境和社会维度的议题是基于特定行业的,治理维度是全行业通用的。金融行业议题体系包括 3 个范畴的 14 个关键议题。议题权重方面,MSCI 未设置治理维度的议题细分权重,除治理外,3 个金融子行业中权重最高的前三议题都包括人力资本开发,银行业包括消费者金融保护、影响环境的融资,保险业包括隐私和数据安全、气候变化脆弱性,证券基金业包括负责任投资、隐私和数据安全(见表 3.3 至表 3.5)。

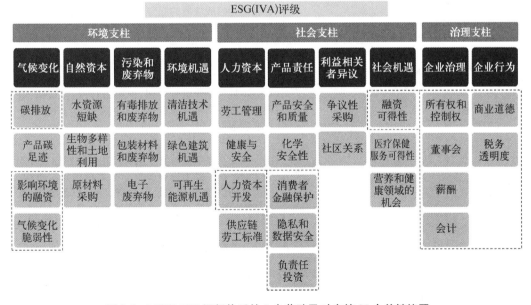

图 3.1 MSCI ESG 评级体系的 3 个范畴及对应的 33 个关键议题

注:标虚线框的议题为金融行业涉及的议题。

表 3.3　MSCI 对金融机构的行业划分

二级行业名称及编码	三级行业名称及编码	四级行业名称及编码	四级行业名称释义
银行 （4010）	商业银行 （401010）	综合性银行 （40101010）	主要业务为商业信贷并有大量零售银行业务和中小企业信贷业务且提供各种综合性金融业务的全国性大规模商业银行。不包括归类于"区域性银行"和"互助储蓄银行与抵押贷款"子行业的银行，也不包括归类于"投资银行业与经纪业"子行业的投资银行
		区域性银行 （40101015）	商业银行、储蓄银行及互助储蓄银行，其业务主要来自传统的银行业务，例如，零售银行、企业贷款及发放主要以存款为资金来源的各种住宅和商业抵押贷款。区域性银行往往在有限的地理区域内经营。不包含列入"综合银行及商业与住宅抵押贷款金融服务"子行业的公司，也不包含列入"投资银行与经纪"子行业的投资银行
金融服务 （4020）	金融服务 （402010）	综合金融服务 （40201020）	提供各种金融服务和/或那些在众多金融服务领域获取收益但没有主要业务种类的公司，这些领域包括银行服务、保险和资本市场。不包含归类于"综合性银行"及"区域性银行"子行业的企业
		多领域控股 （40201030）	在三个或更多行业板块同时持有股份的公司，其在任何一个领域的利润和/或销售额都不超过总额的一半。所持有的股权主要是非控股性质。包括所持有股份为控股性质的综合金融公司。不包含归类于"工业联合企业"子行业的各类公司
		特殊金融服务 （40201040）	并无归入其他类别的特殊金融服务提供商。本子行业公司的大部分收益来源于某一特殊业务种类。包括但不限于商业融资公司、中央银行、租赁机构、保理业务服务和特色服务商。不包括归类于"金融交易所和数据"子行业的公司
		商业与住宅抵押贷款金融 （40201050）	提供商业与住宅抵押贷款融资及相关抵押贷款服务的金融公司。此子行业包括非存款抵押贷款机构、建房互助协会、提供房地产融资产品、贷款服务、抵押贷款经纪服务及抵押贷款保险的公司
		交易与支付处理服务 （40201060）	交易与支付处理服务及相关支付服务供应商，包括数码/移动支付处理商、支付服务供应商及门户以及电子钱包供应商
	消费信贷 （402020）	消费信贷 （40202010）	消费信贷服务提供商，包括个人信贷、信用卡、租赁融资、旅行相关的金融服务以及当铺。不包括归类于"互助储蓄与抵押信贷金融服务"子行业的抵押贷款商

续　表

二级行业 名称及编码	三级行业 名称及编码	四级行业 名称及编码	四级行业名称释义
金融服务 （4020）	资本市场 （402030）	资产管理与 托管银行 （40203010）	主要从事投资管理和/或与其相关的有偿托管和证券业务。包括经营共同基金和封闭式基金的公司以及单位信托公司。不包括主要从事商业贷款、投资银行业、经纪业和其他特殊金融业务的银行和金融机构
		投资银行业与 经纪业 （40203020）	主要从事投资银行与经纪业务的金融机构，包括股票和债务承销、合并、收购、证券租借和咨询业务。不包括主要从事商业贷款、资产管理以及特殊金融业务的银行和金融机构
		综合性资本 市场 （40203030）	主要从事综合性资本市场业务的金融机构，其至少在以下两个领域中有大量业务：大型/主要企业信贷、投资银行业与经纪业和资产管理。不包括归类于"资产管理与托管银行"或者"投资银行业与经纪业"子行业的业务较单一的公司。同时也不包括归类于"银行或保险业集团"或"消费信贷"子行业的公司
		金融交易所和 数据 （40203040）	证券、商品、衍生工具和其他金融工具的金融交易所，以及金融决策支持工具和产品供应商（包括评级机构）
	抵押房地产 投资信托 （REITs） （402040）	抵押房地产 投资信托 （40204010）	从事提供、发起、购买住宅和/或商业抵押贷款，及/或相关资产证券化业务的公司或信托公司。包括投资抵押担保证券和其他相关抵押相关资产的信托公司
保险 （4030）	保险 （403010）	保险经纪业 （40301010）	保险和再保险经纪商
		人寿与健康 保险 （40301020）	主要提供人寿、残疾、损失补偿或者补充健康保险的公司。不包括归类于"管理型保健护理"子行业的管理型保健护理公司
		多元化保险 （40301030）	有人寿、健康、财产及意外伤害保险业务的保险公司
		财产与意外 伤害保险 （40301040）	主要提供财产和意外伤害保险业务的公司
		再保险 （40301050）	主要提供再保险业务的公司

注：MSCI的行业分类参照全球行业分类标准（GICS），分类更新截至2023年3月17日收盘（美国东部时间）。

表 3.4　金融机构 MSCI ESG 评级议题及权重

	银行业		保险业		证券基金业	
	议题名称	平均权重	议题名称	平均权重	议题名称	平均权重
环境	影响环境的融资	13.70%	气候变化脆弱性	11.74%	影响环境的融资	9.10%
	/	/	/	/	碳排放	3.00%
社会	人力资本开发	14.05%	人力资本开发	20.36%	人力资本开发	23.40%
	隐私和数据安全	11.25%	隐私和数据安全	14.16%	隐私和数据安全	10.80%
	融资可得性	12.45%	融资可得性	3.60%	/	/
	消费者金融保护	15.15%	消费者金融保护	3.15%	/	/
	/	/	负责任投资	11.54%	负责任投资	16.40%
治理	治理	33.40%	治理	35.96%	治理	41.50%
	企业治理： 　所有权和控制权 　薪酬 　董事会 　会计	/	企业治理： 　所有权和控制权 　薪酬 　董事会 　会计	/	企业治理： 　所有权和控制权 　薪酬 　董事会 　会计	/
	企业行为： 　商业道德 　税务透明度	/	企业行为： 　商业道德 　税务透明度	/	企业行为： 　商业道德 　税务透明度	/
权重合计	/	100.00%	/	100.00%	/	100.00%

注：MSCI ESG 评级信息来源于 MSCI 官网，查于 2023 年 4 月底，银行业的议题权重取综合性银行和区域性银行 2 个子行业的平均值，保险业取保险经纪业、人寿与健康保险、多元化保险、财产与意外伤害保险、再保险 5 个子行业的平均值，证券基金业取投资银行与经纪业、资产管理与托管银行 2 个子行业的平均值。

表 3.5　金融机构 MSCI ESG 评级议题及权重排序

银行业		保险业		证券基金业	
议题名称	平均权重	议题名称	平均权重	议题名称	平均权重
治理	33.40%	治理	35.96%	治理	41.50%
消费者金融保护	15.15%	人力资本开发	20.36%	人力资本开发	24.40%
人力资本开发	14.05%	隐私和数据安全	14.16%	负责任投资	16.40%
影响环境的融资	13.70%	气候变化脆弱性	11.74%	隐私和数据安全	10.80%

续表

银　行　业		保　险　业		证券基金业	
议题名称	平均权重	议题名称	平均权重	议题名称	平均权重
融资可得性	12.45%	负责任投资	11.54%	影响环境的融资	9.10%
隐私和数据安全	11.25%	融资可得性	3.60%	碳排放	3.00%
/	/	消费者金融保护	3.15%	/	/

2）议题评分

MSCI ESG 评级赋分方法框架如图 3.2 所示，总得分是基于各个议题得分层层汇聚而成，辅以行业调整后得到最终评级。具体来看，针对 E、S 范畴评分主要分为对风险和

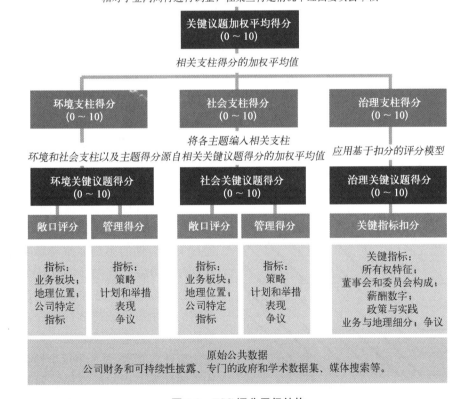

图 3.2　ESG 评分层级结构

资料来源：https://www.msci.com/documents/1296102/34424357/MSCI ESG Ratings Methodology.pdf.

机遇的暴露评分和管理评分两个维度,其中管理评分中包含对争议事件的评分,且对议题进行了风险项和机遇项的区分,最后使用关键议题权重加总得出;针对G范畴权重设置是在支柱层面进行的,治理支柱采用基于扣分的评分模型。

在对E、S范畴风险项议题赋分的过程中,MSCI在分析金融行业风险敞口水平和风险管理水平的基础上,结合金融机构自身特点评估其风险敞口与风险管理能力。例如,金融行业由于高度依赖人力资本,整个行业在该议题的风险敞口水平高,但鉴于金融机构普遍重视人才的吸引和培养,整个行业对该议题的管理处于中等水平。因此,金融机构可从降低对人才的依赖度方面控制风险敞口水平,并在增强吸引人才的能力、提高员工满意度、降低人才流失率等方面提高风险管理水平。

在计算风险敞口分数时,MSCI将各个维度拆分后分别进行评分,包括评估业务板块风险敞口、地理位置风险敞口、公司级别风险敞口。风险敞口分数范围为0~10,0代表无风险敞口,10代表最高的风险敞口;在评估风险管理分数时,MSCI根据战略和治理、政策、举措和计划、目标、表现(包括相对于前几年和业内同行的表现趋势相关指标)等评估风险管理水平,风险管理分数范围为0~10,0代表公司未采取相应措施或者措施实施后没有效果,10代表公司展现出非常强的风险管理能力。此外,MSCI会根据过去三年内公司发生的相关争议事件,以及特定关键议题上面临的争议影响规模和伤害性质,在原风险管理分数的基础上进行扣减。

风险项议题的总评分则是在风险敞口分数与风险管理分数的基础上计算而得。总评分范围为0~10,0表示表现最差,10表示表现最佳。

$$关键议题得分 = 7 - (MAX\{风险敞口得分, 2\} - 风险管理得分)$$

因此,当公司不面临任何风险时(风险敞口分数为0),其风险项议题总体评分范围是5~10分,即哪怕不进行任何相应的风险管理,公司在该风险项议题下依旧可以获得5分;当公司面临较高风险敞口时(风险敞口分数为10),其风险议题总体评分范围是0~7分,尽管公司实施最佳的风险管理措施以及取得相应效果,该风险项议题评分最高为7分(如图3.3所示)。

在风险管理赋分中提到争议事件会导致公司风险管理评分扣减,MSCI评级通过争议事件的影响性质与影响范围去计算扣减分数。首先,MSCI认为争议事件指公司运营或产品对E、S、G产生负面影响的单个事件或持续性事件,如泄露、事故、罚款、监管行动以及一系列密切相关的事件。其次,每个争议事件会根据其伤害的性质与影响的规模被划分为四个等级,不同等级对应的分数扣减有所不同(见表3.6)。

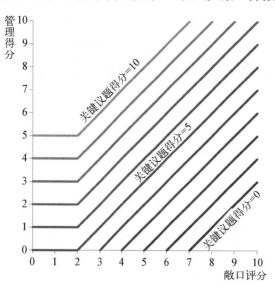

图3.3 结合敞口和管理——风险关键议题

表 3.6　MSCI 争议事件评估

影响的规模	伤害的性质			
	非常严重	严　重	中　等	轻微
极其广泛	非常严重	严重	严重	中等
广　泛	非常严重	严重	中等	中等
有　限	严重	中等	轻微	轻微
低	中等	中等	轻微	轻微

在对 E、S 范畴机遇项议题赋分的过程中,同样,MSCI 在分析金融行业机遇敞口水平和机遇管理水平的基础上,结合金融机构自身特点评估其机遇敞口程度与抓住机遇的能力。例如,在影响环境的融资议题中,绿色债券的参与这一议题评估金融机构机遇业务现状和地域特征在绿色债券业务面临的发展机会大小,并根据公司业务发展规划、业务开展情况分析公司是否有能力抓住机遇。

机遇项议题赋分方法如图 3.4 所示,从图中可知:(1) 机遇敞口评分、机遇管理评分以及总评分范围依旧为 0~10 分;(2) 低机遇敞口(机遇敞口得分为 0)下的公司其机遇项总评分范围约为 2.5~7.5 分,随着机遇敞口程度的增加该范围逐渐扩大,即高机遇敞口(机遇敞口得分为 10 分)下的公司其机遇项总评分范围为 0~10 分,说明当行业机遇越大,对机遇视而不见的公司面临的评分只会更低。

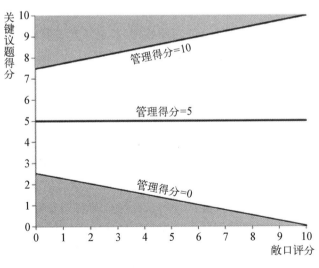

图 3.4　结合敞口和管理——机遇关键议题

在 G 范畴下 MSCI 评级使用倒扣制的赋分方法,评分范围也为 0~10 分。G 范畴下的总评分、主题评分、关键议题评分均采用满分为 10 分的倒扣法。首先基于数据点情况来评价公司在关键指标上的表现,得出各关键指标所需扣减分数,然后汇总到对应关键议题下得出应扣减的分数,继而汇总到对应主题下得出应扣减的分数,最终汇总为G范畴的总扣分,在10分满分的基础上得出总得分。金融行业治理维度的指标评分逻辑和思路与其他行业基本一致(如图3.5所示)。

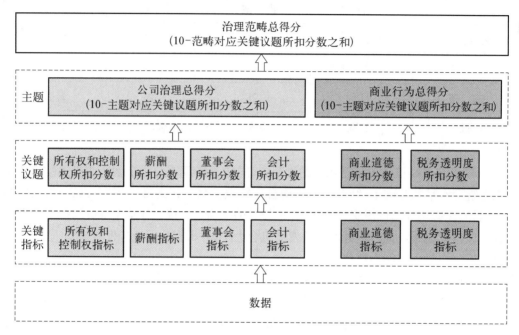

图 3.5 MSCI ESG 评级中治理范畴的赋分方法

资料来源:https://www.msci.com/documents/1296102/34424357/MSCI ESG Ratings Methodology.pdf.

3)结果输出

MSCI评级使用加权平均法计算公司原始评分,之后再进行行业内调整后得到最终评分以及评级结果。原始评分计算方式为,根据关键议题得分乘以相应权重计算E、S各范畴总分,根据倒扣法计算G范畴总分,公司原始评分由E、S、G各范畴总分乘以相应权重而得。得出公司原始评分后,MSCI根据同行业所有企业表现情况,对各公司的评分进行标准化处理(min-max法),得出行业调整分数(Industry-Adjusted Score,简称IAS),即最终评分并映射到CCC~AAA的不同等级(见图3.6)。

在公司ESG评级的展示页面中,MSCI增加了隐含升温指标(MSCI Implied Temperature Rise,ITR),以补充描述企业自身运营对气候变化的影响大小。隐含升温指标是一个直观的前瞻性指标,旨在显示公司、投资组合和基金与全球温控目标的一致性,投资者可以使用隐含升温指标来设定脱碳目标并支持参与气候风险。具体来说,若隐含升温指标小于等于1.5℃,则表明与全球1.5℃的温控目标相吻合;若隐含升温指标大于1.5℃、小于等于2℃,则表明与全球2℃的温控目标相吻合;若介于2℃~3.2℃,则说明与全球温控目标不匹配;若大于3.2℃,则公司气候行动严重落后于全球温控目标。

MSCI计算公司层级的隐含升温分为四个步骤(见图3.7):第一,到本世纪末,相较于工业化前水平全球平均升温控制在2℃以内的情景下,根据IPCC测算的剩余碳预算,并考虑国家、行业等业务活动特性后,采用脱碳路径和绝对值呈现特定公司的碳预算;第二,

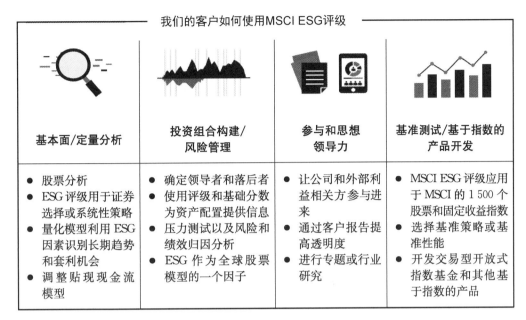

图 3.6　MSCI ESG 评级结果应用

资料来源：https://www.msci.com/documents/1296102/21901542/MSCI ESG Ratings Brochure-cbr-en.pdf.

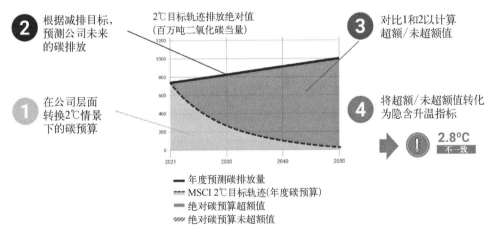

图 3.7　公司级隐含升温计算步骤

资料来源：https://www.msci.com/documents/10199/7118a4c1-e446-ffa8-87f2-f4d6d2d07d36.

根据公司当年的排放量和报告的减排目标，为每家公司预测到 2070 年范围一、范围二和范围三的绝对排放时间序列；第三，计算每家公司预计排放量与其分配的 2℃ 情境下预计排放量的差异来计算每家公司碳排放超额/未超额值；第四，将超额/未超额值转化为上升/下降温度的程度。计算公式为

$$隐含温度上升 = 2℃ + 公司碳排放超额/未超额值 \times 全球\ 2℃ 碳排放预算 \times TCRE 因子$$

注：根据 MSCI 发布的 Implied Temperature Rise Methodology（2022 年 9 月），全球 2℃ 碳排放预算为 1 491 Gt CO_2e，TCRE 因子为 0.000 545℃/$GtCO_2$。

> 专栏 3-1

中国企业 MSCI ESG 评级发展趋势

自 2018 年 5 月 31 日收盘后，首批 A 股 234 只股票正式纳入 MSCI 新兴市场指数（EMI）及全球指数（ACWI），中国企业开始接受 MSCI ESG 评级。截至 2022 年 10 月，中国企业最近一次接受 MSCI ESG 评级（2021 年或 2022 年）的公司共有 610 家，其中 A 股公司 485 家。在近五年时间里，中国企业 MSCI ESG 评级整体表现显著优化，主要体现在以下三个方面：

第一，评级结构持续向好。2018 年，86% 的"MSCI 中国 A 股国际指数"423 家成分股评级都低于 BBB 级。而在截至 2022 年 10 月的评级结果中，82.06% 的 A 股公司或 74.76% 的中国企业 MSCI ESG 评级低于 BBB 级。

第二，评级提升趋势明显。在最近一次评级为 2022 年度或 2021 年度的 610 家中国企业中，共有 101 家公司只有一次评级结果。除去这 101 家 ESG 评级暂时没有变化的公司外，将剩余 509 家的 MSCI ESG 评级与其第一次评级相比：91 家（17.88%）中国企业的 MSCI ESG 出现下滑；236 家（46.36%）中国企业的 MSCI ESG 评级维持不变；182 家（35.76%）中国企业的 MSCI ESG 评级有不同程度的提升，其中有 15 家企业在过去四年连续提升了 3 级及以上，并有多家公司以 AA 级进入全球同业领先行列，如百胜中国（09987.HK）、丽珠集团（000513.SZ、01513.HK）、三生制药（1530.HK）。与此同时，A 股金融机构评级整体也呈现上升趋势，银行、保险、证券基金业最高等级均达到 A 级，如中国平安（601318.SH、2318.HK）、华泰证券（601688.SH、6886.HK）、中国银行（601988.SH、3988.HK）。

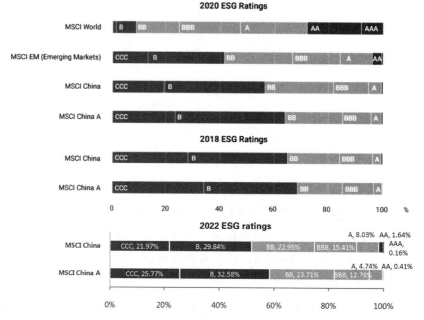

资料来源：https://www.msci.com/www/blog-posts/would-integrating-esg-in/01970806830；https://new.qq.com/rain/a/20221020A05OTB00.

第三,处于全球领先水平的公司不断增加。按照 MSCI ESG 评级设定,AA 级以及最高等级 AAA 级代表企业 ESG 表现在全球同业中处于领先地位。据不完全统计,截至 2022 年 12 月,共有 2 家中国企业的最新 MSCI ESG 评级为 AAA 级,9 家为 AA 级。

序号	股票代码	公司简称	最新评级时间	MSCI ESG 评级
1	00992.HK	联想集团	2022 年 12 月	AAA
2	01585.HK	雅迪控股	2021 年 12 月	AAA
3	00992.HK	联想集团	2021 年 12 月	AA
4	603259.SH/02359.HK	药明康德	2021 年 8 月	AA
5	603882SH	金域医学	2021 年 10 月	AA
6	00656.HK	复星国际	2021 年 12 月	AA
7	00956.HK	新天绿能	2022 年 1 月	AA
8	000513SZ/01513HK	丽珠集团	2022 年 7 月	AA
9	09987.HK	百胜中国	2022 年 7 月	AA
10	02015.HK	理想汽车	2022 年 9 月	AA
11	00780.HK	同程旅行	2022 年 9 月	AA
12	09868.HK/XPEV.US	小鹏汽车	2022 年 9 月	AA

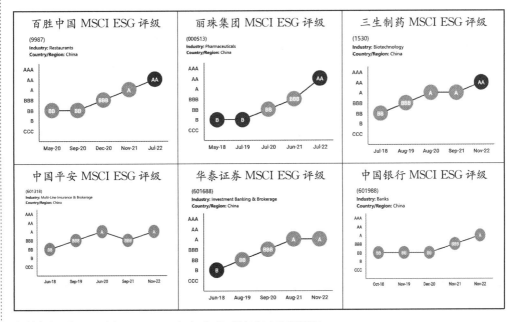

资料来源:https://new.qq.com/rain/a/20221020A05OTB00.

截至 2023 年 4 月 30 日,MSCI 公开了 23 家银行上市公司的 ESG 评级,获得 A 级评级的有 9 家,获得 BBB 级的有 8 家(见图 3.8);公开了 34 家中国投资银行业与经纪业(本书指"证券基金业")上市公司的 ESG 评级,获得 A 级评级的有 4 家,获得 BBB 级评级的有 4 家。总体来看,银行业的公司 ESG 评级整体好于证券基金业,但目前这两个行业均未出现 AA 的评级。

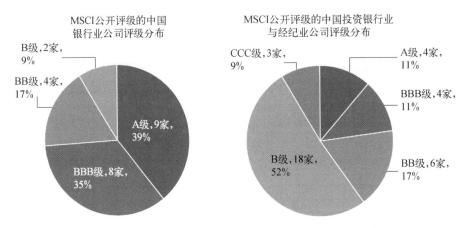

图 3.8　A 股银行业和证券基金业 2022 年 MSCI ESG 评级分布

注:仅统计 A 股上市公司,统计时间为 2023 年 4 月底。

3.2.2　S&P Global ESG 评分

企业可持续发展评估(CSA)体系由标普道琼斯公司和 Robeco SAM 于 1999 年合作研发(后者的 ESG 评级部门于 2019 年被标普公司收购),基于 CSA 评估体系的 ESG 评分是企业入选道琼斯可持续发展指数(DJSI)及标普全球 ESG 指数的依据。该评估体系涵盖 61 个行业,每个行业的问卷平均覆盖治理与经济、环境、社会三大维度的 1000 个数据点。未填写问卷的受邀企业由标普直接抓取公开信息进行评分。

参与 S&P Global ESG 评分的公司需要通过填写 CSA 问卷,对 ESG 相关的标准化问题提供详细的答案,标普会对这些答案进行打分,从而得出 ESG 评分。评估设有通用议题与符合行业特点的行业议题,根据行业特性对各项分数按照权重进行调整得出最终得分。评估目的是确定公司在多大程度上能够识别和应对全球市场中新兴可持续发展机遇和挑战。以下从议题选择和权重分配、议题评分、评级结果输出等过程对 CSA 评估流程进行分析。

1)议题选择和权重分配

CSA 问卷包括适用于所有行业的问题,也会附加具行业特征的特定问题。每份问卷包含大约 80~100 个问题。行业特定问题是根据特定于行业的风险和机遇制定,这些风险和机遇主要与行业经济、环境和社会挑战以及未来趋势相关。金融行业议题体系包括 3 个范畴的 24 个议题,权重最高的议题为公司治理、可持续金融和商业道德,均为 9%(见表 3.7)。

表 3.7　金融行业 S&P Global ESG 评分 2023 年议题权重

	金　融　业	权　重	权重合计
环境	排放	2%	16%
	气候战略	8%	
	脱碳战略	6%	
社会	劳工绩效指标	6%	33%
	人权	4%	
	人力资本开发	4%	
	人才吸引和保留	6%	
	职业健康与安全	3%	
	普惠金融	4%	
	客户关系管理	2%	
	隐私保护	4%	
治理	报告透明性	2%	51%
	公司治理	9%	
	实质性	3%	
	风险机遇管理	7%	
	商业道德	9%	
	政策影响	3%	
	税收战略	3%	
	信息安全/网络安全与系统可获得性	4%	
	可持续金融	9%	
	金融稳定与系统风险	2%	

注：S&P Global ESG 评分信息来源于《2023 年企业可持续发展评估(CSA)权重概览》,因未区分保险业和证券基金业,该两个行业信息来源统一为"多元化的金融服务和资本市场业"信息。银行业、保险业、证券基金业议题设置和权重均相同。

2) 议题评分

议题评分是通过预先的信息收集过程对数据点进行汇总,未作答的非强制性问题不计算评分。未作答的强制性问题按 0 分计算。按照评分标准,评审团队给被评公司的每一项问题的答案进行打分(分值在 0~100)。之后将议题评分汇总至总体评分,未作答的非强制性问题的权重重新分配至议题内的其他问题，以维持议题权重。由此得出标准评分后，进一步汇总至要素（环境、社会、治理）评分，若标准中的所有问题均未作答，标准的权重将重新分配至要素内的其他标准。

CSA评分体系中对于各项因子权重的设置，其参考依据主要出于对因子重要性的评价，而因子的重要性也就是该项因子对公司长期业绩表现的贡献度，CSA评分体系主要从因子的影响程度以及影响的可能性两个维度对因子进行权重的设定与评价。例如，对于金融行业的气候战略和商业道德这两个议题具有较高的重要性评价及权重设置。

3）结果输出

S&P Global ESG 评分由要求企业提供公开信息的问题得分和不要求企业提供公开信息的问题得分求和而成，并披露环境、社会、治理三个维度的公司得分、行业平均分和行业最高分，总分为100分，分数越高代表企业ESG表现越好（见表3.8）。

表 3.8 S&P Global ESG 评分银行业和证券基金业前十大得分

排序	银行业		排序	证券基金业	
	公司名称	2022年ESG得分		公司名称	2022年ESG得分
1	招商银行	45	1	中信建投证券	44
2	平安银行	31	2	第一创业	40
3	民生银行	29	3	东方证券	39
4	建设银行	28	4	国元证券	30
5	农业银行	28	5	华泰证券	29
6	中国银行	28	6	中信证券	27
7	工商银行	27	7	兴业证券	27
8	邮储银行	27	8	国泰君安	27
9	中信银行	27	9	海通证券	26
10	上海银行、渝农商行	23	10	申万宏源	24

注：仅统计A股上市公司，统计于2023年4月底。

3.2.3 CDP 评分

CDP全球环境信息研究中心是一家总部位于伦敦的国际非营利组织，致力于推动企业和政府减少温室气体排放，保护水和森林资源。CDP被投资者评选为全球第一的气候研究机构。CDP于2012年正式进入中国，致力于为中国企业提供一个统一的环境信息平台。CDP已发展成为碳排放披露方法论和企业流程的经典标准。

相比于其他ESG评级，CDP专注于环境领域。CDP代表投资人和采购方，收集企业和城市的环境信息，以了解企业对于世界自然资源的影响和依赖性及他们的相关管理战略。通过信息衡量和披露来提升企业相关意识,CDP致力于推动企业和政府减少温室气体排放,保护水和森林资源,并通过国际对标、实践案例等研究,为政策制定者、监管机构提供专业建议,其评级结果主要使用方包括投资者、采购商和企业管理层。CDP问卷分为气候变化、水安全、森林三类,问卷包括治理、战略、风险管理、指标及目标等要素。其中,气候变化问卷旨在提升企业对温室气体排放量的意识及管理,并通过测量及披露来缓解气候变化风险,是当前回复数量最多的问卷。

CDP通过向供应商发放问卷或邀请供应商填写问卷的形式来收集信息,以下从议题选择和权重分配、议题评分对CDP评分进行分析。

1) 议题选择和权重分配

CDP未区分银行、保险、证券基金业,该三个行业信息来源统一为"金融服务业"。CDP根据评估对象所处的等级不同设定不同的议题权重。金融服务业特定的议题以"FS"标注(见表3.9)。

表3.9 CDP评分金融服务业2023年议题选择和权重分配

	金 融 服 务 业
CDP评分	治理(1/4)、风险和机遇(0/4)、商业战略(3/8)、目标和绩效(1/5)、排放方法(0/3)、排放数据(0/10)、排放细分(0/2)、能源(0/2)、附加指标(0/1)、审验(0/2)、碳定价(0/2)、参与(1/5)、投资组合影响(4/4)、生物多样性(0/7)、签核(0/1)

注:CDP评分信息来源于金融服务业完整版《2023年CDP气候变化报告指南》。鉴于金融服务业较少涉及水资源和森林资源,因此本文不考虑水资源问卷和森林资源问卷。CDP未区分银行、保险、证券基金业,该三个行业信息来源统一为"金融服务业"信息。因披露级、认知级、管理级和领导级四个层级下议题权重不同,因此本表格对CDP权重不做披露。因CDP问卷二级标题中有若干题目为金融服务业特定,因此以分数形式表示金融服务业特定问题占比,如"治理(1/4)"代表"治理"细分为4个小题,其中1个小题是金融行业特定问题。

2) 议题评分

对于每个问题,评分方法提供了四个评分级别的具体评分标准,以及一个详细分配该问题分数的表格。得分标准详细说明了必须满足哪些条件才能在得分水平内得分。评分结束后会通过计算得到最终分值,如果该级分数没有达到最低分数门槛,该公司将不会在下一级得分。例如,披露阶段得分百分比为70%,则评分为D,不会进行后三个阶段的打分;若不低于80%,则进入认知阶段的评分,以此类推直至获得A评分后启动A List的审核程序。F为没有回复或提供的信息不足以打分(见表3.10)。

表3.10 CDP评分等级划分依据

等 级	气候变化	水资源	森林资源	评分等级
披 露	1%~44%	1%~44%	1%~44%	D−
	45%~79%	45%~79%	45%~79%	D

续　表

等级	气候变化	水资源	森林资源	评分等级
认　知	1%～44%	1%～44%	1%～44%	C—
	45%～79%	45%～79%	45%～79%	C
管　理	1%～44%	1%～44%	1%～44%	B—
	45%～79%	45%～79%	45%～79%	B
领导力	1%～79%	1%～79%	1%～79%	A—
	80%～100%	80%～100%	80%～100%	A

除此之外，CDP建立了正式程序保证A List公司通过CDP的报告和活动获得的全球认可，该程序由三个步骤组成：①CDP评分小组审核响应情况（做出A/A—的评分，是否清晰明确，用相关信息回应另一个问题，足够的细节，明显的排除条款没资格）；②声誉风险检查（确保在CDP回应中或在公共领域可用的信息不会对该公司被列入A List的适用性提出质疑）；③CDP评分指导委员会批准。图3.9为企业通过A List审查需要满足的条件，CDP评级结果（见表3.11）为从A到D—划分为8个等级（未披露或信息不全为F）。

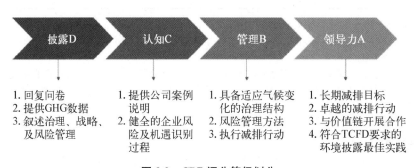

图3.9　CDP评分等级划分

表3.11　中国大陆金融机构2022年CDP评级情况汇总

等级	数量	公司名称
A—级	1家	中国平安
B级	3家	中信证券、华泰证券、海通证券
B—级	2家	兴业证券、东方证券
C级	1家	兴业银行
D级	1家	招商银行

注：仅统计公开披露评级且CDP气候问卷地区分类为China的企业，未含港澳台。

3.2.4 国内 ESG 评级

1) 商道融绿 ESG 评级

商道融绿是中国最早专注于绿色金融及责任投资的专业服务机构。ESG（环境、社会和治理）评估覆盖中国境内外上市公司以及债券发行机构；涵盖企业、行业和宏观层面的 ESG 数据及研究广泛应用于投资决策、风险管理、政策制定、可持续金融产品的创新和研发。商道融绿按照 ESG 实质性分为 18 个行业。

商道融绿建立了全面的 ESG 评价框架（见图 3.10），在每个评级周期商道融绿 ESG 分析团队将对覆盖近 700 个数据点包含近 200 个 ESG 指标的 14 个 ESG 核心议题表现进行评估，重点关注公司在各项议题的管理水平和风险敞口，并通过数十个行业模型，得到每家公司的 ESG 得分（0~100）及 ESG 评级（A+~D，共 10 等级），各分类级别及其含义如表 3.12 所示。

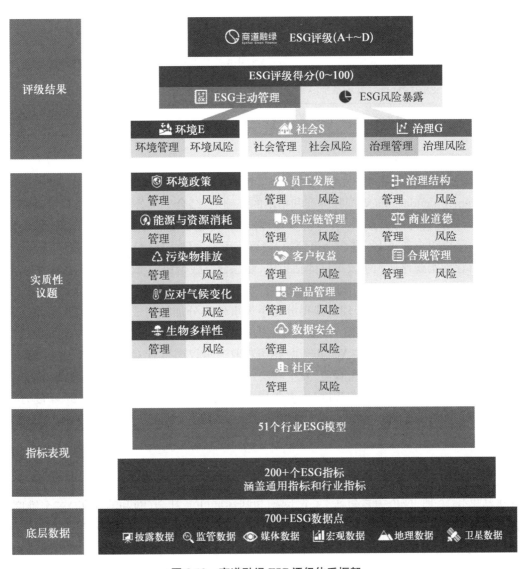

图 3.10 商道融绿 ESG 评级体系框架

商道融绿自2020年起ESG评级范围涵盖全A股上市公司。根据商道融绿STaR ESG数据库收录的A股上市公司ESG评级数据显示,2022年全A股4 843家上市公司中,有1 739家上市公司ESG评级在B级(含)以上,占比35.9%,相较于2021年B级及以上公司的1 245家,占比提升达到26.4%。2022年,3 104家上市公司在B−级(含)以下,占64.1%。以上ESG评级结果表明A股上市公司的ESG绩效出现加速提升的趋势,但整体仍处于快速发展的初级阶段。

表3.12 商道融绿ESG评级结果及含义

级 别	含 义
A+、A	企业具有优秀的ESG综合管理水平,过去三年几乎没出现ESG负面事件或极个别轻微负面事件
A−、B+	企业ESG综合管理水平较高,过去三年出现过少数影响轻微的ESG负面事件
B、B−、C+	企业ESG综合管理水平一般,过去三年出现过一些影响中等或少数较严重的负面事件
C、C−	企业ESG综合管理水平薄弱,过去三年出现过较多或较严重的ESG负面事件
D	企业近期出现了重大的ESG负面事件,对企业有重大的负面影响

2) 万得ESG评级

万得ESG评级在深入研究包括ISO 26000、SDGs、GRI Standards、SASB Standards、TCFD Recommendations等国际标准和指南的基础上,结合中国公司ESG信息披露的政策和现状,依托自身的数据采集、分析及处理能力,构建了适合中国公司的ESG评级体系。目前已覆盖全部A股、港股上市公司、公募信用债发债主体、公募基金。万得ESG评价体系由管理实践评估和争议事件评估组成,能综合反映企业的ESG管理事件水平以及重大突发风险。ESG评估范围涵盖三大维度、25个议题、2 000多个数据点。

万得ESG综合得分由管理实践得分与争议事件得分加权构成。管理实践主要反映长期ESG基本面影响,维度得分以及管理实践得分分别由实质性议题得分以及维度得分加权求和得出,具体权重可在Wind金融终端获取。争议事件针对监管处罚、法律诉讼、新闻舆情三类争议事件的严重程度、发生频次、发生时间、信息来源可信度等维度,综合评估上市公司受争议事件的影响程度(见表3.13和图3.11)。根据万得发布2022年度万得中国A股上市公司ESG评级榜单,2022年AAA、AA、A级的上市公司占比10.14%,BBB和BB级的上市公司占比81.74%,B和CCC级占比8.12%。

3) 中证指数ESG评级

中证指数ESG评级方法于2020年底首次发布,并于2022年3月17日进行修订。评级结果分10档,评价体系包括13个主题,包括环境(E)、社会(S)和治理(G)三个维度,评价依据企业披露、权威公开及中证自有信息。信息不仅来源于企业年报、季报和不定期报告、企业社会责任报告以及其他企业披露的信息,还来源于政府机构发布的公开信息、权威媒体发布的信息,及企业绿色收入等中证指数公司的特色信息。

表3.13 万得ESG评级指标

维度	议题
环境	环境管理;能源与气候变化;水资源;原材料与废弃物;废气;废水;生物多样性;绿色建筑*;绿色金融*
社会	雇佣;职业健康与安全生产;发展与培训;研发与创新;供应链;产品质量;可持续产品;客户;隐私保护;社区;医疗可及性*
治理	ESG治理;董监高;股权及股东;审计;业务连续性管理;贪污腐败;反垄断与公平竞争

注:*为行业特有议题。

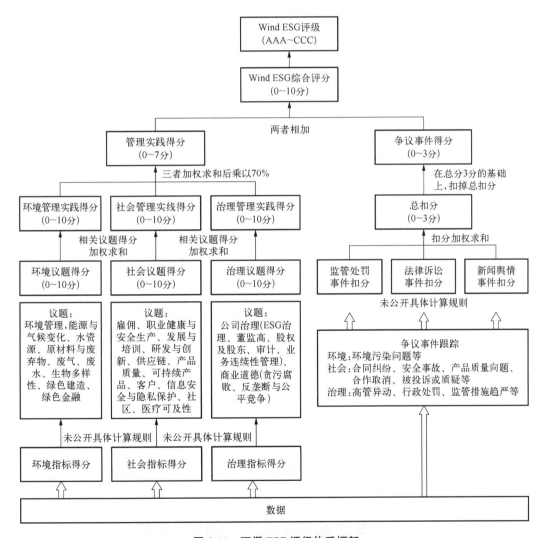

图3.11 万得ESG评级体系框架

中证ESG评价分数由指标开始,依次计算出单元、主题、维度和ESG总分及评价结果(见图3.12)。结合国际经验和国内研究,考虑企业所处行业特征,数据可得性、有效性以及质量等,确定指标、单元、主题、维度等各层级的权重,最终自下而上逐级加权形成 ESG 评价结果(见表 3.14)。

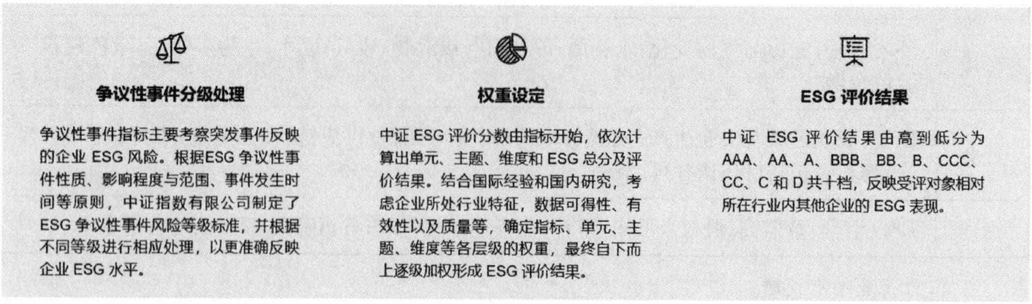

争议性事件分级处理
争议性事件指标主要考察突发事件反映的企业 ESG 风险。根据 ESG 争议性事件性质、影响程度与范围、事件发生时间等原则,中证指数有限公司制定了 ESG 争议性事件风险等级标准,并根据不同等级进行相应处理,以更准确反映企业 ESG 水平。

权重设定
中证 ESG 评价分数由指标开始,依次计算出单元、主题、维度和 ESG 总分及评价结果。结合国际经验和国内研究,考虑企业所处行业特征,数据可得性、有效性以及质量等,确定指标、单元、主题、维度等各层级的权重,最终自下而上逐级加权形成 ESG 评价结果。

ESG 评价结果
中证 ESG 评价结果由高到低分为 AAA、AA、A、BBB、BB、B、CCC、CC、C 和 D 共十档,反映受评对象相对所在行业内其他企业的 ESG 表现。

图 3.12　中证 ESG 评价结果

表 3.14　中证指数 ESG 评级指标

维　度	主　题	单　元
环境	气候变化	碳排放
	污染与废弃物	污染与废物排放
	自然资源	水资源;土地使用与生物多样性
	环境管理	环境管理制度
	环境机遇	环境机遇;绿色金融
社会	利益相关方	员工;供应链;客户与消费者
	责任管理	责任管理
	社会机遇	慈善活动;企业贡献
公司治理	股东权益	中小股东保护;控股股东与大股东行为
	治理结构与运作	机构设置;机构运作;激励与约束机制
	信息披露	信息披露质量
	公司治理风险	公司治理风险
	管理运营	财务风险;财务质量

3.3　金融机构 ESG 评级议题分析

基于公开信息的可得性,目前 MSCI ESG 评级、S&P Global ESG 评分、CDP 评级、万得 ESG 评级已公开基于特定行业的 ESG 二级及以上议题,为对比国内外评级体系异同,本节将主要聚焦3家国外评级(即MSCI ESG评级、S&P Global ESG评分、CDP评级)和3家国内评级(即商道融绿ESG评级、万得ESG评级、中证指数ESG评级)对金融行业ESG评级的议题进行分析。

3.3.1 环境

根据评级机构官网、评级机构发布的文件、评级机构产品的客户端等信息,我们总结了6家评级对金融机构环境维度进行评估的重点议题,具体内容如表3.15至表3.17所示。

表3.15 金融机构ESG评级重点议题——环境维度

	银行业	保险业	证券基金业
MSCI ESG评级	影响环境的融资 13.70%	气候变化脆弱性 11.74%	影响环境的融资 9.10% 碳排放 3.00%
S&P Global ESG评分	排放 2% 气候战略 8% 脱碳战略 6%		
CDP评分	治理(1/4)、风险和机遇(0/4)、商业战略(3/8)、目标和绩效(1/5)、排放方法(0/3)、排放数据(0/10)、排放细分(0/2)、能源(0/2)、附加指标(0/1)、审验(0/2)、碳定价(0/2)、合作(1/5)、投资组合影响(4/4)、生物多样性(0/7)、签核(0/1)		
商道融绿ESG评级	环境政策、能源及资源消耗管理、污染物排放、应对气候变化、生物多样性		
万得ESG评级	绿色金融 8.70% 能源与气候变化 4.35%	能源与气候变化 13.64% 绿色金融 9.09%	能源与气候变化 9.09% 绿色金融 9.09%
中证指数ESG评级	碳排放、污染与废物排放、水资源、土地使用与生物多样性、环境管理制度、环境机遇、绿色金融		

注:(1) MSCI ESG评级信息来源于MSCI官网,查于2023年4月底,银行业的议题权重取综合性银行和区域性银行2个子行业的平均值,保险业取保险经纪业、人寿与健康险、多元化保险、财产与意外伤害保险、再保险5个子行业的平均值,证券基金业取投资银行与经纪业、资产管理与托管银行2个子行业的平均值,下同。

(2) S&P Global ESG评分信息来源于《2023年企业可持续发展评估(CSA)权重概览》,因未区分保险和证券基金业,该两个行业信息来源统一为"多元化的金融服务和资本市场业"信息,银行业、保险业、证券基金业议题设置和权重均相同,下同。

(3) CDP评分信息来源于金融行业完整版《2023年CDP气候变化报告指南》。鉴于金融行业较少涉及水资源和森林资源,因此本文不考虑水资源问卷和森林资源问卷。CDP未区分银行、保险、证券基金业,该三个行业信息来源统一为"金融服务业"信息。因披露级、意识级、管理级和领导级四个层级下议题权重不同,因此本表格对CDP权重不做披露。因CDP问卷二级标题中有若干题目为金融行业特定,因此以分数形式表示金融行业特定问题占比,如"治理(1/4)"代表"治理"细分为4个小题,其中1个小题是金融行业特定问题。

(4) 商道融绿ESG评级信息来源于商道融绿官网,商道融绿未分行业公开二级指标及权重,下同。

(5) 万得ESG评级信息来源于万得官网,查于2022年9月,下同。

(6) 中证指数ESG评级信息来源于《中证指数有限公司ESG评价方法V2.0》,中证指数未分行业公开二级指标及权重,下同。

表 3.16　金融机构 ESG 评级环境维度权重合计

	MSCI ESG 评级	S&P Global ESG 评分	万得 ESG 评级	商道融绿 ESG 评级	中证指数 ESG 评级
银行业	13.70%	16%	13.05%	/	/
保险业	11.74%	16%	22.73%	/	/
证券基金业	12.10%	16%	18.18%	/	/

表 3.17　金融机构 ESG 评级环境维度评估内容构成

维度	环境	
主题	绿色运营	绿色金融
议题	应对气候变化 能源及资源管理 生物多样性	ESG 风险管理 绿色金融
指标	1. 环境目标或规划 2. 开展的减排行动及取得的成果 3. 碳排放、水资源消耗、污染与废弃物排放数据 ……	1. 绿色金融/ESG 风险管理治理机制 2. 绿色金融战略及目标 3. ESG 风险管理 4. 绿色金融成果 ……

1）评级议题异同

（1）共性

环境维度议题权重占总体权重不高。结合目前已披露权重的三个评级来看，环境维度的议题权重均未达到三分之一，国内外评级机构普遍认为金融行业需要关注的环境风险相较于其他两个议题较少。

均考虑绿色运营和绿色金融两个方面。金融机构作为上市公司，自身运营会对环境造成影响，其投融资业务也会对环境造成影响，并且投融资的影响将更广泛。虽然不一定有明显分类，但国内外评级机构均考虑到运营和业务层面对环境造成的影响。例如，标普全球的排放、脱碳战略和气候战略均关注金融机构自身和业务层面的碳排放等环境影响；又如，万得的绿色金融和能源与气候变化，分别侧重绿色金融和绿色运营。

均重视量化指标披露。所有评级都要求上市公司披露碳排放、水资源消耗、其他污染物排放等数据，注重定量分析。随着我国"双碳"目标的提出，是否设立运营层面碳中和、投融资组合碳中和目标、引入多少资金至可持续发展领域逐渐成为各评级机构的考核重点。

（2）差异

国际评级机构更重视绿色金融、可持续金融业务，国内评级机构将绿色运营和绿色金融放在同等重要的位置。通过权重或议题数量的设置，我们发现国际评级机构较少关注绿色运营，如标普全球的环境运营效率占比仅为 2%，CDP 评分的 16 个议题中仅 5 个议题与绿色运营相关；反观国内评级，绿色运营占比相对较高。鉴于中证指数 ESG 评级、商道融绿 ESG 评级未按行业公布议题，我们仅从议题设置来看，碳排放、污染与废物排放、水资源、土地使用与生物多样性、环境管理制度等议题均为绿色运营，而万得 ESG 评级的能源与气候变化议题的权重为 4.35%～13.64%，比国际评级更重视绿色运营。

环境议题划分方式和关注重点不统一，国际和国内、国际之间、国内之间都无统一模式。MSCI ESG 评级从影响环境的融资和碳排放数据等角度评估；S&P Global ESG 评分从绿色运营、战略规划等角度评估；CDP 评分参照 TCFD 的《气候相关财务信息披露工作组建议报告》，从治理、战略、风险管理、指标和目标等角度评估；商道融绿 ESG 评级从环境政策、能源与资源消耗、污染物排放、应对气候变化、生物多样性等角度评估；万得 ESG 评级从绿色金融、能源与气候变化两个角度评估；中证指数 ESG 评级从资源排放、土地使用与生物多样性、环境管理制度、环境机遇、绿色金融等角度评估。由于各家评级的评价维度不统一，本书依据评级的关注重点，从可理解、可评估的原则出发将议题划分为绿色运营、绿色金融两个方面。

2) 重点议题解析

金融行业环境维度的议题可分为绿色运营和绿色金融。其中，绿色运营包括公司制定的环境目标或规划、减排行动及成果等指标；绿色金融包括绿色金融/ESG 风险管理机制、绿色金融战略及目标、ESG 风险管理和绿色金融成果等指标（见表 3.18）。

表 3.18 ESG 评级关注的绿色金融议题

议题定义	<ul><li>绿色金融是指为支持环境改善、应对气候变化和资源节约高效利用的经济活动，即对环保、节能、清洁能源、绿色交通、绿色建筑等领域的项目投融资、项目运营、风险管理等所提供的金融服务</li><li>绿色金融工具包括绿色信贷、绿色债券、绿色股票指数和相关产品、绿色发展基金、绿色保险、碳金融等</li></ul>
相关法律法规及标准	中国人民银行等七部委《关于构建绿色金融体系的指导意见》(2016) 生态环境部等五部委《关于促进应对气候变化投融资的指导意见》(2020) 中国人民银行《银行业金融机构绿色金融评价方案》(2021) 原银保监会《银行业保险业绿色金融指引》(2022)
金融机构议题管理内容	**管理体系**<ul><li>管理架构——建立绿色金融或 ESG 风险管理等专门的管理架构，包括管理架构的组成人员、董事会成员与高管参与管理的情况、具体职责等，明确绿色金融组织架构和各层级职责范围，设置专岗专职</li><li>管理目标——绿色投融资、投融资组合碳中和等目标</li></ul>**行动及成果**<ul><li>在信贷政策、投资政策、保险业务中支持绿色低碳发展，如提供可持续相关产品和咨询服务、参与影响力投资、参与绿色债券发行</li><li>制定资产组合碳中和的行动方案</li><li>开展绿色金融能力建设，如制定业务标准和统计制度，加强绿色金融培训</li><li>制定绿色金融战略和政策，强化绿色金融信息披露</li><li>设计绿色金融考核评价体系和奖惩机制</li><li>搭建 ESG 风险管理体系，开展 ESG 尽职调查</li></ul>

(1) 绿色运营

金融机构推进绿色运营是贯彻落实绿色发展理念、推进自身实现绿色低碳转型的重要行动方向。评级议题中的绿色运营包括金融机构是否明确环境维度治理机制、是否制定环境目标或规划,以及是否开展减排行动并披露取得的成果等指标。

评级机构普遍关注金融机构的环境目标或碳排放目标制定情况,目标可分为绝对目标和相对目标,减排目标和净零目标等;评级机构根据金融机构披露的往年环境数据、覆盖范围、是否进行审验等评估环境数据可靠性和有效性,根据披露的具体能源管理行动、减排行动等评估绿色运营的落实情况。根据披露的环境数据评估取得的成效,主要关注温室气体排放量和强度、能源消耗量和强度数据、实际环境运营与目标规划是否一致等。此外,评级机构也关注金融机构参与其他国际环境保护、温室气体减排相关组织情况,如关注金融机构是否参与CDP问卷填写。

(2) 绿色金融

金融机构开展绿色金融业务将为其带来巨大发展机遇。评级议题中的绿色金融包括绿色金融战略及目标、ESG风险管理和绿色金融成果等指标。

评级机构普遍关注绿色金融/ESG风险管理治理机制。参照TCFD建议报告,治理是金融机构开展气候相关财务信息披露的首要支柱,评级机构关注金融机构的董事会、高级管理层、职能部门和分支机构对气候环境议题的监督和管理情况,希望金融机构制定气候议题的相关奖惩机制并将ESG相关标准应用到关联机构,如子公司、分支机构。同时,金融机构是否制定绿色金融发展战略和目标是衡量金融机构对环境议题的重视程度,包括是否明确绿色金融管理体系与发展规划、是否确立绿色投融资目标和投资组合净零排放目标、是否制定特定行业投融资政策、是否制定符合1.5℃升温路径要求的转型计划、是否使用气候相关情景分析进行战略应对等。评级机构也关注金融机构ESG风险管理体系的构建,希望金融机构从ESG风险识别、评估、管理等方面出发积极应对ESG风险与机遇,并针对风险管理和业务人员开展ESG相关培训。此外,评级机构根据绿色金融业务开展情况评估绿色金融相关成果,如关注金融机构提供的可持续或气候变化相关的产品或服务、开展绿色或影响力投资、承销或投资绿色债券以及开展可持续或气候变化相关的研究等。

3.3.2 社会

根据评级机构官网、评级机构发布的文件、评级机构产品的客户端等信息,我们总结了5家[1]评级对金融机构社会维度进行评估的重点议题,具体内容如表3.19所示。

由于社会维度涉及较多议题,但议题对应不同的利益相关方,因此本书按照利益相关方对社会维度的议题进行分类,具体分类如表3.20所示。

1) 评级议题异同

(1) 共性

社会维度议题权重占总体权重较高。结合目前已披露权重的三个评级来看(见表3.21),社会维度的议题权重均超过三分之一,MSCI ESG评级的权重已超过二分之一。国内外评级机构普遍较重视金融机构社会维度的议题。

---

[1] 由于CDP评分只评估环境维度,因此社会和治理维度的评级为5家。

表 3.19 金融机构 ESG 评级重点议题——社会维度

	银行业	保险业	证券基金业
MSCI ESG 评级	人力资本开发 14.05% 消费者金融保护 15.15% 隐私和数据安全 11.25% 融资可得性 12.45%	人力资本开发 20.36% 消费者金融保护 3.15% 隐私和数据安全 14.16% 融资可得性 3.60% 负责任投资 11.54%	人力资本开发 23.40% 隐私和数据安全 10.80% 负责任投资 16.45%
S&P Global ESG 评分	劳工绩效指标 6% 人权 4% 人力资本开发 4% 人才吸引和保留 6% 职业健康与安全 3% 普惠金融 4% 客户关系管理 2% 隐私保护 4%		
万得 ESG 评级	发展与培训 13.04% 研发与创新 13.04% 客户 13.04% 信息安全与隐私保护 8.70%	发展与培训 13.64% 研发与创新 9.09% 客户 9.09% 信息安全与隐私保护 4.55%	客户 13.64% 社区 13.64% 研发与创新 9.09% 雇佣 4.55%
中证指数 ESG 评级	员工、供应链、客户与消费者、责任管理、慈善活动、企业贡献		
商道融绿 ESG 评级	员工发展、供应链管理、客户权益、产品管理、数据安全、社区		

表 3.20 金融机构 ESG 评级重点议题（社会议题）——按利益相关方分类

利益相关方	MSCI ESG 评级	S&P Global ESG 评分	万得 ESG 评级	商道融绿 ESG 评级	中证指数 ESG 评级
员工	人力资本开发 18.9%	人力资本开发 4% 人才吸引和保留 6% 劳工绩效指标 6% 人权 4% 职业健康与安全 3%	发展与培训 8.89% 雇佣 1.52%	员工发展	员工
客户	隐私和数据安全 11.2% 消费者金融保护 8.7% 融资可得性 7.7% 负责任投资 5.7%	普惠金融 4% 客户关系管理 2% 隐私保护 4%	客户 11.92% 研发与创新 10.41% 信息安全与隐私保护 4.42%	客户权益 数据安全 产品管理	客户与消费者
供应商	/	/	/	供应链管理	供应链
社区	/	/	社区 4.55%	社区	慈善活动 企业贡献

续 表

利益相关方	MSCI ESG 评级	S&P Global ESG 评分	万得 ESG 评级	商道融绿 ESG 评级	中证指数 ESG 评级
其他：管理和披露	/	/	/	/	责任管理

注：(1) MSCI ESG 评级信息来源于 MSCI 官网，查于 2023 年 4 月底，该议题权重为金融业权重。
(2) S&P Global ESG 评分信息来源于《2022 年企业可持续发展评估(CSA)权重概览》，该议题权重为"多元化的金融服务和资本市场业"权重。
(3) 商道融绿 ESG 评级信息来源于商道融绿官网，商道融绿未分行业公开二级指标及权重。
(4) 万得 ESG 评级信息来源于万得终端，查于 2022 年 9 月。
(5) 中证指数 ESG 评级信息来源于《中证指数有限公司 ESG 评价方法 V2.0》，中证指数未分行业公开二级指标及权重。

表 3.21　金融机构 ESG 评级社会维度权重合计

	MSCI ESG 评级	S&P Global ESG 评分	万得 ESG 评级	商道融绿 ESG 评级	中证指数 ESG 评级
银行业	52.90%	33.00%	47.82%	/	/
保险业	52.81%	33.00%	36.37%	/	/
证券基金业	50.65%	33.00%	40.92%	/	/

员工和客户是金融机构最重要的利益相关方。金融机构的利益相关方包括员工、客户、供应商、社区、股东、监管机构等。评级机构普遍认为员工和客户是金融机构最重要的利益相关方，均设置了不同的议题和权重来关注其发展（见表 3.22）。

表 3.22　金融机构 ESG 评级社会维度评估内容构成

维度	社　会						
利益相关方	员　工		客　户			其　他	
议题	员工雇佣与权益	员工培训与发展	信息安全与隐私保护	普惠金融	负责任投资	供应链管理	公益慈善
指标	员工基础权益；员工增值权益；非薪酬福利；员工激励；……	人才发展战略；员工培训体系；人才发展和晋升机制；……	信息安全与隐私保护治理架构、制度体系；主动和被动措施防护措施；相关培训体系；……	普惠金融服务/产品；针对服务机制不完善的市场业务开展情况；……	ESG 策略的实施情况；参与国际倡议情况；开展尽责管理并积极行使股东权利；……	供应商集中度与合规性；供应商反贪污腐败政策制定与执行情况；供应商隐私与数据安全议题表现；……	对社会积极贡献而获得的企业发展机遇；……

(2) 差异

国内评级机构普遍关注金融机构公益慈善议题,国际评级机构较少关注该议题。万得 ESG 评级、商道融绿 ESG 评级、中证指数 ESG 评级都关注"社会""慈善活动、企业贡献"等社区维度的议题,侧重衡量金融机构在巩固脱贫攻坚成果、服务乡村振兴战略、打造特色公益项目方面的成果。而国际评级机构都没有关注公益慈善,标普全球在 2023 年的指标中将占比 2% 的评估指标"企业公民与慈善"删除。但 2023 年 CDP 评分对金融服务业新增了评估指标"生物多样性",关注环境领域的公益慈善。

2)重点议题解析

社会维度可按照利益相关方划分议题,评级机构均较关注员工和客户两个利益相关方,此外还包括供应链管理和公益慈善两个其他主题的议题。

(1)员工

员工是金融机构最重要的利益相关方之一,人才是金融机构的核心竞争力之一。评级体系中员工层面的议题包括员工雇佣与权益、员工培训与发展等议题。评级机构关注金融机构在保障员工基本权益的基础上,是否通过制定人才发展战略、开展员工培训、实行股权激励等方式提升员工满意度,降低员工流失率,以不断提高公司对人才的吸引力。

员工雇佣与权益可分为基础权益和增值权益。在基础权益方面,评级机构关注金融机构员工的基本权益是否得到保障,包括员工是否得到公平对待、是否存在反童工和强制劳工现象、员工构成是否多元化、是否制定正规的申诉上报机制、员工职业健康与安全是否得到保障等。在增值权益方面,评级机构关注金融机构对人才的激励,包括制定员工持股计划、是否提供全面覆盖的非薪酬福利等。此外,员工满意度和员工流失率是衡量员工维度议题表现最重要的指标,金融机构在开展员工满意度调查的前提下应采取措施不断提升员工满意度,并将员工流失率保持在较低水平。

员工培训与发展方面,完善培训和发展体系是吸引人才、留住人才的重要因素,评级机构普遍关注金融机构的人才发展与培训管理体系,具体包括人才发展战略的制定情况、是否开展针对性的培训项目、是否支持员工获得学位和相关认证、是否制定合理有效的人才发展和晋升机制。

(2)客户

金融机构的客户包括个人客户和机构客户,保障客户基本权益不受侵害,并提高客户满意度和对社会的贡献度是金融机构管理客户议题的重要目标。(评级议题中客户层面的议题包括信息安全与隐私保护、普惠金融、负责任投资、客户关系管理等议题。)

信息安全与隐私保护方面,评级机构关注金融机构隐私保护政策制定和实施情况,金融机构应制定信息安全与隐私保护体系与制度,开展相关培训提升员工职业素养,落实相关政策制度、积极处理客户关于隐私保护的投诉。

普惠金融方面,评级机构关注金融机构参与普惠金融的程度,包括公司直接提供或直接参与的普惠金融服务,提供的普惠金融产品,针对农村、中小微企业等服务机制不完善的市场业务开展情况等。

负责任投资方面,评级机构关注金融机构在投资过程中 ESG 策略的实施情况,是否积极签署和参与国际倡议,如负责任投资原则(PRI)、责任投资论坛(SIF),是否在投后管理阶段开展尽责管理并积极行使股东权利等。

客户关系管理方面,评级机构关注金融机构客户管理体系与制度的制定,是否开展客户满意度调查,并采取多种举措提升客户满意度,是否有效应对客户投诉以持续降低客户投诉率。

(3)其他

除了员工和客户两个重要利益相关方之外,供应商和社区也是金融机构重要的利益相关方。但相较于其他行业,供应商和社区给金融机构带来的风险较小且相对可控,因此,国际评级机构大多未将供应链管理和公益慈善纳入金融机构的实质性议题库。

鉴于商道融绿ESG评级和中证指数ESG评级尚未公布行业议题权重和行业议题评估内容,我们暂且无法判断评级机构重点关注方向。根据行业通用议题定义,供应链管理议题评估要点包括供应商集中度与合规性、供应商反贪污腐败政策制定与执行情况、供应商隐私与数据安全议题表现等(见表3.23)。公益慈善议题评估要点包括企业在扶贫、捐赠、就业等方面的社会贡献以及对社会积极贡献而获得的企业发展机遇。

表3.23 ESG评级关注的信息安全与隐私保护议题

议题定义	• 数据安全保护:开展数据处理活动应当依照法律、法规的规定,建立健全全流程数据安全管理制度,组织开展数据安全教育培训,采取相应的技术措施和其他必要措施,保障数据安全。利用互联网等信息网络开展数据处理活动,应当在网络安全等级保护制度的基础上,履行上述数据安全保护义务 • 客户隐私保护:组织应当尊重消费者隐私,并采取合理措施确保收集、存储、处理或传播个人资料的安全。为保护客户隐私,组织应当限制对个人数据的收集,以合法途径收集数据,并对收集、使用和保护数据的方式保持透明。除非经客户同意,组织不应透露客户个人信息,不将客户个人信息用于除约定之外的任何目的,并将资料保护政策或措施的任何变化直接传达给客户
相关法律法规及标准	《中华人民共和国个人信息保护法》 《中华人民共和国数据安全法》 香港联交所《环境、社会及管治报告指引》B6.5 《GRI 418:客户隐私》 《ISO0605 消费者信息保护与隐私》
金融机构议题管理内容	**管理体系** • 管理架构——建立数据安全管理委员会或管理小组等专门的管理架构,包括管理架构的组成人员、董事会成员与高管参与管理的情况、具体职责等 • 管理目标——通过信息安全管理相关的认证与等级测评(如ISO27001、网络安全等级保护测评等)及覆盖的业务范围,全年未发生重大数据/信息泄露事件 **行动及成果** • 不同工作环节采取的数据安全保护措施,包含从数据采集、数据储存到销毁等 • 数据安全相关培训及其覆盖范围,并将数据安全融入员工绩效考核指标中 • 搭建完善的数据安全应急响应机制并定期开展应急演习 • 不同工作环节采取的隐私保护措施 • 隐私保护相关培训及其覆盖范围 • 数据安全及隐私保护相关违规事件的举报与反馈渠道(面向客户、员工) • 数据安全及隐私保护相关审计,包括审计内容、审计频率以及覆盖范围、审计结果等

3.3.3 治理

1）评级议题异同

（1）共性

治理维度议题权重占总体权重较高。结合目前已披露权重的三个评级来看（见表3.24至表3.26），社会维度的议题权重均超过三分之一，S&P Global ESG评分的权重超过二分之一，国内外评级机构普遍较重视金融机构治理维度的议题。

评级机构普遍将议题分为公司治理和商业道德两个方面，治理维度的议题普遍无行业特定议题。公司治理关注治理机制、薪酬、所有权、税收等议题，衡量被评公司ESG管理工作的基础运行情况。商业道德关注被评公司的商业道德机制建设、实施保障、成果展现等情况。

表3.24 金融机构ESG评级重点议题——治理维度

	银 行 业	保 险 业	证券基金业
MSCI ESG评级	治理33.4%	治理35.96%	治理41.50%
S&P Global ESG评分	报告透明性2% 公司治理9% 实质性3% 风险机遇管理7% 商业道德9% 政策影响3% 税收战略3% 信息安全/网络安全与系统可获得性4% 可持续金融9% 金融稳定与系统风险2%		
万得ESG评级	公司治理34.78% 商业道德4.35%	公司治理36.36% 商业道德4.55%	公司治理36.36% 商业道德4.55%
中证指数ESG评级	中小股东保护、控股股东与大股东行为、机构设置、机构运作、激励与约束机制、信息披露质量、公司治理风险、财务风险、财务质量		
商道融绿ESG评级	商业道德、公司治理、合规管理		

注：MSCI ESG评级的治理维度包括所有权及控制、薪酬、董事会和会计4个公司治理议题，商业道德和税务透明2个企业行为议题。

表3.25 金融机构ESG评级治理维度权重合计

	MSCI ESG评级	S&P Global ESG评分	万得ESG评级	商道融绿ESG评级	中证指数ESG评级
银行业	33.4%	51%	39.13%	/	/
保险业	35.96%	51%	40.91%	/	/
证券基金业	41.50%	51%	40.91%	/	/

表 3.26　金融机构 ESG 评级治理维度评估内容构成

维度	治理					
主题	治理				商业道德	其他
议题	公司治理机制	薪酬	所有权	税务	商业道德	信息披露	金融稳定与系统性风险
指标	ESG治理架构；董事会独立性；董事会多元化；……	董监高薪酬与绩效的关联性；与可持续挂钩的激励与约束机制；……	公司与股东之间的关联交易；公司治理机制对中小股东的保护；……	纳税透明度；税务风险；……	商业道德制度体系；道德标准审计；商业道德方面培训；……	信息披露的及时性、可靠性与完备性；报告审验；……	金融稳定与系统性风险；实质性分析；风险与危机管理；……

（2）差异

国际评级机构普遍仅关注董事会层面治理机制，而国内评级机构关注董事会、监事会、高级管理层三层组织架构的运行情况。在指标设定时，国际评级机构虽从指标目标设定、业务执行角度关注管理层 ESG 成果，但更关注董事会对 ESG 事宜的监督和管理。首先，会要求董事会相关成员具备 ESG 管理能力或者相关行业经验；其次，关注是否指定专门成员负责 ESG 管理，如标普 ESG 评级中会邀请董事会成员参与标普的外部访谈；再次，还关注 ESG 各项子议题评估是否被纳入董事会议程中。而国内评级机构基于国内上市公司实际情况，普遍关注董事会、监事会、高级管理层的 ESG 管理成果，结合中国特色关注监事会的监督，对董事会成员构成、董事会 ESG 能力建设关注不多。

大多数评级的治理议题仅包含公司治理和商业道德，但 S&P Global ESG 评级在此基础上将报告透明度、实质性分析、风险机遇管理、信息安全网络安全和系统可用性、可持续金融、金融稳定与系统性风险等议题也纳入考量，这些议题有的与环境、社会维度交叉，有的为标普特有议题，但普遍侧重评估金融机构的治理、战略维度。由此可见，S&P Global ESG 评级在公司治理维度侧重从多个角度全面评估金融机构公司治理表现，而其他评级更侧重与公司治理直接相关的议题；S&P Global ESG 评级重视全面性，其他评级重视实质性。

2）重点议题解析

治理维度的议题可分为公司治理、商业道德和其他特色议题。

（1）公司治理

完善的治理体系是金融机构开展 ESG 管理工作的基础。治理维度包括公司治理机制、薪酬、所有权、税务等议题。评级机构以公司治理机制为基础，从薪酬、所有权、税务等议题综合评估金融机构公司治理方面的表现。

公司治理机制方面，评级机构关注金融机构的治理机制是否完善、机构运作是否合理有效、是否制定激励与约束机制，董监高之间是否权限清晰、职责明确，是否设置了明确的 ESG 治理架构，是否加入 ESG 相关的国际组织或行业组织等。此外，评级机构尤其关注董事会层面的信息,关注董事会的人员构成是否多元化,董事是否具备独立性和专业性,董事平均任期、离职率是否合理等;薪酬方面,评级机构主要关注金融机构董监高薪酬与绩效的关联性、管理层与员工薪酬比例情况,以衡量薪酬体系的合理性。在所有权方面,评级机构关注金融机构股东权益类型,包括是否存在管理层持股、政府持股、家族持股等情况,关注公司与股东之间的关联交易,以及公司治理机制对中小股东的保护,控股股东行为对公司的影响,旨在反映企业对股东权益的保障程度以及控股股东行为对企业的影响。在税务方面,评级机构关注金融机构纳税透明度,关注财务风险和财务质量情况,旨在衡量公司治理的效果,金融机构应聘请第三方审计机构出具审计意见以加强财务数据的可信度。

(2)商业道德

金融行业存在较大商业道德风险,因此评级机构均将商业道德列为重要评级议题。(评级议题包括商业道德机制建设、实施保障、成果展现等。)

商业道德机制建设方面,评级机构关注金融机构是否明确负责监管商业道德的执行机构,是否制定或披露了完善的商业道德制度体系,如反垄断与公平竞争制度、反贪污腐败制度、员工商业道德行为准则、反洗钱制度、了解你的客户制度、供应商反腐败制度、检举者保护制度,并关注这些制度的覆盖范围、信息的保密性、是否有相关的系统程序等。在实施保障方面,评级机构关注金融机构为落实这些制度所采取的措施,如商业道德方面的风险控制、定期进行道德标准审计、披露实施报告、对员工开展商业道德方面的培训、对商业伙伴进行商业道德方面的监管。在成果展现方面,评级机构关注金融机构腐败、贿赂案件和垄断竞争行为的发生情况,以及金融机构是否公开披露行为准则和违规情况等。

(3)其他特色议题

除公司治理和商业道德两个主要议题外,中证指数在治理维度还关注信息披露的质量,关注金融机构信息披露的及时性、可靠性与完备性(见表3.27)。S&P Global ESG评分还关注 ESG 报告审验、实质性分析、风险与危机管理、政策影响、信息安全网络安全和系统可用性、可持续金融、金融稳定与系统性风险等议题。

表 3.27 ESG 评级关注的商业道德议题

议题定义	● 公司在倡导廉洁从业、反贪污管理方面对国家法律法规的符合程度、管理政策或方法
相关法律法规及标准	香港联交所《环境、社会及管治报告指引》B7 《GRI 205:反腐败》
金融机构议题管理内容	**管理体系** ● 管理架构——负责监管商业道德的组织架构 ● 管理目标——未发生重大贪污腐败事件 **行动及成果** ● 完善的商业道德制度体系,如反垄断与公平竞争制度、反贪污腐败制度、员工商业道德行为准则、反洗钱制度、了解你的客户制度、供应商反腐败制度、检举者保护制度,以及制度的覆盖范围、信息的保密性、是否有相关的系统程序等

续 表

金融机构议题管理内容	● 商业道德方面的风险控制措施 ● 定期进行道德标准审计、披露实施报告 ● 对员工开展商业道德方面的培训 ● 对商业伙伴进行商业道德方面的监管 ● 腐败、贿赂案件和垄断竞争行为的发生情况，以及金融机构是否公开披露行为准则和违规情况等

[思考与练习]

1. ESG 指标的本土化一直是讨论的热点，你认为哪些议题能够更好地反映中国金融机构的可持续发展能力？国际评级指标有哪些改善的空间？

2. 如果你是一家中国金融机构的可持续发展部门的负责人，你认为哪些 ESG 评级体系能较好地反映公司 ESG 管理水平？

3. 对于金融机构，请简述目前各家评级机构对于环境维度的议题权重的设置情况。你认为是否合理？金融机构是否需要投入大量资源来提升环境维度 ESG 评分？

4. 结合中国金融机构评级现状，从投资者角度选取你认为 ESG 表现最好的三家公司，并解释原因。

第 4 章 金融机构 ESG 转型

[本章导读]

发展至今,中国金融机构已经走过 ESG 管理的初始阶段,正在陆续进入 ESG 转型阶段,即企业将 ESG 系统化纳入企业文化和发展战略,成为完善企业管理经营的重要维度、寻求业务创新突破的重要方向。本章对金融机构 ESG 转型的背景展开分析,以监管要求为代表的利益相关方关注点,正在要求金融机构对 ESG 管理要求做出系统性回应。基于此,本章提出中国金融机构 ESG 转型的能力模型,涵盖引领层、管理层、支撑层三大层面,治理定位能力、战略整合能力、管理力、产品力、沟通力、ESG 数据管理能力六大能力,并对各能力的定义、目标与核心行动展开分析。

4.1 金融机构 ESG 转型驱动力分析

经过近五年的发展,ESG 对于中国金融机构而言,已经从少数行业先行者的先锋行动,逐步成为中国金融机构广泛关注且开始出现行业竞争的新兴管理领域。有别于以被动、零散的方式采取的 ESG 行动,中国金融机构 ESG 发展正陆续进入 ESG 转型阶段。本书将 ESG 转型定义为"企业将 ESG 系统化纳入企业文化和发展战略,成为完善企业管理经营的重要维度、寻求业务创新突破的重要方向"。

推动中国金融机构完善自身 ESG 管理的力量,同时包括外部推力与内生动力。一方面,随着全球范围内可持续发展意识的提升、对于 ESG 理念的认可,来自政府及监管机构、行业自律组织、资本市场的 ESG 关注度和要求愈发强烈;另一方面,随着 ESG 理念对于企业长期可持续发展的价值获得认可,为追求企业经营管理的稳健发展、金融业务的可持续发展,中国金融机构深化 ESG 管理的内生动力也越来越大。

在此背景下,企业依靠个别部门、散点式采取 ESG 管理行动已无法满足内外部相关方对 ESG 的期待,也无法达成自身可持续经营与发展的诉求,亟须探索将 ESG 纳入企业经营发展战略、自上而下实现 ESG 转型的行动方案。如何完成自身的 ESG 转型,成为中国金融机构需要面对的全新课题。本章围绕金融机构的 ESG 转型展开讨论,为 ESG 理念和工具支持金融机构可持续发展提供行动参考。

4.1.1 金融机构面对经营和业务端双重 ESG 风险

环境、社会、公司治理(即 ESG)作为一个单独概念被提出,最早是在 2004 年联合国全球约契组织《关心者赢》(Who Cares Wins)的报告中,至今全球ESG走过了近20年的发展历程。而中国企业对ESG概念的全面关注则相对较晚,2015年香港联交所对上市公司提出了部分ESG信息强制披露的要求并逐渐提升披露强制性、升级指标要求,2018年随着中国A股上市公司被纳入明晟(MSCI)等境外ESG评级,中国企业ESG管理进入快速发展阶段。

ESG概念被单独提出虽然只有近二十年的历史,受到中国企业高度关注则是近五年的事情,然而企业经营中面对的环境、社会、公司治理相关风险,以及企业针对相关风险采取的管理行动,却并非新鲜事物。例如,ESG社会层面包含的员工保障议题、环境层面包含的能源消耗与碳排放议题、治理层面包含的治理架构的有效性,都是完善的企业管理体系中始终存在的议题,但是并未通过ESG的维度来进行统筹性的风险评估与管理应对。

随着全球范围内可持续发展意识的提升,我国"创新、协调、绿色、开放、共享"新发展理念以及"双碳"目标的提出,责任投资者、消费者可持续发展意识的增强,企业在环境、社会、公司治理等非财务方面的表现,对其自身的财务表现和可持续经营起到更大的影响作用,ESG对于企业发展的影响越来越不可忽视。

金融机构所面对的ESG风险,一方面在于自身业务经营所面临的ESG风险,如业务合规、客户权益保障、人才吸引与留任等;另一方面是金融机构作为服务实体经济的重要力量,在金融业务开展过程中同样面临交易所对手方ESG风险的传导。例如,对于高能耗行业的环境议题、劳动密集型行业的劳工议题,如果管理失当,不仅会造成企业本身经营的中断,还会传导至提供服务的金融机构,转化为金融机构的信用风险、声誉风险等。同时在一定程度上,多家企业的ESG风险在金融机构开展的信用业务、投资的资产组合中会形成聚集,由此对金融机构的ESG风险评价和管理体系提出了更高的要求。

因此,金融机构在评估自身ESG风险时,需要同时将自身运营和金融业务端的ESG风险纳入考量。金融机构加强ESG管理能力,对ESG风险进行有效管理、积极把握ESG市场机遇,既是其自身实现可持续经营、高质量发展的必由之路,对于系统性金融风险的防范、推动交易对手方关注和管理ESG风险也具有重要意义。

4.1.2 监管引领是中国金融机构ESG发展的核心力量

当下,推动资本市场ESG发展有三股力量,分别是全球投资者的ESG理念导入、金融监管部门对企业提出的ESG管理和ESG信息披露要求,以及部分金融机构为把握市场机遇、谋求可持续发展而主动采取ESG行动。大多数的中国金融机构,首次接触ESG概念和要求,是来自证券交易所对上市公司ESG信息披露的要求,并由此扩散到上市公司管理层和业务部门的管理范畴。这与全球范围内从投资者的ESG投资理念传导至金融机构业务部门,再通过监管要求加以规范的扩散方式有明显不同。由此可见,监管引领对中国金融机构应用ESG管理理念和工具有着重要的推动作用与引导价值。

为防范系统性金融风险,同时也为了充分调动金融力量、引导资本流向,以助力应对气候变化、乡村振兴等社会发展中的目标与挑战,在服务实体经济的过程中引导各产业实现绿色转型和高质量发展,金融行业的监管部门及行业自律组织均从不同方面对金融机构的ESG管理提出要求,这在对中国金融机构ESG管理起步阶段产生了重要引领作用(见表4.1)。

表 4.1　中国金融机构 ESG 发展中的监管推动力量

机构类型/名称	关 注 重 点	代 表 性 文 件
中央政府部门/直属机构	• 引导企业高质量发展（上市公司、中央企业为重点） • 落实"双碳"战略，推动重点企业开展环境信息披露 • 实施乡村振兴战略	《中共中央国务院关于实施乡村振兴战略的意见》（2018年，国务院） 《国务院关于进一步提高上市公司质量的意见》（2020年，国务院） 《关于完整准确全面贯彻新发展理念 做好碳达峰碳中和工作的意见》（2021年，国务院） 《企业环境信息依法披露管理办法》（2021年，生态环境部） 《企业环境信息依法披露格式准则》（2022年，生态环境部） 《提高央企控股上市公司质量工作方案》（2022年，国务院国有资产监督管理委员会）
中国人民银行	• 构建绿色金融体系，完善绿色金融标准 • 建立金融机构环境信息披露机制，引导金融机构开展环境信息披露 • 推动金融服务乡村振兴	《关于构建绿色金融体系的意见》（2016年8月，中国人民银行、财政部、国家发改委、环境保护部、银监会、证监会、保监会七部门印发） 《关于金融服务乡村振兴的指导意见》（2019年，中国人民银行、银保监会、证监会、财政部、农业农村部） 《关于促进应对气候变化投融资的指导意见》（2020年，生态环境部、国家发改委、中国人民银行、中国银保监会、中国证监会印发） 《金融机构环境信息披露指引》（2021年7月） 《金融标准化"十四五"发展规划》（2022年2月，中国人民银行、市场监管总局、银保监会、证监会四部门发布） 《绿色债券支持项目目录（2021年版）》（2021年，中国人民银行、国家发改委、证监会联合发布）
中国银行保险监督管理委员会（中国银保监会）	• 引导银行业保险业发展绿色金融，将ESG纳入管理流程和全面风险管理	《关于加强银行业金融机构社会责任的意见》（2007年，原中国银监会办公厅） 《关于推动银行业和保险业高质量发展的指导意见》 《银行业保险业绿色金融指引》（2022年，中国银保监会）
中国证券监督管理委员会（中国证监会）/香港证券及期货事务监察委员会（香港证监会）	• 引导上市公司高质量发展，将ESG纳入投资者沟通范围 • 促进上市公司开展ESG及环境信息披露 • 建立绿色金融、ESG产品规范	《上市公司治理准则》（2018年，中国证监会） 《上市公司投资者关系管理工作指引（2022）》 《关于加快推进公募基金行业高质量发展的意见》 《公开发行证券的公司信息披露内容与格式准则第2号——年度报告的内容与格式》 《公开发行证券的公司信息披露内容与格式准则第3号——半年度报告的内容与格式》 《碳金融产品》（2022年4月） 《绿色金融策略框架》（2018年，香港证监会） 《基金经理操守准则》（2021年修订并刊发通函，香港证监会）

续 表

机构类型/名称	关注重点	代表性文件
地方金融监督管理局	• 落实我国绿色发展要求,对地方金融机构落实绿色发展提出要求 • 明确地方金融机构环境信息披露要求	《深圳经济特区绿色金融条例》(2020年,深圳市地方金融监督管理局) 《深圳市金融机构环境信息披露指引》(2022年,深圳市地方金融监督管理局,中国人民银行深圳市中心支行,中国银保监会深圳监管局,中国证监会深圳监管局) 《上海市浦东新区绿色金融发展若干规定》(2022年,上海人大表决通过)
证券交易所	• 对上市公司提出明确的ESG信息披露要求,督促上市公司开展ESG管理	《上海证券交易所上市公司自律监管指引第14号——可持续发展报告(试行)》(2024年,上海证券交易所) 《深圳证券交易所上市公司自律监管指引第17号——可持续发展报告(试行)》(2024年,深圳证券交易所) 《北京证券交易所上市公司持续监管指引第11号——可持续发展报告(试行)》(2024年,北京证券交易所) 《环境、社会及管治报告指引》(2022年,香港联交所) 《上海证券交易所上市公司自律监管指引第1号——规范运作》(2022年,上海证券交易所) 《深圳证券交易所上市公司自律监管指引第1号——主板上市公司规范运作》(2022年,深圳证券交易所) 《科创板上市公司自律监管规则适用指引第2号——自愿信息披露》(2020年,上海证券交易所) 《上市公司信息披露工作考核办法》(2020,深圳证券交易所)
行业协会/标准委员会	• 提出社会责任、ESG相关的行业自律规范 • 从文化建设、行业尽责等角度,推动金融机构完善自身ESG管理 • 推出绿色金融业务落实的工具和规范	《中国银行业金融机构企业社会责任指引》(2009年,中国银行业协会) 《证券行业文化建设十要素》(2021年,中国证券业协会) 《绿色投资指引(试行)》(2018年,中国证券投资基金业协会) 《中国保险资产管理业ESG尽责管理倡议书》(2022年,中国保险资产管理业协会) 《中国绿色债券原则》(2022年,绿色债券标准委员会)

4.1.3 中国金融机构如何系统回应监管要求

相较欧美国家而言,我国ESG监管政策总体发展相对较为滞后,目前仍处于ESG监管体系建立的起步阶段。随着我国对新发展理念的贯彻落实、金融对外开放的推进,中国ESG监管政策正在高速发展之中,部分议题如"碳中和与气候变化",受到我国"双碳"战略的推动,相关政策与指南性文件快速出台,监管框架相对其他ESG领域更完善。

正是由于中国金融机构发展ESG过程中,监管机构要求起到重要的引领作用,金融机构应当具有系统性梳理、消化外部监管要求的能力,以制定明确的策略主动回应监管要求。面对外部快速演进的ESG要求,中国金融机构应充分定位自身的多重身份,以此有序分类梳理不同类型监管相关方的回应重点。总体来说,中国金融机构可以从中国企业、金融机构、上市公司三个层面定位自身角色,明确不同身份需要回应的监管重点。

1)作为中国企业:需参考国家宏观政策划定重点ESG议题、指导企业制定中长期发展目标

企业的发展目标需要与国家、地区整体的发展目标同频共振,才能实现目前的长期推进,并与政策导向形成合力。与其他行业相比,我国金融机构中央企、国企占比较高,肩负着服务国家战略、树立企业公民标杆的重要责任。因此,在金融机构制定自身ESG发展战略和管理目标的过程中,国家宏观政策导向、监管要求不容忽视,如"碳中和、碳达峰""乡村振兴"等国家战略层面的重点议题,须纳入企业的中长期发展关注重点。

【案例4-1】 国泰君安发布《国泰君安践行碳达峰与碳中和的行动方案》

2021年5月28日,在由国泰君安证券、上海联合产权交易所、上海环境能源交易所联合举办的"绿色金融 低碳未来"论坛上,国泰君安发布了《国泰君安践行碳达峰与碳中和的行动方案》,积极践行金融报国理念,主动提高站位,担当责任使命。

国泰君安表示,公司将以"三个三年三步走"战略路径构想为指引,全面提升公司治理效能,提高绿色低碳金融服务能级,力争尽早实现公司自身"碳达峰、碳中和",成为证券行业、金融国资绿色减排的"排头兵"和"领头羊",成为可持续高质量发展的企业公民示范,为服务上海国际碳金融中心建设以及实现国家"碳达峰、碳中和"战略目标贡献金融力量。

与此同时,为指导和帮助企业依法披露环境信息,生态环境部对企业环境信息披露要求不断提高,以全面反映企业遵守生态环境法律法规和环境治理情况,为企业自觉履行环境责任、各利益相关方监督企业环境表现提供抓手。虽然金融机构自身业务经营不涉及较高的能源消耗和污染物排放,但在金融业务层面,需要高度关注环境信息披露要求对自身金融业务对手方的影响,并及时在自身的风险管理体系、业务流程中纳入最新的信息披露要求,有助于自身绿色金融相关机制和策略的落实,以提高自身整体的风险识别和防范能力。

2)作为金融机构:需参考金融监管部门要求,获得重点ESG议题的行动指引,建立金融业务ESG规范

对于中国金融机构来说,银行业、保险业、证券业等金融行业落实国家战略的要求,在中国人民银行、原中国银保监会、中国证监会等金融监管部门出台的政策中有进一步体现。其中,发展绿色金融体系、完善绿色金融标准、促进金融机构开展环境信息披露是金融监管部门的关注重点,金融机构通过研读、掌握监管要求,可以获得在绿色金融、ESG风险管理等行业重点议题的行动方案。

经过多年探索,中国人民银行总结了"三大功能"和"五大支柱"的绿色金融发展思路。

所谓"三大功能"是指绿色金融在资源配置、风险管理和市场定价方面的功能,"五大支柱"是指绿色金融的标准体系、监管和信息披露、激励约束机制、产品和市场体系、国际合作。随着《关于促进应对气候变化投融资的指导意见》《金融标准化"十四五"发展规划》等一系列文件的出台和落实,中国金融机构参与绿色金融生态建设、完善自身绿色金融管理能力,将获得愈发明确的行动指引。

在发展绿色金融体系方面,2022年6月,原银保监会出台的《银行业保险业绿色金融指引》中,将绿色金融提升至战略高度,对银行业保险业践行绿色发展、推进绿色金融给出了全方位的指引,包括组织架构、制度和流程建设、ESG风险管理体系、绿色金融产品创新、内控管理与信息披露等绿色金融管理的多个维度,并同时涵盖金融机构自身运营和金融业务发展的两个层面。具体落实到碳中和目标,则包含了金融机构运营碳中和、业务端投资组合碳中和两方面内容。这一绿色金融领域重磅文件的出台,为银行业、保险业金融机构提供了绿色金融管理的全景图,对于其他类型金融机构开展绿色金融管理也具有重要参考价值,有助于引导金融机构形成框架性管理思维,并识别自身管理短板,逐项突破。

在金融机构环境信息披露方面,2021年7月,中国人民银行出台的《金融机构环境信息披露指南》对包括银行、资产管理、保险、信托、期货、证券在内的各类型金融机构的环境信息披露给出明确指引,要求金融机构对自身环境相关治理架构、政策制度、产品与服务创新等基本情况展开披露,并重点包含对金融机构环境风险管理流程的披露。因此,在监管机构要求的指引下,金融机构为落实央行《环境信息披露指南》中的要求,需要同步建立健全自身绿色金融和ESG风险管理体系,以扎实的管理内核为高质量的信息披露提供基础。

【案例4-2】 中国工商银行持续完善绿色金融、环境信息披露常态化机制

中国工商银行自2007年度起,连续编制社会责任报告,并于2021年8月首次发布半年度ESG专题报告,突出环境、社会、管治三大要素进行高质量的责任信息披露。自2018年起逐年以独立报告的形式编制发布《绿色债券年度报告》《绿色金融专题报告》等。

依托良好的绿色金融发展实践,中国工商银行牵头开展中英金融机构环境信息披露试点项目,率先在国内金融机构中开展环境信息披露工作,坚持对标TCFD建议,综合参考《负责任银行原则》(PRB)。

中国工商银行自2018年起每年连续编制发布《绿色金融专题(TCFD)报告》,向社会与公众披露自身服务经济社会绿色转型、提升自身绿色表现的作为与成效。此外,在监管机构指导下,中国工商银行牵头相关机构编制的《金融机构环境信息披露指南》已由中国人民银行正式发布,为我国金融机构环境信息披露的规范化提供基本框架。近年来,中国工商银行开展了包括完善绿色金融治理、绿色金融产品创新、标准编制、碳足迹测算、压力测试等环境信息披露探索和实践,进一步形成常态化披露机制,推动建立绿色低碳银行。

具体披露报告内容,可参见中国工商银行官网—工行ESG—绿色金融相关报告页面获取。

3) 作为上市公司：通过证券交易所、行业协会要求，获取全面的 ESG 信息披露框架，参照完善自身 ESG 管理

上市金融机构在关注国家战略、落实金融行业监管要求的基础上，还需要参照证券交易所、行业协会要求开展社会责任和 ESG 方面的管理和信息披露工作，做好对股东及投资者的信息披露和权益保护工作。与此同时，上市公司的 ESG 表现往往还受到 ESG 评级机构的关注，评级结果会影响 ESG 投资者的投资决策，从而影响企业在资本市场的竞争力。因此，上市金融机构在合规层面需要回应证券交易所、行业协会的 ESG 相关要求，同时需要主动关注 ESG 评级机构的关注重点，以此获取完善自身 ESG 管理的参考框架。

对于中国金融机构而言，来自证券交易所的信息披露要求，往往是企业最早接触 ESG 概念和相关要求的渠道。对于国家宏观政策、金融监管部门的 ESG 相关政策来说，证券交易所的信息披露要求由于具有跨行业的普适性，因此不是聚焦于个别重点议题的披露指引，而是提供全面的披露方法与议题框架，这有助于金融机构建立完整的议题库、整体性的管理思路，并在此基础上进一步识别具体金融机构的管理重点。

从目前上市公司面对的信息披露要求来看，香港联交所在指标完整性、披露强制性方面处于领先地位，直接推动了在港上市的中国金融机构在持续披露中完善自身 ESG 管理能力和披露水平，同时也间接带动了其他非港股上市的金融机构在 ESG 管理方面积极对标、采取行动。

上交所要求三类企业强制披露社会责任报告，其中就包含上市金融机构，这也推动了金融机构以信息披露促进管理提升，走在中国上市公司 ESG 管理和信息披露的前列，为其他行业上市公司起到标杆作用。沪深两地交易所近几年正密集完善社会责任和 ESG 信息披露要求，2022 年 1 月沪深交易所同步修订《上市规则》，首次纳入企业社会责任（CSR）相关表述，并更新自律监管指引明确社会责任相关管理和披露要求；同时新将科创50 指数成分股公司纳入 ESG 报告强制披露范畴。2024 年 4 月，沪深北交易所同步发布可持续发展报告指引，明确报告期内持续被纳入上证180、科创50、深证100、创业板指数样本公司，以及境内外同时上市的公司应当披露可持续发展报告。

与此同时，全球范围也在呼吁形成一致、可比的 ESG 披露准则。为建立全球可持续信息披露基准，2021 年 11 月 3 日，国际可持续准则理事会（International Sustainability Standards Board，简称 ISSB）由国际财务报告准则基金会（IFRS）在格拉斯哥举行的 COP26 上宣布成立。2023 年 6 月 26 日，ISSB 针对可持续信息披露正式发布了两份文件：《国际财务报告可持续披露准则第 1 号——可持续相关财务信息披露一般要求》和《国际财务报告可持续披露准则第 2 号——气候相关披露》。ISSB 准则收到了全球范围监管机构、利益相关方团体、会计机构和审计公司、投资者、编制者、公共利益机构、监管机构和标准制定者的热烈反馈，中国证监会、香港交易所也明确表示 ISSB 将对上市公司可持续信息披露产生重要影响，推动上市公司 ESG 管理和信息披露进入更加规范、科学的新阶段。

上市公司信息披露要求整体趋严、规范日益明确，这为企业开展 ESG 管理和信息披露提供了有效的工具，也有助于市场上 ESG 信息披露质量的提升，提升 ESG 数据对 ESG 投资者决策的参考价值，让 ESG 管理优异的企业逐步获得资本市场的竞争优势。

【案例 4-3】 2022 年 A 股、港股上市公司报告发布率，A 股金融行业发布率居于领先地位

截至 2023 年 6 月 25 日，A 股上市公司共计 5 212 家。截至 2023 年 6 月，共有 1 714 家 A 股上市公司披露了 2022 年度 ESG 报告，发布报告的公司数量占全部 A 股上市公司数量的 32.9%。其中，有 959 家沪市上市公司（占沪市上市公司的 43.2%），752 家深市上市公司发布 ESG 报告，占深市上市公司的 26.9%。

截至 2023 年 9 月 8 日，香港联交所上市公司共计有 2 646 家。已于港交所披露易（HKEXnews）登载 ESG 信息的公司共计 2 512 家，占比 94.9%。

从发布 ESG 报告的整个行业领域分布来看（按照 2012 年证监会行业分类），2022 年 A 股上市公司中，金融业的信息披露程度最高，达到 89.8%；其次是公用事业，发布率在 56.7% 左右；其他行业的发布率保持在 20%～50%，ESG 报告发布率最低是信息技术行业，为 25.7%。

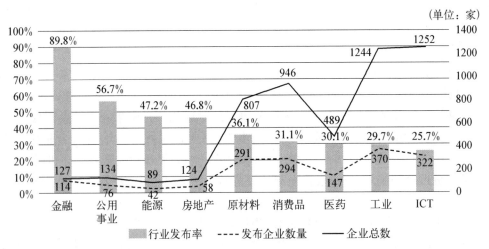

资料来源：https://mp.weixin.qq.com/s/OsklkWhAhpfS2JcpwVqHFg。

4.2 金融机构 ESG 转型能力模型

4.2.1 金融机构 ESG 转型目标

相较于企业社会责任、公益慈善等其他相关概念，ESG 作为环境（E）、社会（S）、公司治理（G）三类要素的总称，由于对治理要素的关注，天然带有自上而下推动的属性。

上市公司对 ESG 工作常见的处理方式是，将负责信息披露（如董事会办公室）或品牌传播（如集团品牌部、总裁办公室）的部门，指定为 ESG 工作牵头部门，主要工作内容为回应证券交易所的信息披露要求，每年底组织各部门进行一次 ESG 信息填报和汇总工作，

以形成年度的 ESG、社会责任报告对外披露。

随着监管机构 ESG 管理要求的提升、ESG 评级影响力的扩大,金融机构所需关注的 ESG 议题范围不断扩大、深度逐渐强化。ESG 治理架构、ESG 风险管理体系建设、金融服务对社会和环境的外部影响、气候变化减缓与适应等议题重要性显著提升,纵向对企业董事会、管理层自上而下的管理推动提出要求,横向对职能部门、业务部门的共同协作提出要求。因此,企业若维持原有的把"信息披露"作为主要 ESG 管理行动的方式,或是由部门各自为战,将难以回应内外部相关方的最新要求,也无法有效地将企业已有的 ESG 管理成果固化和沉淀为企业资产。

在内外部推动力的影响下,中国金融机构作为各行业企业 ESG 管理的先行军,亟须迈入 ESG 管理的新阶段。这要求企业摆脱原有的单一部门牵头和发起主要工作的协作方式,建立自上而下治理体系的保障和支撑,其背后要求企业决策层和管理层真正认同 ESG 对于企业发展的价值。为了突破原有的对外部要求分散式的回应,企业须对外部要求和内部资源进行系统性整合,凝聚企业上下的发展合力。ESG 管理在实际行动落实之中,要穿透企业经营管理、金融业务、品牌与文化三大层面,将 ESG 顶层设计贯彻于企业 ESG 管理的经营实践之中。

为解决金融机构在迈入全新 ESG 管理阶段的所遇到的"瓶颈",本章将重点讨论金融机构 ESG 转型所需的能力模型,其目标在于:一方面,希望通过 ESG 转型支持中国金融机构将 ESG 理念纳入自身经营发展战略,拥有自身在 ESG 人才、研究、风控方面的底层能力,能够在快速演进的 ESG 理念、工具和外部监管要求中,始终保持自身的前沿视角,以助力企业的有机、可持续发展;另一方面,ESG 转型本身对于企业而言会经历从量变到质变的过程,希望这一过程也可以成为企业清点、码放自身 ESG 管理资源的过程,将企业已经积累的有效的部门协作机制、涌现出的具有良好 ESG 创新意识的人才等资源,复用于企业新的发展阶段。

4.2.2 金融机构 ESG 转型能力模型总览

中国金融机构谋求自身 ESG 转型,所需要掌握的能力从大的维度上划分,包括引领层的战略整合能力、行动层的管理落地能力、支撑层的治理定位能力和数据管理能力(如图 4.1 所示)。

其中,行动层的管理落地能力,包括企业管理力、产品力、沟通力三大核心能力,由此构成金融机构 ESG 转型的能力模型。为实现 ESG 真正深入企业管理实处,越来越多的企业认识到 ESG 数据对于企业 ESG 管理体系的重要价值,因此本章将着重提出 ESG 数据底座是企业实现 ESG 转型重要的能力基础,将 ESG 数据底座作为中国金融机构 ESG 转型重要的能力板块(如图 4.2 所示)。

图 4.1 中国金融机构 ESG 转型能力分层

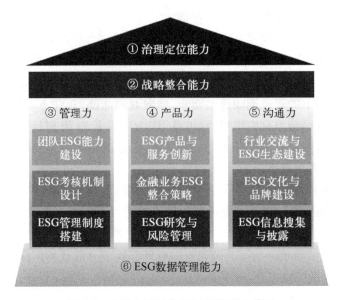

图 4.2　中国金融机构 ESG 转型能力模型

1）治理定位能力

治理定位能力，要求企业在发展理念、治理架构上为 ESG 转型提供坚实的治理支撑和文化保障，具体行动包括建立 ESG 理念、搭建 ESG 治理架构。

企业搭建清晰的 ESG 治理架构，明确企业 ESG 管理的组织架构、职能分工，往往被视为系统化推进 ESG 管理的重要节点。通过 ESG 治理架构搭建，企业向内部和外部相关方传递明确的信号，即 ESG 管理的工作已经受到自上而下的高度重视，对于企业后续 ESG 规划的搭建、落地，对于带动公司上下共同参与 ESG 管理实践具有重要意义。

ESG 治理架构的搭建是显性的管理动作，而在其背后，能够支撑企业坚定推进 ESG 转型的是企业对 ESG 的价值认同，即能够清楚定位 ESG 对于企业实现自身发展战略与目标的作用，可能在企业对外公开的文件中表述为明确的 ESG 理念。

企业对 ESG 最初的关注可能源自监管要求、投资者的问询或同业企业对自身 ESG 亮点的传播，出于不同的推动因素，企业可能采取了一系列最初的 ESG 管理行动，用以直接回应利益相关方的期待。

由于企业的管理能力，尤其是最高决策层和管理层的管理资源是有限的，需要优先分配给对企业总体战略目标达成具有重要价值的领域。因此，当企业想要真正进入 ESG 转型阶段，希望将 ESG 作为支撑自身高质量、可持续发展的重要支柱，企业决策层、管理层对于 ESG 的价值认同就至关重要。这既包含着认识到 ESG 对于支持企业在快速变化的外部环境中应对潜在风险的价值，也甚至包含着，哪怕无法在短期快速看到 ESG 管理的收益，ESG 也能支持企业成为一家综合价值更高、更具备长远发展能力的"好企业"。

对 ESG 价值的内在认同，是企业 ESG 转型的底层逻辑，找到 ESG 与企业使命、愿景和价值观的契合点，形成企业自身的 ESG 理念，才能为企业 ESG 转型提供内在的文化支撑，指导企业做出未来 ESG 发展关键节点的判断和决策，使得 ESG 成为企业的内在修为，而非应试教育的一张答卷。

【案例 4-4】 中国平安在官网发布自身可持续发展承诺和可持续发展模型

中国平安在官网设置一级栏目"可持续发展",清晰展示自身可持续发展方面的承诺和模型,展现出企业将可持续发展理念全面纳入自身发展战略的决心。

中国平安可持续发展承诺:平安坚持"专业创造价值",依托"金融+科技"两大引擎,携手所有利益相关方,以五大生态圈为土壤,助力实现绿色的环境、和谐的社会以及可持续的经济建设目标。

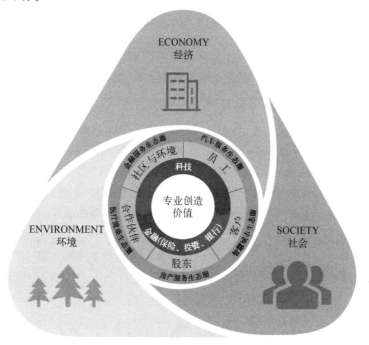

中国平安可持续发展模型

2)战略整合能力

战略整合能力,要求企业具有全局视野,对外能够充分掌握监管、市场及外部环境趋势,对内能够整合企业资源,以合理地制定企业中长期及最近1~2年的ESG发展战略,明确发展目标、凝聚企业发展合力。

在对外部要求和趋势的掌握方面,如本章4.1节所述,随着ESG概念的快速演进,内部和外部相关方对企业ESG管理的要求纷至沓来,监管机构要求在中国金融机构开展ESG管理的过程中起到重要的引领作用。各项要求最终要落实到企业ESG信息披露、ESG风险管理体系搭建、ESG产品创新等不同的管理环节。因此,企业需要具有系统梳理外部要求的能力,以判断不同政策的强制性和对企业的适用程度,从而形成企业推进ESG管理的行动框架,识别出本公司ESG管理领域的重要议题、必选议题。

在对内的资源整合方面,ESG各议题的管理职能,原本分散于企业合规管理、人力资源管理、信息披露、产品研发与创新等不同的职能和板块,企业开展ESG管理并非从零起步,而是需要运用ESG理念和工具对企业既有资源进行复盘和重整,从ESG视角来清点企业的管理资产。因此,在战略整合能力中,企业需要有跨部门的广阔视野、资源整合的目标意识,参考ESG框架对企业ESG资产进行梳理和重整,并在新的ESG战略体系中固化下来,复用于企业ESG转型新的管理阶段。

ESG战略的制定,要求在企业当前实践水平的基础上,从被动回应到主动规划,识别企业后续ESG管理重点,制定中长期的发展目标,在完成外部要求必选动作的基础上,形成企业特色的自选动作,建立适配自身企业文化和业务战略的ESG战略。ESG战略的价值,在于勾画一张ESG管理的总体蓝图,建立起公司整体ESG的行动共识,让各部门和各分支的行动形成合力,共同推进公司在识别出的ESG战略重点领域上取得突破。

【案例4-5】 中国人寿制定ESG战略目标,发布《ESG暨社会责任战略规划(2021—2025年)》

中国人寿聚焦"建设世界一流、负责任的寿险公司"ESG战略目标,秉承"以人为本、关爱生命、创造价值、服务社会"的ESG战略理念,构建了包含环境、社会及管治三大维度,以及国家、社会、行业、客户、企业、员工及环境七大利益相关方的ESG暨社会责任战略模型。

为指导自身ESG管理实践,中国人寿制定《ESG暨社会责任战略规划(2021—2025年)》,并制定三步推进策略,循序渐进地推进ESG管理,力争于2025年实现ESG管理工作引领寿险行业的阶段性目标。

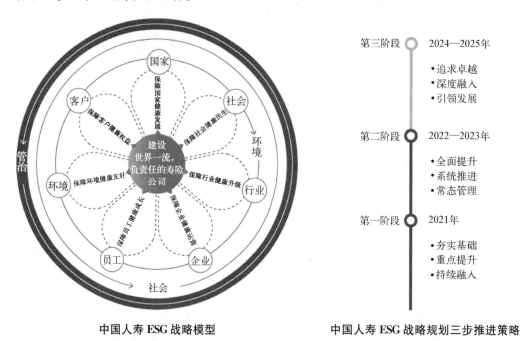

中国人寿ESG战略模型　　　　　　中国人寿ESG战略规划三步推进策略

3)管理力

管理力,是指企业带动企业全员参与ESG转型的能力,其核心行动包括团队ESG能力建设、ESG 管理制度搭建、ESG 考核机制设计等。

为避免企业的 ESG 战略成为一纸空文,金融机构需要具备管理落地能力,将企业的 ESG 理念、ESG 战略规划落实到日常经营实践,成为全员的共同行动,并逐步使公司不同职能部门感受到 ESG 对于企业发展的价值,使得 ESG 在自上而下推动的基础上,逐步建立起自下而上的行动基础。

由于 ESG 管理在具体落地的过程中牵涉部门多、范围广,企业在 ESG 转型初期,更需要关注 ESG 理念导入、团队 ESG 能力建设的重要性。自上而下的推动只是企业 ESG 管理的起点,企业 ESG 转型的最终实现,有赖于企业自下而上的广泛认同、积极行动。为实现企业 ESG 理念的导入,企业需要对各层级员工开展针对性的 ESG 培训,在理念层面引导员工认识到 ESG 理念与企业文化的契合点,在技术层面针对重点 ESG 职能部门、关键岗位开展 ESG 能力培养。金融行业本身是高度依赖人才的行业,金融机构在部署自身 ESG 资源的过程中,应注意将 ESG 能力纳入既有的人才吸引与培养战略,通过内部人才 ESG 能力培养、外部 ESG 专业人才引进等多重方式,完成团队 ESG 能力的建设,为公司 ESG 管理工作的持续推进提供保障。

除了理念导入与人才培养,企业 ESG 制度体系建设、考核体系设计是企业 ESG 管理落到实处的重要保障。在企业整体 ESG 战略、发展目标的引领下,ESG 制度和管理规范能够为企业 ESG 战略落实提供总体规范和制度保障。制度制定过程,本身也是针对具体议题开展背景调研、梳理管理思路的过程。针对各 ESG 核心议题出台管理制度,是企业打通 ESG 管理脉络的重要方式,促使企业 ESG 管理从各部门自发行动进入有章可循的阶段。ESG 考核体系的设计,目的在于将企业整体的宏大目标拆分至部门、小组、个人,为各层级员工提供具体的行动指引,让每个人、每个部门的日常工作与公司整体 ESG 战略目标建立明确关联,通过明确的激励和约束机制,避免 ESG 战略规划只是决策层和管理层的宏伟蓝图而无法付诸实践。

【案例 4-6】 瑞银集团将 ESG 相关指标纳入管理层绩效考核

瑞银集团在其薪酬激励机制中,将衡量文化和 ESG 管理表现的定性指标纳入管理层的绩效考核,指标权重占比达 30%。下表列出了瑞银集团 2020 年 CEO 和执行董事会成员绩效考核指标。

考核内容	指标权重占比	定性定量指标
财务指标		
集团指标	70%	财务指标,包括税前盈利、成本收益比及资本充足率
业务部门、区域公司及职能部门指标(如适用)		包括新资金、管理资产、部门或区域税前盈利、成本收益比、新业务增长比例、净利差、平均净资产回报率、风险加权资产及远程数据指标(LRD)

续 表

考核内容		指标权重占比	定性定量指标
非财务类指标			
支柱	资本实力		创造和维持资本实力;提高资本效能,更有效、更充足地使用资本
	效率与有效性		参与各业务条线的战略制定、执行及成功;考虑市场情况、相对业绩及其他因素
	风险管理		通过有效的风险管控机制强调风险管理;加强风险自查,遵守各类监管要求;与公司监管者保持持续对话,塑造良好关系
原则	以客户为中心	15%	提高客户满意度,并长期维持高水平满意度,包括加强各业务条线间的通力合作
	追求卓越		人力资本管理:发展高级管理层的人才梯队建设,公司内加强人才流动性、建立多元共融的人才团队
	可持续业绩		品牌和声誉:保护集团声誉,强调公司标准和原则的完全遵守; 文化和增长:将公司原则和行为放在业务要求的前端和中心,包括聚焦可持续增长; 衡量个人强调责任和使命文化的能力,展现作为负责任公司市民、强调集体行为
行为	诚信	15%	为自己的言语和行为负责;关心客户、投资者及同事;行为榜样
	协作		将客户利益和公司利益放在个人利益之前,加强全公司通力合作;尊重并重视多元化视角
	挑战		鼓励自己和他人建设性的挑战现状;从错误和经历中吸取经验和教训

4)产品力

产品力,是指金融机构在业务端通过运用ESG理念把握创新机遇、防范ESG风险的能力。其核心行动包括ESG产品与服务创新、金融业务ESG整合策略、ESG研究与风险管理能力等。

产品力是金融机构进行ESG转型非常具有行业特色的一个能力板块。ESG理念是否深入企业产品研发与创新的策略,往往也是识别企业是否真正启动ESG转型的重要标志。在全球、中国快速发展ESG投资的背景下,金融机构推出ESG主题产品,并通过投资、融资、保险等业务引导资本向ESG表现更优的企业流动,本身也是把握ESG市场机遇的重要方式。从金融机构产品力的能力建设视角来看,ESG产品创新是企业产品力的直接体现,其背后需要企业建立整体的可持续金融业务策略,并同时对企业的ESG研究、风控等底层能力提出要求。

与具体的ESG主题产品相比,金融机构制定的可持续金融策略,更偏向机构在可持续金融方面的顶层设计、整体原则。金融机构在投资、融资、保险等金融业务中对ESG原则的应用方式和应用深度,是企业ESG理念在业务端的直接体现。由于我国可持续金融领域尚缺乏统一、明确的指引和监管要求,企业可以在参考国内、国际框架的基础上,探索建立自身的可持续金融业务框架,并追踪外部监管要求的变化,持续迭代企业标准。

业务端的ESG整合策略作为框定企业在金融业务开展中的总体规范,可以包括定性指引(如对行业整体的限制和鼓励)或定量指标(如应用企业ESG评价结果)设定项目准入门槛、制定企业可持续金融规模和增速的量化目标等。可持续金融策略的制定,可以为企业具体的ESG产品创新指明方向,有助于形成金融机构自身的ESG产品品牌和特色。

金融业务ESG整合策略的制定,在理念上对企业真正认同ESG理念提出要求,在技术上对企业的ESG研究和风险管理能力提出要求。金融机构早期可以通过采购第三方服务的方式,获取ESG评价、ESG风险监测和管理的基础,并在此基础上通过不断内化ESG理念、掌握ESG相关工具,实现自建的ESG研究体系、ESG风险管理体系,真正将企业价值观贯彻于自身的ESG研究和风险管理体系之中。其中,随着全球范围内对气候变化议题的关注、我国"双碳"战略的推进,气候相关风险在企业ESG风险管理中的重要性日益提升,金融机构应积极从自身运营、金融业务两个层面展开气候相关风险的分析,并采取应对措施,金融机构应逐步探索应用情景分析、压力测试工具,主动评估企业面对的气候相关风险。

【案例4-7】 兴业银行将ESG整合到各类产品和服务中,搭建绿色金融集团化产品体系

兴业银行深刻认识商业银行的社会和环境责任,将ESG提升至集团战略和规划的高度,并制定相应的战略发展目标,以ESG管理引领高质量发展。兴业银行在绿色金融产品基础上,加强S(社会)和G(公司治理)探索实践,将ESG三大价值因素整合到各类产品和服务中,形成立体化、多维度的ESG产品体系。

到2025年末,预计实现:集团绿色金融融资余额2万亿元;绿色金融企业客户数5.5万户;温室气体减排量61 171.4 tCO_2。

为更好地服务业务发展,兴业银行将ESG与气候风险管理纳入全面风险管理体系,修订《全面风险管理报告办法》,明确总行风险管理委员会的ESG与气候风险管理职责,将ESG与气候风险纳入向高级管理层与董事会报告的范围,并探索在风险偏好制定过程中将ESG与气候风险因素纳入考量。

兴业银行充分发挥集团综合优势,结合绿色产业的特点、发展现状及相应的融资需求,立足集团多元化产品综合运用与创新,积极打造绿色信贷、绿色租赁、绿色信托、

绿色基金、绿色消费等门类齐全的集团绿色系列产品与服务,不断丰富集团绿色金融业务内涵。

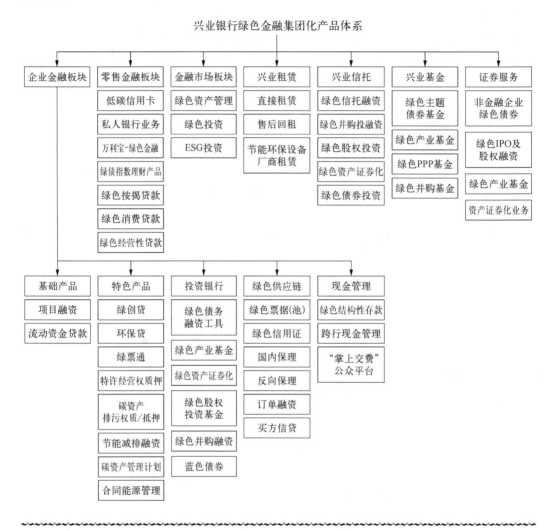

5) 沟通力

沟通力,是指企业与利益相关方开展有效沟通,建立 ESG 品牌。其核心行动包括 ESG 信息搜集与披露、ESG 文化与品牌建设、行业交流与 ESG 生态建设的能力。

沟通力包含了对内和对外两个维度,具体包括企业内部的信息搜集和对外的信息披露机制,企业对内的 ESG 文化建设与对外的 ESG 品牌传播行动,和企业主动参与行业交流和 ESG 生态建设。

在 ESG 信息搜集与披露方面,由于绝大多数主流 ESG 评级产品均采用企业公开披露的信息作为其评定企业 ESG 表现的基础,ESG 概念从诞生之初就包含着对企业治理和管理透明度的严格要求,强化 ESG 信息的对外披露也能通过相关方关注,对企业的管理落实形成约束,敦促企业把对外公开的承诺和目标,转化为切实的内部管理和考核指标,在经营管理行动中予以落实。在 ESG 信息披露方面,金融行业始终是上市公司的先锋队,也受到监管机构和资本市场的高度关注,因为密切关注金融机构 ESG 信息披露面对的外部要求并做出回应,是金融机构 ESG 沟通力的重要基础。

在信息披露的基础上,ESG 作为金融机构战略目标的重要支柱,如何在内部文化建设和对外品牌形象的方面形成助力,是金融机构需要关注的议题。以中国证券行业文化建设的要求为例,在行业协会提出的文化建设十要素中,ESG 治理的相关要求明确体现在"可持续发展"要素之中。ESG 本身关注企业的非财务要素和社会、环境影响的特质,与我国提出的上市公司高质量发展理念有很多相通之处,因此将 ESG 管理的相关要求与金融机构企业文化建设体系相融合,有助于完善金融机构现有文化建设体系,也能进一步实现 ESG 管理与公司现有文化体系的有机融合,为公司 ESG 发展提供长久支撑。在对外的品牌构建方面,良好的 ESG 表现被视为企业具有长期、可持续发展能力的指征,因此企业积极对外传播自身 ESG 管理进展、ESG 行动亮点,主动开展 ESG 评级管理,有助于企业行业声誉的建立、提升资本市场信心,使得 ESG 成为企业对外传播的一张名片。

在沟通力的最后一个层面,我们建议中国金融机构积极参与 ESG 领域的行业交流和生态建设的工作,在扩大自身影响力的同时,为我国 ESG 生态系统的建设与完善贡献力量。作为我国 ESG 生态的重要组成部分,金融机构由于承担着上市公司、金融服务中介的双重身份,应积极通过行业协会任职、参与监管机构文件意见征询、主动与监管机构取得沟通、强化与客户和标的公司的 ESG 议题交流等方式,主动参与我国 ESG 生态建设的进程,让 ESG 这个来自国际资本市场的概念通过本地化真正支持中国企业发展,成为我国 ESG 生态建设的参与者、共建者。

【案例 4-8】 平安积极开展利益相关方沟通,通过加入国内外组织参与 ESG 生态建设

中国平安保险(集团)股份有限公司(以下简称"平安")依据香港联交所《环境、社会及管治报告指引》对于利益相关方参与的有关指引要求,在日常 ESG 事务推进过程中以日常会议、ESG 主题研讨会、ESG 工作坊等多种方式征求内外部利益相关方对于平安 ESG 体系的意见与建议。平安也关注国内外先进企业在 ESG 议题的界定与披露情况,持续完善 ESG 议题的识别与重大性判定流程,确保准确、全面披露重大 ESG 议题,并在日常运营中加强重大 ESG 议题的管理与履行。

作为全球知名的综合性金融集团,平安为扩大可持续发展的行业影响力,积极加入国内外组织进行沟通并履行成员责任。目前,平安已成为中国首家联合国责任投资原则组织(UNPRI)的正式签署成员,响应 G20 金融稳定理事会的号召加入了中英金融机构 TCFD 气候变化披露工作试点小组,并加入中国金融学会绿色金融专业委员会等。平安也一直参与制定 ESG 在中国的应用标准,并推动中国企业在世界可持续发展领域中地位的上升。

6) ESG 数据管理能力

ESG 数据管理能力指企业管理、披露、运用 ESG 数据的能力。企业需采取的核心行动包括搭建 ESG 数据管理架构、建立 ESG 数据管理工具、提升 ESG 数据运用能力（见图 4.3）。

ESG 数据是企业 ESG 管理绩效的有效指征，唯有标准、规范的数据管理和披露，才能将企业定性的管理动作放到同一标尺上进行比较和评价，从而产生对企业管理决策、对投资者投资决策有价值的信息，指导企业下一阶段的管理动作。

ESG 数据管理架构背后是企业的 ESG 治理架构，是对企业 ESG 治理定位能力的进阶要求。自上而下企业各个层级的组织架构、部门需要清楚掌握自身的 ESG 分工，包括议题、指标、核心披露项，其中核心披露项的要点就在于 ESG 数据。数据的产生、统计、计算，需要沿着企业 ESG 数据管理架构自下而上逐层汇集和流动，最终让规范统计的 ESG 数据作为企业的管理抓手，作为 ESG 管理目标设定、管理进度监测的基础。

图 4.3　ESG 数据管理能力结构图

随着中国金融机构 ESG 管理经验的积累、外部要求的提升，ESG 数据管理模式亟须一套新的管理工具。伴随中国金融机构在金融科技方面的持续布局，一套标准化、定期收集企业 ESG 数据的在线平台或管理软件，逐渐成为金融机构抓住资本市场和商品市场 ESG 机遇的必备基础。信息化的 ESG 数据管理工具，将成为金融机构整体数字化转型的重要板块，也将通过信息技术的手段，最大限度地规避过往人工数据采集可能产生的错漏，助力中国金融机构 ESG 管理迈向标准化、规范化的新阶段。

企业收集的 ESG 数据，如何转化为企业管理决策基础、投资者决策依据，对企业的 ESG 数据运用能力提出要求。在内部管理中，掌握连续多年的 ESG 数据，可以帮助企业确定 ESG 管理目标的基准值，监测 ESG 数据是否存在异常波动，及时为管理行动提供预警，并最终能预测发展趋势，评定企业为达到目标水平所需采取的行动。在对外披露中，企业需要注重 ESG 数据的一致、可比性，对所披露的数据提供清晰的统计口径、参考因子、计算公式，以便为投资者决策提供参考。

随着中国金融机构在 ESG 管理方面的投入力度不断加大，ESG 数据管理能力成为企业间 ESG 管理能力竞争的重要方面，清晰的数据管理架构、有效的数据管理工具、领先的 ESG 数据运用能力，将成为企业整体 ESG 管理水平的有力证明。对于金融机构而言，ESG 数据管理的范围将从企业本身不断延展至金融业务的对手方，而对客户 ESG 数据的搜集、评价能力也是企业金融业务端 ESG 风险管理能力的重要基础。

【案例 4-9】　**东方证券发布可持续发展量化目标，并定期披露量化目标达成进度**

2021 年，为进一步明确"十四五"期间可持续发展的总体目标、推进重点及行动方案，东方证券在可持续发展理念的指导下,在治理、经济、环境、社会四大领域设定可持续发展量化目标,并对核心行动展开规划,作为公司可持续发展工作管理决策、制度更新、行动开展的指导依据。

治理领域:建立目标导向的可持续发展治理架构		
我们的目标	我们的行动	对标全球可持续发展目标
到2025年,实现可持续发展绩效考核覆盖率达100%。 注:可持续发展绩效包括文化建设绩效、公司可持续发展管理绩效等。	• 完善可持续发展治理架构,提升运作效率 • 将ESG纳入公司全面风险管理 • 将行业文化建设、可持续发展绩效纳入考核激励政策	
经济领域:扩大金融服务对社会、环境的积极影响		
我们的目标	我们的行动	对标全球可持续发展目标
"十四五"期间(2021—2025年),通过投资、融资业务的方式引导4 500亿元资金进入可持续发展领域,可持续投融资年均增速不低于9%。 注:可持续投融资目标的统计范围包括环境层面重点支持节能环保、清洁生产、清洁能源、基础设施绿色升级,以及社会层面巩固扶贫成果,助力乡村振兴等领域的投资和融资金额。其中,可持续投资额为截至2025年底的时点数据,可持续融资额为2021—2025的累计数据。未来公司还将根据业务发展情况对该目标进行动态调整。	• 将ESG因素纳入投融资业务考量 • 提升个人、小微企业金融服务可及性 • 开展投资者保护,护航数据安全与用户隐私	
环境领域:支持双碳目标		
我们的目标	我们的行动	对标全球可持续发展目标
力争到2025年,实现运营层面碳中和; 力争到2060年,实现投资组合净零排放。 注:公司2025年运营层面碳中和目标,覆盖范围一(包括天然气、自有车辆汽油、柴油燃烧产生的碳排放)、范围二(包括外购电力产生的碳排放),及部分范围三(包括租赁数据中心、员工商务差旅的碳排放)。	• 积极推进绿色运营 • 创新绿色金融产品、发布碳中和指数 • 通过投融资及咨询等金融服务,带动更多企业推进碳中和 • 带动相关方采取绿色生活方式	
社会领域:携手伙伴共建美好社会		
我们的目标	我们的行动	对标全球可持续发展目标
"十四五"期间(2021—2025年),集团投入社会领域公益资金超1亿元,员工志愿服务覆盖率达到30%。 注:投入社会领域的公益资金包括公益基金会支出、精准扶贫、金山项目支出及其他公益项目支出。	• 服务国家战略,推进乡村振兴 • 投身社会公益,带动员工、客户参与公益行动 • 为员工打造阳光进取职场	

在ESG数据管理方面,公司借助第三方HiESG系统实现碳排放等量化绩效信息线上收集和管理,开展半年度性环境数据监测,以及时掌握数据变动趋势并采取针对性管理行动。在《东方证券2022年度社会责任报告》中,公司对可持续发展量化目标达成进度进行披露。

治理领域：建立目标导向的可持续发展治理架构

我们的目标	2022年进展	对标全球可持续发展目标
到2025年，实现可持续发展绩效考核覆盖率达100%。 注：可持续发展绩效包括文化建设绩效、公司可持续发展管理绩效等。	• 2022年，在可持续发展相关领域，东方证券绩效评估覆盖集团范围内33家单位，覆盖率为100%，其中包含了可持续发展相关指标。 注：33家单位包括东方证券各总部部门（室、所）、子公司、分支机构。	

经济领域：扩大金融服务对社会、环境的积极影响

我们的目标	2022年进展	对标全球可持续发展目标
"十四五"期间（2021—2025年），通过投资、融资业务的方式引导4 500亿元资金进入可持续发展领域，可持续投融资年均增速不低于9%。 注：可持续投融资目标的统计范围包括环境层面重点支持节能环保、清洁生产、清洁能源、基础设施绿色升级，以及社会层面巩固扶贫成果，助力乡村振兴等领域的投资和融资金额。其中，可持续投资额为截至2025年底的时点数据，可持续融资额为2021—2025年的累计数据。未来公司还将根据业务发展情况对该目标进行动态调整。	• 2021—2022年，公司通过投资、融资业务等方式积极引导资本向可持续发展领域流动，已引导超过2 000亿元资金进入可持续发展领域。	

环境领域：支持双碳目标

我们的目标	2022年进展	对标全球可持续发展目标
力争到2025年，实现运营层面碳中和；力争到2060年，实现投资组合净零排放： 注：公司2025年运营层面碳中和目标，覆盖范围一（包括天然气、自有车辆汽油、柴油燃烧产生的碳排放）、范围二（包括外购电力产生的碳排放），及部分范围三（包括租赁数据中心，员工商务差旅的碳排放）。	• 相较于2021年，母公司范围一和范围二温室气体排放总量下降12%。 • 在投资组合层面，公司积极应用负责任投资策略，优先选择在环境效益、低碳转型方面表现优秀的企业，并着手制定测算投资组合碳排放强度的行动方案。	

社会领域：携手伙伴共建美好社会

我们的目标	2022年进展	对标全球可持续发展目标
"十四五"期间（2021—2025年），集团投入社会领域公益资金超1亿元，员工志愿服务覆盖率达到30%。 注1：投入社会领域的公益资金包括公益基金会支出、精准扶贫、金山项目支出及其他公益项目支出。 注2：员工志愿服务率统计口径为东方证券母公司总部。	• 2021—2022年，集团投入社会领域公益资金6 436万元。 • 2022年，母公司总部员工志愿服务率达到26.87%。	

[思考与练习]

1. 在中国金融机构 ESG 转型的过程中,哪些方面的要求起到了引领作用?

2. 中国金融机构实现 ESG 转型,对于自身的可持续发展有哪些益处?

3. 本章提出的中国金融机构 ESG 转型能力模型,所涵盖的三大维度和六大能力包括哪些内容?你认为哪个板块是目前中国金融机构亟待强化的能力?

第二篇

实务与操作

金融业 ESG 导论

第 5 章 金融机构 ESG 管理实践

[本章导读]

基于第 4 章提出的中国金融机构 ESG 转型能力模型,本章将从三个核心方面为中国金融机构提供具体的行动指引,包括如何搭建 ESG 治理架构、如何制定 ESG 战略规划与目标、如何推进 ESG 管理实践。其中,优秀的 ESG 治理架构需要有最高决策层参与及授权、清晰的权责划分、有效的运行机制。在 ESG 战略规划过程中,实质性议题的识别和排序起到关键作用,量化目标的设定对企业 ESG 数据管理能力提出较高要求。在 ESG 管理实践方面,中国金融机构应将 ESG 贯穿企业经营管理、金融产品与服务、沟通与影响力构建三大维度,相对应地建设管理力、产品力与沟通力三大能力。本章将对中国金融机构在以上方面的行动要点给出分析和建议。

5.1 搭建 ESG 治理架构

5.1.1 ESG 治理架构是价值观的外在表现

在第 4 章提到的"治理定位能力",要求企业在发展理念、治理架构上为 ESG 转型提供坚实的治理支撑和文化保障。企业 ESG 治理架构的建立与完善是显性的动作,而企业发展理念的 ESG 转型是更为隐性和深层的价值认同。

在全球 ESG 投资广泛兴起的大背景下,在具体投资策略方面已经出现了"ESG+C (即 Culture,文化)"的投资标准,投资者在关注企业 ESG 非财务绩效的同时,关注其在文化方面的表现。"新兴市场投资教父"马克·墨比尔斯 2019 年在 *Invest for Good* 一书中指出:"公司治理是 ESG 的主要推动力,因为没有良好的治理和管理,企业就不可能采用并实施对环境和社会负责的政策。"在近年的投资实践里,马克特别指出"ESG+C"投资标准的概念,并认为"文化代表着公司人员的士气,对于公司发展和公司能否成功都非常关键",这代表着国际 ESG 理念最新的发展方向之一。

正如同公司治理(G)在 ESG 发展中的核心推动作用,企业 ESG 文化的建立,同样需要企业最高决策层和管理层提供坚定的驱动和核心,即充分定位 ESG 发展在企业发展战略中的作用、明确 ESG 理念和企业核心价值观的契合,由此可以为企业搭建 ESG 治理架构提供有力的文化支撑。尤其对于 ESG 管理成效尚未显现的投入初期阶段而言,对 ESG

理念的深层次认同,可以支持企业拥有强大的战略定力。

5.1.2 针对企业ESG治理的外部要求

全球报告倡议组织(GRI)发布的可持续发展报告编制标准,即GRI标准,是全球范围内应用最为广泛的可持续发展报告编制准则。在最新版的披露要求中,GRI要求企业披露"最高管治机构"在可持续发展治理方面的内容,包括其"在制定组织的宗旨、价值观和战略方面的作用""在可持续发展报告方面的作用""在评估经济、环境和社会绩效方面的作用",表现出对可持续发展治理的高度重视。

自2015年发布首份《环境、社会及管治报告指引》以来,香港联交所通过不断强化上市公司ESG信息披露要求,以信息披露促管理,对上市公司董事会层面的ESG治理提出越来越高的要求,明确"董事会对发行人的环境、社会及管治策略及汇报承担全部责任",这与GRI对"最高管治机构"职责的要求不谋而合(见表5.1)。

表5.1 香港联交所对于董事会参与ESG管理的具体要求

相 关 文 件	涵盖的董事会相关职责
《有关2016年/2017年发行人披露环境、社会及管治常规情况的报告》(2018年5月)	• 发行人或董事会对环境、社会及管治的责任和相关管理方针,并解释它们与业务之间的关联; • 董事会对环境、社会及管治风险的评价和厘定,以及董事会如何确保设有适当及有效的环境、社会及管治风险管理和内部监控系统
《如何编备环境、社会及管治报告——环境、社会及管治汇报指南》(2018年11月)	• 评价及厘定发行人的环境、社会及管治相关风险和机遇; • 确保设有适当和有效的环境、社会及管治风险管理和内部监控系统; • 制订发行人的环境、社会及管治管理方针、策略、优次和目标; • 初步评估环境、社会及管治各项指标的重要性; • 确定环境、社会及管治报告的范围,即企业拟汇报的业务环节范围; • 定期检讨发行人的表现; • 审批发行人环境、社会及管治报告内的披露数据
《检讨〈环境、社会及管治报告指引〉及相关〈上市规则〉条文咨询总结》(2019年12月)	由董事会发出的声明,其中载有下列内容: • 披露董事会对环境、社会及管治事宜的监管; • 董事会的环境、社会及管治管理方针及策略,包括评估、优次排列及管理重要的环境、社会及管治相关事宜(包括对发行人业务的风险)的过程; • 董事会如何按环境、社会及管治相关目标检讨进度,并解释它们如何与发行人业务有关联

中国证券业协会根据《建设证券基金行业文化、防范道德风险工作纲要》的要求,为推动形成"合规、诚信、专业、稳健"的证券行业文化理念落实落地,制定了《证券行业文化建设十要素》(以下简称"十要素"),旨在为证券基金公司文化建设工作提供参照和指导,并作为开展证券公司文化建设实践评估的重要依据之一。十要素在"坚持可持续发展"中明确提出:"鼓励构建ESG(环境、社会、治理)治理架构和治理机制,推动经济、社会、环境的协调发展。"

5.1.3 优秀ESG治理架构的必备要素

在具体实践中,企业在建立自身ESG治理架构时,一方面,可以参考如GRI标准、联交所要求等外部要求;另一方面,可以结合自身ESG治理和管理的实际需求、参考同业实践搭建自身的ESG治理架构。优秀的ESG治理架构可以为企业后续ESG战略的推进扫清障碍,并在未来持续不断地提供有力支持。以下三方面是优秀ESG治理架构的必备要素。

1) 最高决策层参与及授权

在香港联交所、GRI等外部管理和信息披露要求中,均表现出对"最高管治机构""董事会"在ESG治理中承担职责的高度关注。香港联交所于2019年12月发布的《检讨〈环境、社会及管治报告指引〉及相关〈上市规则〉条文咨询总结》(以下简称"ESG新规")中,将ESG管治架构纳入强制披露规定,要求上市公司董事会主要承担ESG的决策及监督职责。

在ESG治理架构搭建的实操过程中,企业往往会通过搭建专项委员会及工作小组的方式,明确ESG职责的治理架构。在具体操作的过程中,企业普遍面临两个方面的问题:一是ESG治理最高层级的专项委员会设立在哪一层级;二是ESG委员会需要新设还是可以将原有的专项委员会进行名称更新和职能整合。

首先,在治理层级方面,以ESG治理要求相对较为严格的香港联交所为例,目前除香港联交所明确要求上市公司董事会应承担ESG决策及监督职责外,没有对于ESG委员会层级、职责的强制要求。目前国内外金融机构设立ESG委员会通常会采用董事会下设委员会或经营管理层下设委员会两种方案,本节从特点、人员构成、管理层级、信息披露要求等方面,对两种常见方案进行了对比分析,以便金融机构根据公司管理的实际情况采用具体方案(见表5.2)。

表5.2 董事会及经营管理层下设委员会对比

	董事会下设委员会[1]	经营管理层下设委员会
特点概括	• 层级较高,能从更高层面推动公司ESG工作的开展 • 相关事项审核流程相对复杂,且涉及修改公司章程、强制性信息披露等事宜,公司管理及运作成本较高	• 委员会层级相对较低,且管理方式较前一种更灵活 • 若主任委员是公司董事,可在一定程度上体现公司对ESG可持续发展工作的重视
人员构成	董事	经营管理层代表+部门负责人
管理层级	高	较高
是否需要制定实施细则	需要	无强制要求

---

[1] 董事会下设委员会须遵循《上市公司治理准则(2018年修订)》《深圳证券交易所上市公司规范运作指引(2020年修订)》《联交所主板证券上市规则》等相关监管要求。

续 表

	董事会下设委员会	经营管理层下设委员会
是否涉及公司章程变更	涉及	不涉及
是否涉及信息披露	是（须在设立委员会的董事会召开当天发布公告，并更新董事会及辖下委员会成员名单）	无强制要求
是否需要定期召开会议	至少一年一次，并须披露会议召开情况	无强制要求

在委员会的设置方面，企业新设 ESG 委员会、或将 ESG 职能整合进原有专项委员会，都是较为常见的方案。其中，若采取后者与其他职能委员会相整合的方式，目前金融机构的操作方案包括与原有战略发展委员会、投资者关系委员会、消费者权益保护委员会等相合并。

2）清晰的权责划分

企业 ESG 治理架构的可操作性，需要清晰的权责划分来提供保障。一方面，是在治理层级的划分上，从顶层决策到基层执行需要有明确的分工；另一方面，是在具体 ESG 实质性议题的管理与部门、人员的匹配关系方面，需要有明确的匹配关系。若同一议题涉及多个部门协同负责，也需要指定第一责任部门，为后续 ESG 议题管理的推进奠定基础。

通常来讲，ESG 治理架构总体上会分为决策监督层、执行层两大层次，企业也可以根据实际情况将决策监督层的职责进行进一步的细分。如前所述，最高管治机构或管理层代表组成的决策层可以为企业 ESG 治理提供有效的保障，然而由于企业最高管治机构或管理层的管理资源相对有限，ESG 工作的日常统筹和推进需要有团队牵头执行层面的工作。

具体到企业 ESG 治理架构不同层级代表的筛选，从决策监督层面，应该综合考虑董事或企业高级管理层的专业背景，优先邀请具有 ESG 或 ESG 核心议题（如气候变化）相关专业背景的董事、高级管理层代表加入 ESG 专项委员会。在执行层面，应邀请与 ESG 职能相关的核心部门代表加入 ESG 工作小组，包括公司内部的职能部门和业务部门，以便后续 ESG 管理工作的统筹推进。

【案例 5-1】 华泰证券 ESG 管理架构

华泰证券建立并不断完善自身的 ESG 管理架构，并由公司经营管理层直接管理和指导，建设上下联动的 ESG 管理机制。ESG 管理架构由"监督层—管理层—执行层"三大层级构成，其中监督层由董事会和经营管理层构成，全面监督 ESG 事宜；管理层由 ESG 委员会担任，直接推进公司 ESG 战略制定、ESG 机遇和风险识别等管理工作，委员会同时设有"常任委员"和"专业委员"。华泰证券展示了ESG管理团队的核心部门和子公司名单,为具体ESG议题的工作奠定基础。

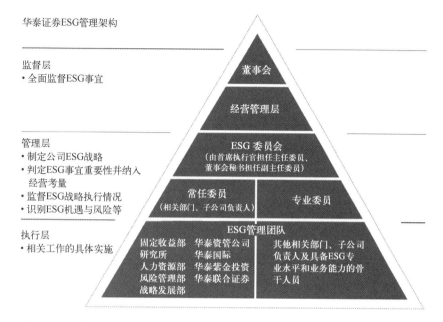

在此基础上,华泰证券通过官网可持续发展专栏、社会责任报告等渠道,对当年度ESG委员会的会议召开情况及审议通过的文件情况进行公示,ESG管理架构的运行具有较高的透明度,以扎实推进的ESG管理为相关方传递信心。

3) 有效的运作机制

企业ESG治理架构搭建的最终目标,是通过有效的运作机制来实现ESG委员会的充分履职,切实指导企业ESG管理工作的开展。因此,企业建立ESG治理架构是迈入系统化启动ESG管理的新起点,需要同步明确相关委员会的运作机制,才能避免ESG治理架构成为面子工程。

企业规范ESG治理架构运作机制的文件常常被命名为《运作规范/工作细则》,如果公司设立了董事会层级的ESG委员会,则本身也需要参考证券交易所要求制定并披露委员会的实施细则。从内容上讲,《运作规范/工作细则》通常包括以下要素:委员会成立背景、人员构成及任免方式、组织架构及职责权限、议事规则、授权方式等。

管理层和执行层之间明确分工,以及管理层对执行的有效授权,有助于企业合理配置管理资源,确保重大事宜获得最高决策层的指导意见,日常事务可以在执行层快速决策、及时推进。

通常管理层的委员会至少应每年召开一次会议,执行层的工作小组可以适当加大会议频次,以提高对日常ESG工作的推进力度。企业可考虑采取定期与不定期会议相结合的方式,定期会议用于将ESG管理纳入企业的常态化经营,逐步将ESG纳入部门日常管理的关注重点之中;不定期会议可以快速响应最新监管要求、外部热点或企业内的ESG突发事件,保证企业ESG管理响应的时效性。

【案例 5-2】 交通银行股份有限公司董事会社会责任与消费者权益保护委员会工作条例

该工作条例于 2007 年 8 月 28 日公司第五届董事会第一次会议通过,于 2014 年 4 月 29 日该公司第七届董事会第六次会议修订,2016 年 6 月 27 日该公司第八届董事会第一次会议修订。该工作细则对委员会的人员构成、职责权限、议事规则等内容进行了全面约定。

> **第二章 人员组成**
>
> **第四条** 董事会社会责任与消费者权益保护委员会成员由三至五名董事组成;其中主任委员一名,负责主持委员会工作。
> **第五条** 董事会社会责任与消费者权益保护委员会委员和主任委员由董事长、二分之一以上独立非执行董事或者全体董事的三分之一提名,并由董事会批准。
> **第六条** 董事会社会责任与消费者权益保护委员会委员的任期与董事任期一致。委员任期届满,连选可以连任。期间如有委员不再担任本公司董事职务,自动失去委员资格。
> **第七条** 在董事会社会责任与消费者权益保护委员会委员出现缺额的情况下,董事会可以根据上述第四条至第六条规定补足委员人数。如果因缺额导致委员人数低于三名,董事会应当尽快补足委员人数。

总的来说,金融机构 ESG 治理架构的建立健全并非一日之功,企业最初的委员会均具有一定对内、对外表态的成分,但随着公司 ESG 管理的推进,企业对外部发展要求、企业内部诉求会不断明确、细化,企业的 ESG 治理架构需要随之动态发展。例如,随着"气候变化"议题重要性的上升,企业从决策层的董事专业背景、到执行层的部门人员配置,都需要回应外部政策的最新要求,以最大化支持公司 ESG 管理工作的有效推进。

对于中国金融机构而言,在建立自身 ESG 治理架构的过程中,应当充分利用自身公司治理方面的特色及优势。中国证监会在《上市公司治理准则(2018 年修订)》中提出,"国有控股上市公司根据《公司法》和有关规定,结合企业股权结构、经营管理等实际,把党建工作有关要求写入公司章程",党组织作为一种正式组织在公司治理中发挥着重要作用,利用中国特色优势,加强党的建设,有助于在企业自上而下纳入和实践 ESG 理念的过程中,起到指导和监督作用。引导企业在发展决策中广泛纳入利益相关方的诉求,做出符合广泛相关方利益的决策。

良好的 ESG 治理架构会帮助企业在 ESG 方面建立一种组织韧性,即便外部 ESG 要求仍处于动态演进之中,一个自上而下深入贯穿企业的 ESG 治理架构和清晰明确的组织分工,可以有序应对和消化外部的 ESG 要求,并通过 ESG 治理架构在运行过程中不断优化,直至充分适配企业 ESG 管理需求。这将有助于企业突破原有的散点应对的方式,迈出自身 ESG 转型的重要一步。

5.2 制定ESG战略规划与目标

制定ESG战略规划,是金融机构迈入ESG管理新阶段的重要标志,代表着企业ESG管理正在经历从被动回应到主动布局的转型。金融机构处于强监管行业,随着各相关方对ESG关注度日益提升,企业面对着纷至沓来的外部要求,只有梳理自身的管理重点、规划发展路径,才能在有效回应外部趋势的同时,不因为追逐外部处于变动中的"ESG热点"而消耗自身的管理精力。本节内容将从企业ESG管理的重要单元"实质性议题"切入,介绍金融机构制定ESG战略规划的常见步骤与行动要点。

5.2.1 实质性议题是ESG管理的重要单元

从本书第一部分的论证中不难看出,金融机构开展ESG管理,面临着来自监管机构、证券交易所、行业协会、国际组织、ESG评级机构等不同主体的要求,因此将不同的ESG管理和信息披露话语体系、具体要求统筹在公司具体的管理实践,是企业开展ESG管理遇到的挑战之一。

总览众多ESG信息披露和ESG评级标准,在ESG管理中有一个概念被反复提及,即"实质性议题"。香港联交所在《环境、社会及管治报告指引》中明确"重要性"是第一条汇报原则,即指董事会判断对投资者及其他持份者产生重要影响的ESG事宜,发行人就应作出汇报。在新版GRI标准2021年中,对实质性议题的定义为"体现组织对经济、环境和人的最重大影响(包括对人权影响)的议题"。

随着可持续发展议题范围的不断扩大,企业可以在践行可持续发展过程中以"实质性议题"为突破口,有针对性地提高企业自身的资源利用效率,从而做出有效决策[1]。实质性议题可以作为收拢、打通不同标准体系ESG管理要求的有效抓手,也因此成为金融机构推进ESG管理的重要单元。

对于企业的ESG管理而言,实质性议题的主要来源可包括国际组织的ESG管理及信息披露标准、交易所及监管机构的行动指引、ESG评级的行业议题等,也可能来自自身的企业发展战略(见图5.1)。不同的发布主体使用的议题名称有所不同、对议题划分的颗

外部环境分析	内部环境分析
• 分析"十四五"规划等国家战略对金融机构提出的要求 • 分析国内外相关法律法规及行业要求和行动倡议 • 标准对标:如GRI、联交所、ESG评级机构观点 • 同业报告对标	• 公司及行业特征分析 • 公司整体发展战略的关注重点 • 公司推进ESG管理的目标

图5.1 实质性议题来源

---

[1] 朱睿,李欣.实质性议题为企业践行可持续发展指点迷津[N].第一财经日报,2021-7-20(A11).

粒度不同,会对企业形成实质性议题库造成一定困扰。商道咨询通过分析、梳理目前国内外涉及ESG议题的各项标准、指南、倡议,对各类实质性内涵基本相同的议题进行合并,议题名称优先使用全球范围内应用广泛的GRI标准的说法,最终汇总形成一份跨行业通用的议题列表,并对议题给出基本释义,具体见表5.3。本书引用该实质性议题列表,作为金融机构开展自身ESG实质性分析工作的基础工具。

表5.3　商道咨询归纳汇总形成的行业通用ESG议题列表[1]

序号	议题名称	议题释义
治理层面		
1	公司治理	公司搭建有效的"三会一层"治理架构,推动董事会多元化与独立性,确保公司规范运作以及公司治理的科学、规范与透明
2	投资者权益保护	公司通过透明有效的信息披露、积极开展投资者沟通,有效保护投资者特别是中小投资者的合法权益
3	风险管理	公司通过在企业管理的各个环节和经营过程中执行风险管理的基本流程,建立健全全面风险管理体系,完善ESG风险管理,培育良好的风险管理文化等
4	反贪污与反贿赂	公司的反贪污与反贿赂管理体系,包括反贪污贿赂制度建设、培训等
5	反不正当竞争	公司规范不正当竞争行为、反托拉斯或反垄断的实践
6	税务透明	公司公开披露其税务情况,包括其税务相关的管理办法(税务原则、对税务的筹划态度、愿意承担的风险水平以及与税务机关合作的方式)等
环境层面		
7	环境管理体系	公司根据法律法规及自身经营特质,形成系统性的管理制度,采取科学的管理方法,对因企业活动可能造成的环境影响进行控制,以达到环境保护的目的
8	能源管理	公司所利用的能源类型及利用管理、能源的节约使用等情况,包括管理方法及能源利用相关数据披露
9	资源管理	公司所利用的包装物料、原材料、水资源等天然资源类型及利用管理、资源的节约使用等情况,包括管理方法及资源利用相关数据披露
10	排放与废弃物	公司废水、废气、有害废弃物与无害废弃物的分类与处理,减少废水、废气、有害废弃物与无害废弃物排放,包括管理方法及排放数据
11	气候变化减缓与适应	公司在自身运营碳排放管理,以及产品碳足迹管理等方面的管理方法、相关数据披露等

---

[1] 本表格议题整理及归总参考以下文件:全球报告倡议组织(GRI)的《可持续发展报告标准》(GRI Standards 2021);国际标准化组织(ISO)的《社会责任指南》(ISO26000 2010);香港联合交易所的《上市规则》附录二十七《环境、社会及管治报告指引》(2022)、《环境、社会及管治报告指引咨询总结》;《上海证券交易所上市公司自律监管指引第1号——规范运作》;MSCI(明晟)ESG评级指标。

续 表

序号	议题名称	议题释义
12	生物多样性保护	公司实现生物多样性管理政策,包括环境影响评估、公司活动对自然栖息地造成伤害的相关预防、管理及补救措施等
社会层面		
客户		
13	产品及服务质量管理	公司保障产品或服务符合法律法规和行业标准,保障产品符合人体健康和人身、财产安全的要求,包括管理制度、措施等。 客户服务、客户投诉与处理、客户教育,包括客户满意度、客户服务与投诉相关数据披露
14	研发创新	公司在科技创新领域的开发管理办法,包括公司在研发创新方面的管理制度、计划、在研产品的情况进展、对公司的影响,以及研发伦理等
15	知识产权保护	公司在保护自身知识产权与不侵犯他人知识产权方面的管理制度、管理措施及成果等
16	负责任营销	公司确保向客户/消费者提供的产品信息真实、准确性,营销过程中没有误导、夸大及欺诈客户/消费者的行为
17	数据安全与隐私保护	公司规范数据处理活动,保障数据安全的情况,包括管理方法、管理行动等
供应链		
18	供应链管理	供应商的分类、环境及社会风险管理、绿色采购,包括供应商统计、风险评估等数据披露
员工		
19	员工招聘与雇佣	公司在员工招聘、解雇、平等雇佣与多元化、禁止使用童工及强迫劳动等方面的管理制度、管理措施及成果等
20	员工权益与福利	公司在员工薪酬福利、社会保险、工作时间,以及员工民主沟通、推进平等与多元化等方面的管理制度、管理措施及成果等
21	职业健康与安全	公司为员工提供安全的工作环境及必要的防护措施,包括构建职业健康管理体系、开展危害评估与识别、提供安全培训等
22	员工培训与发展	公司员工的培训体系与职业发展路径建设,包括管理方法及培训相关数据披露
社区		
23	社区沟通与发展	公司与所在社区建立沟通机制,开展社会、环境影响评估,并为社区的基础设施、文化建设、社区就业等提供支持,以避免对当地社区的实际或潜在的负面影响
24	公益慈善与志愿服务	公司以捐赠财产或者提供服务等方式开展公益活动,包括:(1) 扶贫、济困;(2) 扶老、救孤、恤病、助残、优抚;(3) 救助自然灾害、事故灾难和公共卫生事件等突发事件造成的损害;(4) 促进教育、科学、文化、卫生、体育等事业的发展;(5) 防治污染和其他公害,保护和改善生态环境

在行业通用议题库的基础上,金融机构需要结合自身所处的细分行业,参考具有行业特征的信息标准及管理要求、监管机构管理重点,补充行业特色议题,做到在兼顾外部合规要求的基础上,考虑行业特性,从而形成一份具有金融行业特色的完整 ESG 议题库。以表 5.4 可持续会计标准委员会(SASB)金融行业标准和表 5.5 香港联交所议题重要性列表(含金融行业重要性议题)为例,展示金融行业下属子行业需要纳入考虑的 ESG 议题。同时,GRI 标准 2021 年的更新中,陆续推出了行业披露标准,目前金融行业标准尚未发布;国际可持续准则理事会(ISSB)《国际财务报告可持续披露准则第 2 号——气候相关披露(征求意见稿)》中,也提供了针对细分行业的气候相关主题和指标,定稿文件已于 2023 年第二季度末发布,金融机构可持续关注相关动态。

表 5.4 可持续会计标准委员会(SASB)准则金融行业标准

金融行业细分行业	关 注 议 题
资管与托管活动	信息透明与消费者合理建议,员工多元与包容,在投资管理和顾问业务中整合 ESG 因素,商业道德,系统性风险管理
商业银行	数据安全,普惠金融与能力建设,信用分析中的 ESG 因子整合,商业道德,系统性风险管理
保险	信息透明与消费者合理建议,投资管理业务中的 ESG 因子整合,为负责任行为提供政策倾斜,环境风险暴露,系统性风险管理
投资银行	员工多元与包容,投资银行与经纪业务中的 ESG 因子整合,职业操守,系统性风险管理,员工激励与风险承担

表 5.5 香港联交所议题重要性列表 —— 以行业及层面分类

	非必需性消费	必需性消费	医疗保健业	能源业	金融业	工业	资讯科技业	原材料业	地产建筑业	电讯业	公用事业
A1 排放物	○	✓	○	✓	○	○	○	✓	○	○	✓
A2 资源使用	✓	✓	○	✓	✓	✓	✓	✓	✓	✓	✓
A3 环境及天然资源	○	○		✓		✓		✓	✓		✓
A4 气候变化	○	○		✓	○	✓	○	✓	✓	○	✓
B1 雇佣	○	○			○						
B2 健康与安全	○	○	✓	✓		✓		✓	✓		✓
B3 发展与培训			✓		✓	✓	✓			○	
B4 劳工准则	✓	○			○			○			
B5 供应链管理	✓	✓				✓			○	○	
B6 产品责任	✓	✓	✓	○	✓	○	✓	✓	○	✓	○

续 表

	非必需性消费	必需性消费	医疗保健业	能源业	金融业	工业	资讯科技业	原材料业	地产建筑业	电讯业	公用事业
B7 反贪污	○		√		√	○	○	○	√		○
B8 社区投资			√		√	○			○		√

注:"√"代表对行业内的发行人非常有可能产生影响;"○"代表对行业内的发行人有可能产生影响。

不难看出,金融行业的特定 ESG 议题与其业务形态有非常紧密的结合。对特定行业 ESG 议题的分析和掌握,也有助于企业识别自身业务存在风险的议题,进一步完善自身风险管理体系。

此外,金融机构在梳理自身 ESG 议题库的过程中,应当纳入考虑 ESG 评级机构的关注重点。ESG 评级中,金融机构应重点纳入考虑的实质性议题可重点参考本书第 3 章的具体内容。

在企业形成自身 ESG 实质性议题库的过程中,同业企业的对标也是 ESG 实质性议题的重要来源之一。与同业尤其是在 ESG 方面获得认可度较高的同业进行对标,有助于金融机构复核自身梳理的 ESG 实质性议题列表是否完备,同时能吸纳并学习同业在 ESG 方面的最新行动经验。

通常来讲,企业 ESG 议题列表中,环境、治理部分议题相对较为稳定,社会部分议题受到国家战略趋势、社会热点、运营地监管政策的影响会比较大。如"助力乡村振兴"等议题,是在国家整体发展战略、外部宏观挑战等大背景下应运而生的议题,也会被广泛地纳入我国企业的 ESG 实质性议题列表中。在行业通用 ESG 实质性议题列表的基础上,结合前文对金融行业所处的外部监管环境、同业企业披露实践的分析,汇总形成表 5.6 的中国金融机构 ESG 议题列表。由于银行业、保险业、证券基金业所属的大的行业分类是相同的,所面对的监管环境也具有相似性,因此,各行业的 ESG 议题整合重合度较高,由于各行业金融业务类型的差别,在社会层面的议题存在细分差异。如"负责任投资"议题在保险业、证券基金业关注度更高,"客户权益保障""普惠金融"议题在银行业、保险业的关注度更高。

表 5.6 中国金融机构行业 ESG 议题列表

领域	议题
环境	绿色金融、绿色运营、应对气候变化
社会	服务实体经济、普惠金融、金融科技、投资者教育与保护、负责任投资、员工权益及福利、员工培训与发展、员工平等与多元化、供应商管理、数据安全与隐私保护、知识产权保护、客户权益保障、负责任营销、产品及服务创新、公益慈善与志愿服务、社区发展、乡村振兴
公司治理	公司治理、合规经营、风险管理、反腐败、信息披露和投资者沟通、反洗钱、商业道德、经济绩效、薪酬激励机制、公平竞争

在行业 ESG 议题的基础上,金融机构需要结合自身的业务特点、资源优势、发展战略,核对基于外部环境分析形成的 ESG 实质性议题清单是否完整,确保企业在 ESG 方面

已有的关注重点包含在实质性议题清单之中。

5.2.2 识别出高实质性议题是 ESG 战略规划的核心

企业制定 ESG 战略规划的重要基础,是识别企业应当关注的实质性议题列表,并进行优先级排序,位置靠前的议题应当是企业 ESG 战略规划的重点,也是日后落实规划、开展 ESG 管理工作的重中之重(如图 5.2)。

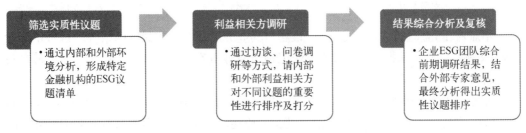

图 5.2　高实质性议题识别流程

根据 GRI 标准(2021 年),利益相关方的定义为:"权益受到或可能受到组织活动影响的个人或团体"。根据证券行业业务特点,结合中国证监会《上市公司治理准则》、香港联交所《如何编备环境、社会及管治报告——环境、社会及管治汇报指南》(2020 年)利益相关方群体举例,国际国内同业识别的主要利益相关方包括股东及投资者、政府及监管机构、客户、员工、供应商及合作伙伴、社区等。

在利益相关方调研方式的选择上,问卷调查是一种方便、快捷且覆盖范围广的调查方式。金融机构可通过问卷调研的方式,迅速了解清单中的各 ESG 议题对利益相关方的重要程度。问卷发放时需考虑全面性与均衡性。上市公司应通过与利益相关方接触较紧密的各部门进行问卷发放,以确保问卷覆盖对公司影响较大的主要利益相关群体。

除采用问卷调研外,金融机构还可采用电话讨论、会议、工作坊等方式深入了解利益相关方诉求,这些深入调研的方式可应用于与公司高管、员工、投资者、客户等对公司后续 ESG 管理有重要影响的相关方。在开展深度相关方调研的过程中,除采集相关方对各议题重要性的评分外,针对内部相关方,可系统采集公司各部门已建立的 ESG 方面的资源,包括制度建设、人员培养、金融产品创新等,以及各部门所面临的来自外部相关方的 ESG 领域要求,这些信息都将辅助公司后续 ESG 战略规划的整体决策。针对投资者等外部相关方,则重点关注其对公司 ESG 表现的关注度集中在哪些方面,公司的 ESG 表现在多大程度上会影响外部相关方对公司的整体评价。

综合以上调研结果,企业可形成自身重点关注的高实质性议题列表,或使用如表 5.7 所示的"实质性议题矩阵"的工具。该矩阵反映各议题在不同维度的优先程度。

根据 GRI 标准的建议,在横轴、纵轴任意一方获得高优先级即可视为实质性议题,越远离坐标轴原点的议题,其实质性越高,企业可结合自身情况划定高实质性议题的区间。整合内外部多利益相关方的要求,形成金融机构自身应当关注的实质性议题列表尤为重要。高实质性议题是公司 ESG 管理的重中之重,也是后续推进可持续发展战略规划的重要基础。

表 5.7　香港联交所重要性分析矩阵

	含　义	分　析　方　法
横坐标	反映议题对公司业务的影响	可以是由公司内部利益相关方（高级管理层）、ESG 委员会/工作组与专家群体共同确定
纵坐标	反映议题对利益相关方的重要程度	按照各类外部利益相关方调研结果及其权重汇总加权得出

沪深北交易所在 2024 年 4 月 12 日正式发布的《上市公司可持续发展报告指引（试行）》（以下简称"《指引》"）中，对于重要性给出了财务重要性、影响重要性两个分析维度，其中财务重要性指"议题是否预期在短期、中期和长期内对公司商业模式、业务运营、发展战略、财务状况、经营成果、现金流、融资方式及成本等产生重大影响"；影响重要性指"企业在相应议题的表现是否会对经济、社会和环境产生实际或潜在重大影响"。判断重要性的方法详见该《指引》第五十九条。

5.2.3　量化目标的设定为 ESG 战略规划落地提供保障

在识别出的高实质性议题清单的基础上，企业可进一步将实质性议题按照管理板块进行分类，整合形成各管理板块的关注要点，并进一步制定形成企业在各板块的管理目标。目标可包括定性目标、定量目标两种类型。其中，定性目标应当是对企业管理重点及通过企业行动可以取得影响的清晰的、高度的概括，目标可以为企业后续行动提供判断原则、指明前进方向。

【案例 5-3】　平安保险发布可持续发展承诺

中国平安保险（集团）股份有限公司（以下简称"中国平安"）在其官网"可持续发展专栏"展示自身的可持续发展模型和承诺，分别阐释了中国平安在经济、环境、社会、企业治理四大维度的发展目标，具体内容上涵盖了对企业行动要点的高度概括，并对企业行动所能取得的成果和影响进行描述。

经济影响

"专业创造价值"是平安的核心价值观，也是平安实现可持续发展战略的首要出发点。平安利用专业的商业模式持续性地影响社会。

环境影响

平安将致力于减少碳排放、降低能源消耗总量，以应对全球气候变暖趋势。平安努力通过发展低碳业务、践行绿色运营，实现环境的可持续发展。

社会影响

平安致力于构建和谐、公平的社会，通过多元业务全面达成联合国可持续发展目标（SDGs）。同时为落实国家精准扶贫战略，平安通过大力实施"三村工程"助力乡村振兴，为中国梦的实现贡献力量。

企业治理

平安将保障客户利益、推动股东参与、支持员工发展，以及确保合作伙伴互利共赢，作为企业治理的基本出发点。公司持续不断加大内部的监督力度，杜绝任何形式的贪污贿赂行为，反不正当竞争、反垄断、反恐怖主义活动，倡导公平、尊重权益和多样性，并自始至终地进行着负责任产品全生命周期管理。

在定性目标的基础上，金融机构可进一步制定量化目标，作为对定性目标的细化和拆解。清晰表达的目标，尤其是量化目标，对于凝聚共识、展示决心至关重要。通过量化目标的制定及 KPI 分解，金融机构各部门需要明确自身管理行动和公司整体目标之间的关联，凝聚公司上下的发展合力，有助于吸引潜在的符合公司价值观的人才。

相较于定性目标而言，定量目标的设定，对企业整体的 ESG 管理能力，尤其是 ESG 数据管理能力提出了更高要求。企业需要对当前管理绩效数据充分掌握，并对历年数据有清晰的留档、统计口径和计算方法的存档，以支持企业进行数据对比，分析数据变动趋势，识别管理优化的空间。

企业应该围绕哪些维度制定 ESG 战略规划中的量化目标？建议金融机构的量化目标制定可以围绕以下维度展开：

① 针对高实质性议题的核心行动制定量化目标。该量化目标的指标可用于衡量高实质性议题的管理水平。例如，在"绿色金融"议题下，以"年度绿色投融资规模"为指标，制定量化目标。

② 回应外部监管的强制性合规要求。如香港联交所在"A1.5 排放量目标、A1.6 减废目标、A2.3 能源使用效益目标、A2.4 用水效益目标"四个关键绩效指标中要求企业制定减量化目标，因此香港联交所上市企业需在制定管理目标时考虑相关要求。此外，沪深北交易所要求针对具有财务重要性的议题，围绕四个方面核心内容进行披露，其中一个方面为"指标与目标，即公司用于计量、管理、监督、评价其应对可持续发展相关影响、风险和机遇的指标和目标"。

③ 回应外部监管倡议和政策要求。例如，在我国推动"双碳"战略落地的过程中，金融机构应积极制定自身的碳达峰、碳中和目标，主要从自身运营和金融服务两个维度展开，以支持国家整体"双碳"目标的达成。

④ 回应外部 ESG 评级机构的关注重点。例如，在"人力资本发展议题"中，MSCI ESG 评级要求企业制定"员工多元化的量化目标"。又如，针对女性员工占比等指标制定量化目标，企业可根据自身管理实际，选择性将评级关注重点纳入目标制定的考量。

在量化目标的制定流程上，建议企业在制定中短期目标、长期目标的过程中，采取不同的策略。在制定中短期目标方面，企业应首先对基线数据进行调研，一方面，包括企业自身的历史数据；另一方面，在公开数据可获得的情况下，对同业企业在该指标的整体绩效水平进行调研，以定位企业当前绩效水平在行业中的相对位置。香港联交所在《环境、社会及管治报告指引》中提出数据披露的"一致性"及"量化"汇报原则，香港联交所在董事会网上培训资源中提到，建议企业除披露投入的数据外，还应分析披露产出、成效及影响，以了解投入产出比，制定针对特定指标的 ESG 管理目标，便于向投资者展示具体产生的效益。

在制定长期目标方面，由于时间跨度较大、内外部环境的不可预测因素较多，因此建议企业在制定长期目标时主要参考外部政策或行业倡议的时间表来规划目标达成的时间线。如国际投行在制定碳中和目标时，普遍会参考《巴黎协定》的时间要求，即在 2050 年前实现净零排放。中国金融机构在制定自身净零排放目标时，需要结合我国"30·60 目标"的时间线，来制定自身碳达峰、碳中和的时间表，尽量提升金融机构对我国"30·60 目标"达成的贡献。

由于目标制定中包含着一定对企业管理能力、外部环境发展趋势的预判,因此对战略规划目标的达成进度持续进行监测和调校,是 ESG 战略规划落地的重要环节。其中,对中短期目标的监测重点,在于论证目标达成的进度相较于预期是领先还是落后状态,是否需要采取新的行动以达成目标;长期目标的重点,在于为达成长期目标而进一步细化行动路径、市面上是否出现新的技术突破或解决方案、企业是否要新增长期目标达成进度的中间阶段的检查节点。目标的制定、对目标达成进度的监测,是确保 ESG 战略规划能踏实指导企业行动的有效手段。

【案例 5-4】 瑞银集团(UBS Group)可持续发展与影响力战略

在 2021 年度可持续发展报告中,瑞银集团明确"地球""人""合作关系"作为自身可持续发展战略的三大核心,并针对三大核心明确了总体目标,以及在总体目标下的定量目标和核心行动。

核 心	定 性 目 标	定量目标/核心行动目标
地球	采取气候行动,支持世界向净零排放转型	● 抵消自身追溯到 2000 年的排放 ● 到 2030 年管理 2 350 亿美元支持净零转型的资产 ● 到 2025 年实现自身运营消耗能源的净零排放 ● 到 2050 年实现投融资业务的净零排放
人	打造一个多元、平等、包容的社会;通过对教育、健康的关注,消除不平等	● 成为生物科技行业历史上最大的影响力投资基金的主要贡献者 ● 到 2025 年帮助 2 500 万慈善受益人
合作关系	与思想领袖、企业家和客户携手在全球范围内产生影响	● 与企业家合作解决全球的重大挑战 ● 与同业伙伴合作开发用于评估社会和环境影响的框架

金融机构制定自身 ESG 发展战略规划,与 ESG 评级管理等其他单维度的 ESG 管理相比,能统筹考虑公司所处的内外部环境的要求,定制符合金融机构自身需求的发展方案。同时,ESG 战略规划制定的过程,是企业自上而下内化 ESG 理念、清点 ESG 资源的过程,有助于凝聚企业共识,积累自身可持续发展的长久动力。

5.3 推进 ESG 管理实践

ESG 管理实践是对整体战略规划的落实,但同时也具有校准战略规划方向的重要价值。在本章前两节的基础上,企业 ESG 管理实践是以 ESG 治理架构为支撑、在企业 ESG 战略与目标引领下的具体行动。企业 ESG 管理水平的提升、对环境和社会带来的积极影响,都是企业 ESG 管理日积月累的点滴行动下积累起来的成效。本节将聚焦于金融机构开展 ESG 管理需要关注的重点板块展开分析。

金融机构完整的 ESG 管理行动,应贯穿企业经营管理、金融产品与服务、沟通与影响力构建三大维度,相对应地,企业需要拥有在 ESG 管理方面的管理力、产品力与沟通力。其中,管理力可以支持企业真正实现 ESG 理念自上而下的渗透,全员参与企业的 ESG 转型;产品力作为金融机构 ESG 转型的重要标志,将支持企业完善风险抵御能力,把握 ESG 带来的市场机遇;沟通力,则要求企业基于自身的管理与产品实践,开展 ESG 信息披露与品牌传播,实现与相关方的有效沟通,尤其在当前中国 ESG 生态仍在快速发展的早期阶段,企业对自身沟通力的建设无论对于自身 ESG 品牌的建设,还是对外部 ESG 生态建设的贡献,都具有重要意义。

1) ESG 管理力:凝聚合力,共谋企业 ESG 转型

金融机构在制定自身 ESG 战略规划的过程中,已经明确了对于企业重要性较高的实质性议题,并制定了 ESG 管理目标。GRI 标准(2021 年)中阐明了"实质性议题管理"的要素,包括"议题的政策与承诺""管理议题采取的行动""追踪行动的有效性"三个方面。ESG 评级机构针对具体 ESG 议题对金融机构进行评分时,普遍包括企业针对该议题的管理架构、制度制定情况、发起的项目或行动、行动取得的绩效等。以上外部要求也为金融机构推进自身高实质性议题的管理指明了方向。

在金融机构推进 ESG 议题管理的过程中,完善议题管理制度、规划议题管理行动、设置有效的量化目标并进行量化绩效监测是必备的管理要素。那么,在具体操作的过程中,企业对于此前管理中尚未充分涉及的议题,可以从哪些渠道获取资源来建立对议题相对成熟的管理思路呢?

以目前金融机构普遍会关注的"绿色金融"议题为例。企业在梳理该议题的管理思路时,首先需参考外部监管要求厘清议题的定义,如央行等七部委发布的《关于构建绿色金融体系的指导意见》。再者,需参考监管机构的具体指引文件,明确该议题的管理要点,如 2022 年 6 月原银保监会发布的《绿色金融指引》,其中明确提出银行业、保险业金融机构在绿色金融组织架构、制度建设、产品创新、信息披露、内控管理等方面需要关注的要点。与此同时,外部 ESG 评级对金融机构绿色金融的评分要点也可以纳入议题管理中加以考量,如 MSCI ESG 评级中"金融服务对环境的影响"议题关注金融机构对绿色债券的参与情况,CDP 气候变化问卷关注金融机构对煤炭等高碳行业制定的专项政策。最后,在制定企业行动规划时,除了考虑企业已拥有的管理资源外,可以参考其他金融机构的创新实践,开拓绿色金融产品创新思路。

在战略规划中位于顶层设计的"ESG 目标",如何能够转化为各部门的 ESG 管理行动?ESG 考核机制设计能有效带动各部门员工共同参与企业 ESG 战略规划落地的过程。考核机制的设计,始于对企业整体 ESG 管理目标的分解,要明确议题与相关责任部门的匹配关系,在此基础上将 ESG 管理目标进行细化,形成每个部门的行动清单、考核 KPI,让每位员工明确自身工作在公司整体 ESG 管理中的定位。由于 ESG 理念的导入和落地需要时间,企业整体考核机制的设计可以从"加分项"起步,逐步转化成为"必选项",进一步提高 ESG 在整体考核中的权重,为企业 ESG 转型提供合理的过渡期。

在ESG考核机制对员工提出要求的同时,金融机构要为组织中位于ESG关键岗位的员工提供资源支持,推进团队ESG能力建设,最终拥有一支能够引领、推动企业完成ESG转型的专业队伍。企业ESG能力建设的开展可以充分借鉴已有的人力资源管理相关经验,如建立通识性、专业性不同导向的ESG培训体系,面向全员开展ESG通识性培训,面向ESG工作组提供ESG管理专业方向的赋能课程,面向业务条线部门提供可持续金融、ESG风险管理领域的专项资源。随着外部ESG生态的不断完善,国内外高校的管理、经济、金融专业增设ESG方向课程,金融领域的ESG专业认证逐步完备,金融机构除了推进已有人才ESG能力建设,也将在ESG专业人才引入方面拥有更好的外部环境。

金融机构ESG转型始于自上而下的发展理念转型和强力推动,但如果顶层的理念实现了ESG转型,而全体员工行动不做出改变,那么企业的ESG转型只能成为空谈,无法真正为企业注入新的发展动力。唯有通过完善ESG制度建设、设定ESG考核体系、推进ESG能力建设,才能自上而下汇集全体员工的合力,灵活吸收外部快速演变的ESG指示体系,实现企业有韧性的ESG转型和可持续的发展。

2) ESG产品力:抵御新兴风险,把握市场机遇

ESG产品力具有高度的金融行业特色,也展示出金融机构在ESG生态中的双重身份。金融机构不仅要强化自身在员工、环境、社区等议题方面的管理能力,更需要有效利用金融服务引导资本流向的力量,积极带动、影响各行业企业的ESG转型。

全球ESG投资兴起、中国ESG投资尚处于高速发展前夜,在此背景下,金融机构需要强化自身ESG研究能力,以实现业务层面的ESG因素整合,创新ESG主题金融产品和服务。这要求金融机构打造一支拥有强大ESG研究能力的专业团队,为金融机构在业务端应用ESG工具提供专业支持。例如,追踪国内外ESG领域的最新资讯,理解ESG水平与企业财务表现之间的关系,评估不同行业、企业所面对的ESG风险和机遇,总结ESG投资的基本规律。拥有扎实的ESG研究能力,金融机构才能对外部的ESG投资风口做出判断,从而把握中国ESG投资的发展机遇。

在企业产品端的ESG底层能力中,ESG风险管理能力受到了越来越高的关注。在2022年6月原银保监会发布的《银行业保险业绿色金融指引》中,"将环境、社会、治理要求纳入管理流程和全面风险管理体系"放在了突出位置;多项金融行业ESG评级议题(如MSCI ESG评级中"金融服务对环境的影响"议题、标普CSA问卷中"可持续金融"议题)及信息披露要求,对金融机构的ESG风险管理体系建设、对客户开展ESG尽职调查的情况提出要求。

金融机构原有的风险管理体系中可能有对环境、社会、公司治理因素的零散关注,而缺乏从ESG维度整合的风险管理体系,在投融资项目管理全流程也缺少对ESG风险的识别、评价、监测、触发和应对机制。在企业ESG转型的过程中,ESG风险管理能力的建设有助于完善企业整体的全面风险管理体系,同时也是ESG产品创新的重要保障。

ESG风险管理和产品创新,都对金融机构的ESG评价能力提出要求,即综合判定业务对手方的ESG管理水平的能力。在初期阶段,企业可以通过采购外部ESG数据库和ESG评级信息的方式来快速吸收专业能力,再逐步以此为基础,建立更符合企业自身价值观的ESG评级框架,这就要运用金融机构产品研发团队的ESG研究能力,以形成与其他金融机构的差异化竞争优势。

目前,已有部分金融机构开始探索自建ESG数据库和ESG评级体系,利用AI技术进行ESG数据信息的抓取、分类和分析,以形成企业对业务对手方的评价结果。在此基础上,受限于企业ESG信息的披露水平,公开渠道获取的ESG信息不足以判断客户、投资标的的真实ESG管理水平,因此对于项目规模较大、信息可获得性不高的客户和投资标的,金融机构可通过开展实地ESG尽职调查的方式获取补充信息,针对对手方的ESG管理水平做出综合评价。关于金融机构业务端ESG风险管理能力的管理要点和操作建议,详见本书第6章的相关内容。

金融机构在业务层面对ESG因素的整合运营,不仅可以作为开展业务、投资决策的指南针,同时企业也应积极行使股东权利,通过积极与被投企业对话的方式,在自身ESG转型的过程中,带动实体经济的ESG转型。

【案例 5-5】 南方基金权益投资积极持有人案例[1]

南方基金通过参与被投企业公司治理以及行使代理投票权利等方式,积极助力被投企业关注ESG管理、提升ESG表现。

南方基金与上市公司、债券发行人及相关监管机构一直保持着密切的交流。公司积极践行持有人策略在中国的应用。积极持有人策略主要包括:在与上市公司、债券发行人沟通过程中融合ESG议题,使被投资企业提高对ESG的关注程度,优化被投企业治理结构,并构建更良好的生态圈;参与被投企业所在行业的监管对话,为利益相关方带来可持续的长期价值,促进和优化行业的可持续发展环境;在与发行人沟通无效的情况下,考虑实际情况使用代理否决票。在践行积极持有人策略的同时积极考虑相关利益冲突,积极查明冲突来源,并积极推动缓解与管理措施的落地。

例如,南方基金是SH公司的长期股东,在项目中希望SH公司能够有效降低碳排放量,同时作为股东方希望SH公司实现持续稳健增长。为实现这一目标,南方基金多次推动与SH公司的线上、线下沟通,为公司提供建立ESG和碳排放量管理模型等管理建议,助力SH公司优化自身ESG表现。

ESG投资的兴起,是众多投资者"用脚投票"的结果。在中国市场,ESG因素已经开始在抵御风险、超额收益等方面显现成果,但国内ESG投资产品仍在起步阶段。伴随着中国"双碳"目标的提出,以环境主题产品为代表的ESG投资市场机遇,已是大势所趋。

金融机构作为营利性组织,似乎与ESG强调经营主体承担社会价值存在背离,但两者殊途同归,存在长远利益的一致性。

金融机构开展ESG产品创新、鼓励ESG投资,有望实现经济价值与社会、环境价值的双赢。ESG理念强调实体企业的环境影响属性,具体而言是注重能耗和污染排放,企业这方面指标表现越突出,意味着其相比同行业技术、工艺、设备水平更为成熟领先,生产

---

[1] https://www.nffund.com/main/files/2021/05/06/esg2020.pdf.

经营更加高效有序，也就越能反映该企业的盈利能力和市场竞争力水平，更有可能成为资本市场的优质投资标的。为此，从某种程度上可以视 ESG 投资标准为金融机构投资标准的优化升级。ESG 理念强调社会环境影响、公司治理介入，这两项指标表现优异的企业往往更容易获得发展的机会，开拓市场的能力更强，控制风险的机制更到位，对投资者而言意味着投资风险更小和投资收益更稳健。

根据 MSCI 官网数据显示，到 2020 年第 4 季度，有 1 061 亿美元的在管资金、247 只股票型 ESG ETF 产品在追踪 MSCI ESG 相关指数。根据晨星公司统计数据显示，截至 2023 年 12 月，全球 ESG 基金资产达到 2.96 万亿美元，数量从前一年的 7 012 只增至 7 485 只。随着全球的 ESG 投资影响力不断扩大，中国 ESG 投资也在加速推进，根据中金公司预计，2025 年我国 ESG 投资将超过 20 万亿元，其中，公募基金规模将达到 7 500 亿元左右。

与此同时，我国绿色保险、碳金融等多样化的绿色金融产品创新也受到了监管政策的大力支持，当前以绿色金融产品为代表的 ESG 产品创新正在高速发展。2022 年中国证监会发布的《关于加快推进公募基金行业高质量发展的意见》中提出："引导行业总结 ESG 投资规律，大力发展绿色金融，积极践行责任投资理念，改善投资活动环境绩效，服务绿色经济发展。"相信中国金融机构在 ESG 产品创新方面仍大有可为。

ESG 金融产品的创新，是金融机构推进 ESG 建设的显性能力，但其背后需要 ESG 研究和风险管理能力以及 ESG 业务推进的整体策略加以支撑。以"负责任投资"为例，负责任投资是企业整体价值观在投资领域的应用，既包含着企业对市场风险和机遇的判断，也可以体现企业的价值诉求。金融公司本身承担着社会资本配置的角色，因此金融机构在产品端贯彻 ESG 理念，有四两拨千斤的功效，ESG 将真正有优化社会生态的万钧之力。

3) ESG 沟通力：与相关方有效沟通，建立 ESG 品牌

ESG 沟通力，具体包括企业内部的信息搜集和对外的信息披露机制、企业对内的 ESG 文化建设与对外的 ESG 品牌传播行动，以及企业主动参与行业交流和 ESG 生态建设。

基于前文的分析，企业在制定 ESG 战略规划的过程中，已经完成了对自身 ESG 管理重点的识别，即对高实质性议题的判断。高实质性议题普遍对公司的经营发展具有重要影响，同时也是利益相关方高度关注的议题。在此基础上，通过高质量的信息披露与传播，才能将企业内部的管理行动转化为相关方可以获取的信息，从而实现与投资者、监管机构、客户和消费者、社区等利益相关方的有效沟通，完成相关方交互的最后一环。

由于金融机构在 ESG 生态中具有引导资本流向的重要作用，金融机构的 ESG 信息披露始终面对着较高的外部要求。例如，上海证券交易所规定了三类强制发布企业社会责任报告，"上证公司治理板块"样本公司、发行国际上市外资股的公司以及金融类公司必须披露社会责任报告，同时鼓励其他有条件的公司自愿披露社会责任报告。此外，2024 年 4 月 12 日的《指引》中还将上证 180 指数、科创 50 指数样本等上市公司纳入强制披露范围。商道咨询发布的统计数据显示，2022 年 A 股上市公司中，金融业的信息披露程度最高，达到 89.80%，金融机构对 ESG 的重视程度可见一斑。

在此基础上，行业监管机构对金融机构的信息披露提出了更高要求，如 2021 年 8 月中国人民银行发布《金融机构环境信息披露指南》，鼓励金融机构发布专门的环境信息报告，内容包括年度概况、环境相关治理结构、环境相关政策制度、环境相关产品与服务创新、环境

风险管理流程、环境因素对公司的影响、投融资活动的环境影响、经营活动的环境影响。

高质量的信息披露是企业 ESG 管理的重要环节。对内要求企业依托自身 ESG 治理和管理的组织架构，建立 ESG 信息的搜集和管理体系，整体的信息披露工作流程可参考图 5.3。

图 5.3　ESG 信息披露工作流程

在上述工作流程中，由于 ESG 信息披露并非是一次性的工作，因此企业要注意固化 ESG 信息披露的管理工具，ESG 数据管理能力是其中的重要基础。例如，在环节①中，金融机构可建立自身适用的定性与定量指标库，明确各指标的定义，并清晰指定负责部门；在环节②中，企业可积极探索自建或采购第三方的线上 ESG 数据管理系统，实现 ESG 量化数据的线上管理。在规避人工错误的同时，降低管理成本，将 ESG 数据的信息化管理，纳入金融机构数字化转型的整体规划之中。

在高质量 ESG 信息披露的基础上，企业为打造自身的 ESG 品牌，会对信息进行加工，形成 ESG 传播素材。如在环节⑤信息披露环节，除了主流的 ESG 报告等发布形式外，企业可通过发布环境信息等专项报告、搭建官网 ESG 专栏，发布长图文、H5 等传播物的方式，提升与利益相关方的沟通效果，打造金融机构自身的 ESG 品牌。

实际上对于金融机构而言，ESG 传播和 ESG 品牌打造包括对内和对外的两个方面。对内而言，企业自身 ESG 理念的导入和深化是一个过程，信息和数据采集过程中与各部门的沟通、企业对外开展的 ESG 传播，本身就在潜移默化引导内部相关方实现理念的转型，建设企业的 ESG 文化。其关键点在于找到 ESG 理念与企业战略和企业文化的契合点，使得员工对 ESG 和可持续发展理念的认同，与对所处企业的认同融为一体，将 ESG 文化建设作为企业文化建设的重要组成部分。对外而言，高质量的 ESG 信息披露成果本身就是有效的传播素材，同时企业积极对外传播自身 ESG 管理进展、ESG 行动亮点，有助于企业行业声誉的建立、提升投资者信心，获得 ESG 评级机构认可，使得 ESG 成为企业对外传播的一张名片。

贝莱德执行长 Larry Fink 在其 2019 年致 CEO 的公开信中提道："当千禧一代员工被问及企业的首要经营宗旨应该是什么时，认为是'推动社会进步'的受访者比回答'创造盈利'的多出 63%……随着财富的转移以及千禧一代投资偏好的转移，环境、社会及公司治理等问题对企业的估值变得越发重要。"人才储备是金融机构的核心竞争力之一，金融机构加强 ESG 的对内沟通和对外传播，对于留任现有人才、吸引潜在人才来说起到越来越重要的作用。

【案例 5-6】　东方证券发布可持续发展理念

为更系统有效地凝聚相关方共识，东方证券从利益相关方视角出发，从品牌口号"悦享投资之美"延伸开,将自身 ESG 理念定为"悦享美好生活",通过提供优质综合金融服务,成价值之美,享投资之美,守人本之美,绘和谐之美,为股东、客户、员工、政府及监管机构、合作伙伴、环境社区利益相关方创造可持续的综合价值,明确包含了处理与利益相关方关系的理念和原则。

在中国金融机构 ESG 能力板块中,行业交流和参与 ESG 生态建设具有重要意义,这与我国当前 ESG 生态所处的发展阶段密切相关。由于我国金融市场 ESG 生态建设尚处于起步阶段,因此金融机构的积极参与、拥抱监管,是加速 ESG 生态建设和完善的重要方式。

与国际市场相比,大多数中国金融机构从接触 ESG 概念到全面关注自身的 ESG 能力建设不足五年,无论是金融机构的 ESG 管理、还是外部行业生态和监管体系建立,都处于一个快速发展的起步阶段,各方也在共同面对如何吸收国际 ESG 发展经验,并结合中国国情进行本土化改造的问题。在此阶段,正在探索中的中国金融机构应及时地互通有无,分享各自在不同领域探索的实践经验,以促进行业整体 ESG 管理意识和水平的提升。

与此同时,在中国金融机构的实质性议题列表中,与服务国家战略相关的议题往往被放到重要性较高的位置,如服务实体经济发展、助力乡村振兴、践行普惠金融、推动社会低碳转型。在积极服务国家战略的过程中,金融机构需要与监管机构保持良好沟通,以校准行动方向,更加有效地将资源用于最需要的地方,与国家的顶层设计和资源统筹打好配合。金融机构作为践行 ESG 管理、披露 ESG 报告的先行军,通过将包含中国特色的 ESG 议题纳入整体 ESG 管理,并积极对外披露和传播管理进展,可同时带动其他行业改善其 ESG 披露信息的广度和深度,促进其他行业开展具有中国特色的 ESG 实践。

[思考与练习]

1. 金融机构开展 ESG 治理架构搭建时,需要考虑哪几个核心问题?
2. 金融机构在制定 ESG 战略规划的过程中,可以从哪些渠道获取自身应关注的实质性议题?
3. 金融机构开展 ESG 数据管理有哪些注意事项?
4. 金融机构推进具体的 ESG 管理,应从哪几个维度展开?

第 6 章　金融机构 ESG 风险管理

[本章导读]

  随着 ESG 投资理念的盛行，企业面临的内外部 ESG 环境不断变化，由此带来的 ESG 风险也具备不确定性。由于金融业务的特殊性，金融机构 ESG 风险受到来自政府及监管部门、资本市场及投资者等多方面的关注，涉及公司业务运营、投资策略、财务表现等。对于金融机构而言，良好的 ESG 风险管理可以降低其投资和信贷敞口带来的信用风险、转型风险及声誉风险等，推进稳健运营。本章将主要围绕金融机构 ESG 风险管理背景及趋势、业务端 ESG 风险管理落实，以及聚焦金融机构气候相关风险管理，对气候风险类型、管理体系、情景分析等进行阐述，旨在为中国金融机构开展 ESG 风险管理提供参考。

6.1　金融机构 ESG 风险管理背景及趋势

  2023 年初，世界经济论坛（World Economic Forum）发布《2023 年全球风险报告》，未能缓解和适应气候变化、自然灾害、生物多样性丧失和环境退化是十大风险中的几大风险。该报告称，除非世界开始在减缓气候变化和适应气候方面进行更有效的合作，否则在未来 10 年内，将导致持续的全球变暖和生态崩溃。

  在复杂多变的外部环境下，全球范围内的 ESG 风险也给企业的经营发展带来挑战。对于企业而言，ESG 风险是指可能对公司造成影响的与环境、社会和治理相关的风险，又称为可持续性风险或非财务风险。

  对于金融机构而言，ESG 风险具有双重含义。一方面，其本身受到来自政府及监管机构、股东、投资者、客户、员工等利益相关方的关注，在自身运营过程中面临由于未能充分管理重要 ESG 议题而引发的管理经营风险，如人才流失可能给金融机构发展带来挑战。另一方面，鉴于金融机构业务性质的特殊性，其投融资业务层面客户的 ESG 风险可能转化为公司的声誉风险、市场风险及信用风险等，相关金融风险的集聚可能引发金融机构系统性风险。例如，由于借款人或被投资对象在环境和社会责任方面的负面行为或负面社会影响，金融机构可能面临承担连带责任以及声誉受损的风险。

  金融机构对 ESG 风险的关注，一方面能够促进其将 ESG 因素纳入投融资决策流程，防范因客户或投资标的的环境、社会和治理方面的问题而受到信用风险、声誉风险、资产减值等风险；另一方面，能够通过落实 ESG 风险管理措施，推动其客户或投资标的的可持续转型,引导越来越多的企业参与 ESG 实践,促进全社会的 ESG 转型。

与此同时,以监管机构、投资者等为代表的利益相关方关注上市公司 ESG 风险管理,并从金融机构 ESG 风险的视角归纳形成重点 ESG 领域,对金融机构开展 ESG 风险管理提出了具体要求。

2023 年 6 月,国际可持续准则理事会(ISSB)发布《国际财务报告可持续披露准则第 1 号——可持续相关财务信息披露一般要求》和《国际财务报告可持续披露准则第 2 号——气候相关披露》,分别要求上市公司披露其面临的所有显著的可持续发展相关风险和机遇,要求公司关注气候相关风险和机遇,并包含了针对不同行业附加要求的披露指标(见表 6.1)。

表 6.1　投资银行业与经纪业气候相关指标示例

主题	指标	类别	计量单位	代码
在投资银行和经纪业务中纳入环境、社会和企业治理因素	按行业划分的纳入环境、社会和企业治理因素的承销、咨询和证券化交易收入	定量	列报货币	FN-IB-410a.1
	按行业划分的纳入环境、社会和企业治理因素的投资和贷款数量、总价值	定量	数量;列报货币	FN-IB-410a.2
	关于将环境、社会和企业治理因素纳入投资银行和经纪业务方法的描述	讨论与分析	不适用	FN-IB-410a.3
活动指标	承销、咨询和证券化交易的数量和价值	定量	数量;列报货币	FN-IB-000.A
	按行业划分的自营投资和贷款的数量和价值	定量	数量;列报货币	FN-IB-000.B
	固定收益、股票、货币、衍生品和大宗商品做市交易的数量和价值	定量	数量;列报货币	FN-IB-000.C

从投资者及评级机构的视角来看,MSCI ESG 评级、晨星 Sustainalytics ESG 评级、FTSE ESG 评级、恒生可持续发展指数评级等多以 ESG 实质性议题为抓手,考察金融机构在运营及业务层面的 ESG 风险暴露情况及风险管理能力,从而判断公司在 ESG 方面的整体表现(见表 6.2)。

表 6.2　银行业 MSCI ESG 评级涉及主要议题

议题名称		平均权重
环境	影响环境的融资	13.70%
社会	人力资本开发	14.05%
	隐私和数据安全	11.25%
	融资可得性	12.45%
	消费者金融保护	15.15%

续　表

议　题　名　称		平　均　权　重
公司治理	治理	33.40%
	公司治理： 　　所有权及控制 　　薪酬 　　董事会 　　会计	/
	公司行为： 　　商业道德 　　税务透明	/
权重合计	/	100.00%

注：MSCI ESG 评级信息来源于 MSCI 官网，查于 2023 年 4 月底，银行业的议题权重取综合性银行和区域性银行 2 个子行业的平均值。

此外，国际负责任投资原则（PRI）、负责任银行原则（PRB）、可持续保险原则（PSI）都是金融业围绕 ESG 风险管理，落实联合国 2030 可持续发展目标（SDGs）和《巴黎气候协定》的重要标杆。以可持续保险原则 PSI 为例，PSI 旨在通过一系列举措管控与环境、社会及治理问题相关的风险和机会，以负责任和前瞻性的方式来完成保险价值链中的所有活动，包括与利益相关方的互动。可持续保险旨在降低风险，开发创新解决方案，改善业务绩效，并为环境、社会和经济可持续发展作出贡献。

从国内监管机构来看，2022 年 6 月原中国银保监会发布《银行业保险业绿色金融指引》指出"银行保险机构应当有效识别、监测、防控业务活动中的 ESG 风险，建立并不断完善 ESG 风险管理的政策、制度和流程"，银行保险机构重点关注 ESG 风险被首次提及，并明确要求银行保险机构应将环境、社会、治理要求纳入管理流程和全面风险管理体系，同时银行保险机构不仅对客户本身 ESG 风险进行评估，还需要重点关注客户的上下游承包商、供应商的 ESG 风险。

由此可见，金融机构 ESG 风险管理尤其是业务端 ESG 风险管理受到多方面的关注，成为中国金融机构不可回避的话题。后文我们将重点聚焦金融机构业务端 ESG 风险管理、气候相关风险管理等领域，从趋势解读、行动梳理、案例解析等多方面为金融机构 ESG 风险管理落实提供借鉴。

6.2　金融机构业务端 ESG 风险管理落实

相较于企业传统的风险，金融机构 ESG 相关风险是宏观、相互关联的，可能在多方面影响业务，使评估 ESG 相关风险变得更加复杂。与此同时，由于金融机构业务性质的特

第 6 章 金融机构 ESG 风险管理

殊性,业务端的 ESG 风险往往超出企业控制、存在多行业的富集现象,管理和应对风险需要依赖客户、投融资标的等其他利益相关方的行动或协调努力,这使得金融机构业务端 ESG 风险管理落实更具挑战。

2018 年 10 月,国际内部审计师协会(IIA)发布了由美国反虚假财务报告委员会下属的发起人委员会(COSO)和世界可持续发展工商理事会(WBCSD)合作制定的指南《企业风险管理》,将企业风险管理(ERM)概念和流程运用于 ESG 相关领域,以帮助企业管理、披露 ESG 相关风险。其将 ESG 风险管理分为五个步骤,并给出每个步骤具体的操作指引(见表 6.3)。

表 6.3 《企业风险管理》ESG 风险管理五步骤概览

步骤一	针对 ESG 相关风险的治理和文化
步骤二	针对 ESG 相关风险的战略和目标设定
步骤三	ESG 相关风险的绩效: ● 识别风险 ● 评估风险并进行优次排序 ● 实施风险应对
步骤四	针对 ESG 相关风险的回顾和修正
步骤五	ESG 相关风险的信息、沟通和报告

2022 年 6 月原银保监会发布的《银行业保险业绿色金融指引》(以下简称"《指引》"),针对银行业金融机构和保险机构首次引入全面的 ESG 风险概念,明确提出银行保险机构应当"加大对绿色、低碳、循环经济的支持,防范环境、社会和治理风险,提升自身的环境、社会和治理表现,促进经济社会发展全面绿色转型"。《指引》从组织管理、政策制度及能力建设、投融资流程管理、内控管理与信息披露、监督管理等方面提出要求(见表 6.4)。

表 6.4 《银行业保险业绿色金融指引》内容概览

章 节	主 要 内 容
一、总则	
二、组织管理	银行保险机构董事会或理事会承担绿色金融主体责任,同时应建立绿色金融工作领导和协调机制、组建绿色金融专业部门等,提升绿色金融服务质效和风险管理水平
三、政策制度及能力建设	银行保险机构应当根据国家绿色低碳发展目标和规划以及相关环保法律法规、产业政策、行业准入政策等规定,建立并不断完善环境、社会和治理风险管理的政策、制度和流程,明确绿色金融的支持方向和重点领域
四、投融资流程管理	银行保险机构加强投融资流程管理,做好授信和投资尽职调查,加强授信和投资审批管理,通过完善合同条款督促客户加强环境、社会和治理风险管理,完善贷后和投后管理

续表

章　节	主　要　内　容
五、内控管理与信息披露	银行保险机构加强内控管理和信息披露,建立绿色金融考核评价体系,落实激励约束措施,完善尽职免责机制,确保绿色金融持续有效开展
六、监督管理	监管机构将银行保险机构 ESG 风险管理纳入日常监管和监督检查,将银行保险机构绿色金融业务与监管评级、机构准入、业务准入、高管履职挂钩
七、附则	

结合国内外 ESG 风险管理框架,以及金融机构 ESG 风险管理实践,我们对金融机构业务端 ESG 风险管理重点环节进行梳理,并给出管理行动建议及示例,为金融机构落实业务端 ESG 风险管理提供参考。

6.2.1 ESG 风险治理机制建立

完善的 ESG 风险治理机制是有效识别、评估和应对 ESG 风险的前提,对于协调内外部资源、推进金融机构整体风险防控至关重要。

《指引》提出"银行保险机构董事会或理事会应当承担绿色金融主体责任";香港联交所于 2020 年 3 月刊发《在 ESG 方面的领导角色和问责性:董事会及董事指南》,列举了 9 个步骤以帮助董事会快速评估自身对于 ESG 管治的现状以及未来的行动方向,其中步骤 7"风险管理:我们现有的风险管理流程是否已考虑了 ESG 风险",明确提出董事会需对 ESG 风险识别、管理承担责任。

建议金融机构参照第 5 章第一节 ESG 治理架构建立流程,逐步完善业务层面 ESG 风险治理体系,具体层级及职责可包括:

- 董事会监督 ESG 风险管理工作开展情况,审批并确定 ESG 发展战略及目标,定期审阅 ESG 风险管理指标及目标进展并据此调整公司战略,对其最终负责。
- 高级管理层根据董事会的决定,制定 ESG 风险管理目标,建立 ESG 风险管理机制和流程,并开展内部监督检查和考核评价,定期向董事会报告 ESG 风险管理情况。
- 根据需要建立跨部门的 ESG 风险管理或协调机制,在相关条线设置专职或兼职人员负责 ESG 风险的识别、评估、分析和应对等,并定期上报进展。

与此同时,金融机构 ESG 风险治理体系还应包括 ESG 风险考核评价体系和奖惩机制的建立,逐步将董事会和高级管理层薪酬与 ESG 风险管理成果联系起来,落实激励约束措施,完善尽职免责机制,确保 ESG 风险管理持续有效开展(见表 6.5)。

此外,由于金融机构业务端 ESG 风险管理涉及风险管理、业务等多个条线的工作,且各条线职责均具有很强的专业性,需要各单位的深度参与或实施,因此在实际工作中,业务端 ESG 风险治理机制无须从头搭建,可以与金融机构原有的全面风险管理或业务管理条线相融合,最大化节约资源、提升效率。

表 6.5　金融机构业务端 ESG 风险管理涉及主要条线及职责

主要条线	主要职责
风险管理条线	作为 ESG 风险管理统筹方： ● 结合公司 ESG 风险偏好、容忍度制定 ESG 风险管理的政策、规章和制度； ● 建立业务端 ESG 风险评价体系； ● 组织对各项业务 ESG 风险管理制度执行情况的监督、检查； ● 定期对整体 ESG 风险水平及其管理状况进行全面评估和报告； ● 及时报告重大 ESG 风险隐患或风险事件，审议处理公司重大 ESG 风险事故等，并监督业务条线应对 ESG 风险
业务条线	作为业务端 ESG 风险管理的主要实施方： ● 落实公司 ESG 风险管理政策和制度，根据业务需要建立健全 ESG 风险管理制度和流程； ● 将 ESG 风险管理纳入展业过程，组织实施相应的 ESG 风险管理工作； ● 定期整理 ESG 风险识别、评估、应对情况，并上报风险管理部和管理层

【案例 6-1】　中国平安建立 ESG 风险治理机制

董事会是中国平安风险管理的最高决策机构，对全面风险管理工作的有效性负责。董事会下设审计与风险管理委员会，负责全面了解公司面临的各项重大风险及其管理状况，在对风险管理体系运行情况进行监督的同时，对风险管理相关重大事项进行审议并向董事会提出意见和建议。

在持续完善风险管理体系的同时，平安将风险管理理念贯彻至公司治理及经营，积极营造并形成了从公司董事会、管理层、专业委员会到全体员工参与的风险管理文化氛围，

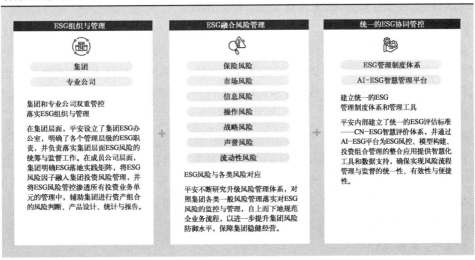

资料来源：https://www.pingan.com/app_upload/images/info/upload/6924d463-2bc6-49f8-b7b6-6adced50b324.pdf.

促进集团更畅通、有效地执行风险管理工作机制,为风险管理工作在日常经营活动中充分发挥作用夯实了基础,有利于进一步保护股东资本安全、提高资本使用效益、支持管理决策并创造管理价值。

平安将ESG的核心理论和标准与集团风险管理进行深度融合,将ESG风险管控要求融入整体风险管理,保障平安各项业务发展行稳致远。

6.2.2　业务端ESG风险识别及管理

业务端ESG风险涉及金融机构各项业务的方方面面。《指引》指出:"银行保险机构应当有效识别、监测、防控业务活动中的环境、社会和治理风险,重点关注客户(融资方)及其主要承包商、供应商因公司治理缺陷和管理不到位而在建设、生产、经营活动中可能给环境、社会带来的危害及引发的风险,将环境、社会、治理要求纳入管理流程和全面风险管理体系。"

例如,银行业金融机构在开展信贷业务时,应针对贷前、贷中、贷后全流程,以及授信项目的设计、准备、施工、竣工、运营、关停等相关环节,合理设置ESG风险评估关卡,对出现重大风险隐患的,可以按照合同约定中止直至终止资金拨付。

结合金融机构业务运行实际,ESG风险管理流程可分为ESG风险的识别、评估、分析和应对四个阶段。

1) ESG风险识别

ESG风险识别方式包括政策趋势跟踪、ESG尽职调查、ESG重要性议题评估、利益相关方参与等。对于金融机构而言,参考内部、外部ESG评价结果,或开展针对性ESG尽职调查是常用方式。其中,ESG尽职调查可以在投融资流程的尽职调查中纳入ESG指标,或建立专项ESG风险尽职调查体系,根据客户及其项目所处行业、区域特点,明确ESG尽职调查的内容要点,确保调查全面、深入、细致。

2) ESG风险评估

由于人员、资源有限,金融机构无法对识别出的所有风险进行管理,因此需要结合风险容忍度、业务性质、规模等对识别的风险进行评估,评估维度包括ESG风险发生概率、影响程度、影响时间范围等,对重大ESG风险进行界定,并将影响程度较大的风险纳入优先管理序列。

3) ESG风险分析

针对识别出的重要性较高的ESG风险,需分析其对公司战略、财务等带来的影响。鉴于ESG风险的不确定性,金融机构还可考虑采取情景分析或压力测试等方式,对ESG风险带来的影响进行定性或定量分析,判断不同情景下整体业务的ESG风险敞口,以制定针对性的风险应对措施。

4) ESG风险应对

结合识别出的重大ESG风险及预估的潜在影响,针对不同行业的客户特点,调整投融资准入、风险偏好和业务策略制定等。同时制定相应的ESG风险控制指标及目标,动态监控业务层面 ESG 风险变动情况,将 ESG 风险保持在可控范围内。

此外,在建立 ESG 风险管理流程的同时,金融机构还需加强对风险管理、业务人员 ESG 方面的培训,确保其充分理解不同行业客户的 ESG 风险点,以及如何在 ESG 尽调过程中获取有效信息,必要时可以引入合格、独立的第三方对 ESG 风险进行评审等,以提升 ESG 风险管理的有效性。

【案例 6-2】 中国建设银行融入 ESG 理念,建立领先的风险管理能力

为了引导金融资源向绿色发展领域倾斜,增强金融体系管理气候变化相关风险的能力,中国建设银行(以下简称"建行")专门成立了对公客户 ESG 评价体系项目,旨在提升对公客户环境、社会和治理风险评价数字化水平,助力新金融绿色健康可持续发展。

ESG 评价体系是引导金融资源向绿色低碳可持续发展企业倾斜、实现高质量发展的重要工具。建行以数据为驱动,以科技为支撑,运用大数据分析、自然语言处理等技术手段,综合分析、深度挖掘内外部 ESG 相关信息,充分利用工商、税务、司法、专利等多维度信息数据,构建数据驱动的 ESG 评价体系,自动批量获取客户 ESG 评价结果。

同时,建行充分借鉴国内外先进 ESG 评价经验,结合行业经济活动特性和"双碳"政策影响,综合考虑客户群体特征和业务结构特点,针对不同行业、不同规模企业设计差异化评价指标,初步完成 74 个 ESG 评价模型的构建工作,可支持自动批量生成约 70 万客户的 ESG 评价结果,在评价范围、指标框架、实现路径等方面引领行业创新实践。

对此,建行相关负责人表示,ESG 评价着眼于企业未来较长期的可持续发展能力,为银行识别、选择客户提供了新的视角和维度,有利于筛选具备长期竞争力的优质客户。银行可针对企业 ESG 评价结果,在客户准入、信贷政策制定、授信审批等方面进行差异化设计,从而引导资金向绿色低碳可持续发展企业倾斜,推动信贷结构调整,实现业务高质量健康持续发展。

【案例 6-3】 高盛针对石油和天然气行业加强 ESG 尽职调查

石油和天然气是 ESG 风险指数最高的行业之一,其 ESG 风险主要集中在环境领域。高盛针对石油和天然气行业"水力压裂""油砂"等风险,进一步识别业务端的 ESG 风险因素。

行业及其 ESG 风险	高盛 ESG 风险管理行动
石油和天然气-水力压裂 水力压裂的快速扩张促进了能源资源的扩张,同时提高了消费者和工业对能源的负担能力,创造了就业机会,促进了经济增长。但随之而来的是,人们越来越担心水的消耗、对水质的影响、废水处理方法、潜在的地震影响、空气排放(包括甲烷)和当地社区的影响	对于涉及新的非常规石油天然气和水力压裂的交易,高盛加强了尽职调查,包括了解公司减少总体温室气体排放的战略和承诺。需要解决的关键问题包括但不限于:公司在选址和选址方面的注意事项;井的施工方法,包括套管和固井的完整性;管理正在进行的作业,包括井流和压力监测;综合水管理,包括地下水测试

续 表

行业及其 ESG 风险	高盛 ESG 风险管理行动
石油和天然气-油砂 油砂,也称焦油砂或沥青砂,是一种砂岩或碳酸盐岩地层,含有天然存在的黏性石油(沥青)。在许多情况下,提取和升级沥青需要大量的能源和水,这可能会对沿海森林和当地社区产生影响	对于与油砂有关的交易,高盛加强了尽职调查,包括了解公司减少总体温室气体排放的战略和承诺。在这些因素中,高盛考虑了:能源使用和温室气体排放;与水和废物综合管理有关的环境影响;森林和生物多样性保护;当地社区的影响

6.3 金融机构气候相关风险管理

6.3.1 气候相关风险类型及财务影响

后疫情时期,气候变化成为全球面临的最严峻的挑战之一,严重威胁人类生存和发展。气候相关风险指气候变化所导致的风险和非气候领域的环境因素(如空气污染、水污染、土壤污染等)所导致的风险,按照来源可以分为两大类:物理风险和转型风险。物理风险也称实体风险,其来源包括各种极端气候事件(如热带气旋)、海平面上升、生态环境污染事故、自然资源的破坏和短缺等。转型风险的来源主要是政策、法律、技术、市场等为了应对气候变化和环境挑战的人为因素而发生的转变。

对于金融机构而言,气候相关风险主要由实体经济通过业务链传导,演化为金融机构的信用风险、市场风险、流动性风险、声誉风险、运营风险等,从而对金融系统的稳定性造成影响。金融机构开展气候相关风险分析及管理,一方面,可以识别和量化环境因素引发的金融风险及创造的潜在投资机会,规避经济损失和金融风险,获取潜在收益;另一方面,金融监管机构通过环境风险分析,可以识别和防范环境相关因素可能引起的系统性金融风险,防止超预期损失的发生。[1]

气候变化不仅为公司带来风险,也带来机遇,而这些风险与机遇最终都会对公司的财务产生一定影响。由 G20 金融稳定委员会(FSB)牵头成立的气候相关财务信息披露工作组(Task Force on Climate-Related Financial Disclosures,TCFD)于 2017 年发布《气候相关财务信息披露工作组建议报告》,对气候变化相关风险与机遇及其对财务的影响进行了详细分析(见图 6.1、表 6.6、表 6.7)。2023 年,鉴于 ISSB 发布的 IFRS S1 和 IFRS S2 完全纳入了 TCFD 的建议,IFRS 基金会将从 TCFD 手中接管对公司气候相关信息披露进展情况的监督职责,并自 2024 年开始生效。

---

[1] https://mp.weixin.qq.com/s/JI290AIWVnKgXejaW6XMKA.

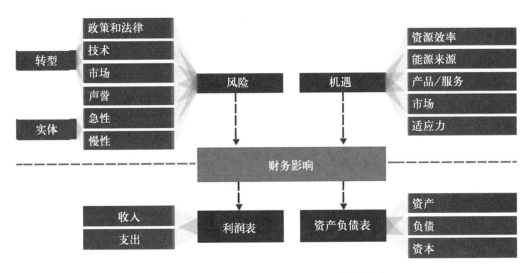

图 6.1 气候变化风险及机遇对公司财务的影响

表 6.6 转型风险及其潜在财务影响分析

类 型	潜 在 财 务 影 响
政策和法律风险 (1) 试图限制任何可造成气候变化不利影响的政策行动,以及促进应对气候变迁的政策; (2) 组织未能减缓气候变迁冲击,或者未充分揭露重大财务风险,导致气候变迁带来的损失和损害不断扩大,导致政府、股东和公益机构等利益相关方提起诉讼	• 增加营运成本(如合规成本和保费增加) • 政策变化导致现有资产冲销和提前报废 • 因罚款和判决导致的成本增加和/或产品和服务需求降低
技术风险 支持经济体系转向低碳、高效能源的技术改良或创新,将对组织产生重大影响	• 现有资产冲销和提前报废 • 产品和服务需求量下降 • 新型和替代型技术研发支出 • 技术开发的资本投资 • 采用/建置新型实务运作和流程的成本
市场风险 气候变化使得供需结构改变,从而改变某些商品、产品和服务及其市场	• 消费者偏好改变导致商品和服务需求量下降 • 投入成本(如能源、水)和产出需求(如废弃物处理)变化导致生产成本提高 • 突如其来的能源成本改变 • 收入组合和来源变化 • 资产重新定价(如石化燃料储备、土地评价、证券评价)
声誉风险 组织给客户或社区留下的印象是有助于或有损于低碳经济转型	• 商品/服务需求量下降 • 产能下降(如停产、规划同意书延期、供应链中断) • 影响劳动力管理和规划(如员工的招募和留任) • 可用资本减少

表 6.7　实体风险及其潜在财务影响分析

风 险 类 型	潜 在 财 务 影 响
急性实体风险 指事件驱动型的风险,包括龙卷风、飓风或洪水等日趋严重的极端天气事件	• 产能下降或中断(如停产、运输困难、供应链中断) • 影响劳动力管理和规划(如卫生、安全、缺勤) • 现有资产冲销和提前报废(如高风险地区的财产和资产损害) • 营运成本提高(如水力发电站水量不足或核能及火力发电厂冷却水不足)
慢性实体风险 指可能引起海平面上升或长期酷热的较为长期的气候模式转变,如持续性高温	• 基础建设成本升高(如设施毁损) • 销量/产出降低导致收入下降 • 保费提高以及位于高风险地区的资产难以投保

6.3.2　气候相关风险管理体系

随着气候相关风险日益受到关注,中国政府及金融监管机构、交易所及投资者等均对金融机构气候相关风险管理及信息披露提出要求,尤其关注金融机构投融资业务层面的气候相关风险管理能力,且强制性、规范性不断提升,推进金融机构建立及不断完善气候相关风险管理体系(见表 6.8)。

表 6.8　中国金融机构面临的国内外主要气候相关风险管理要求

代表性文件及发布机构	关 注 要 点
国际倡议/标准	
金融稳定委员会(FSB)《气候相关财务信息披露工作组(TCFD)建议框架》(2017 年 6 月)	• 建议组织机构围绕治理、战略、风险管理、指标和目标四个核心要素开展气候相关信息披露 • 建议金融机构通过情景分析评估气候相关风险和机遇,并关注投融资客户气候相关信息披露
国际可持续发展准则理事会(ISSB)《国际财务报告可持续披露准则第 2 号——气候相关披露》(2023 年 6 月)	• 准则纳入 TCFD 建议,围绕气候相关治理、战略、风险管理、指标和目标四大方面进行气候相关信息披露
金融监管机构发布政策	
中国人民银行《金融机构环境信息披露指南》(2021 年 7 月)	• 指南对标 TCFD 框架建议,鼓励金融机构从治理结构、政策制度、产品与服务创新、风险管理、风险量化、环境影响等方面披露环境和气候变化相关信息
香港证券及期货事务监察委员会《有关基金经理管理及披露气候相关风险的咨询总结》(2021 年 8 月)	• 要求基金经理遵循基本规定,围绕管治、投资管理、风险管理、披露四大方面开展气候相关风险管理与披露 • 要求大型基金经理遵循进阶标准,增加情景分析、基金管理组合碳排放等方式进一步识别评估气候相关风险

续　表

代表性文件及发布机构	关 注 要 点
原银保监会《银行保险业绿色金融指引》(2022年6月)	• 要求信贷政策、投资政策、保险业务创新全面支持绿色低碳发展,加强对高碳资产的风险识别、评估和管理,降低资产组合的碳强度,实现资产组合碳中和
证券交易所发布政策	
香港联交所《气候信息披露指引》(2021年12月)	• 2025年将强制实施"符合TCFD的气候相关披露",现阶段建议并鼓励企业按照TCFD框架来编制气候变化议题,计划于2022年起强制要求当地金融机构披露环境信息
香港联交所《优化环境、社会及管治框架下的气候相关信息披露》咨询总结(2024年4月)	• 附录C2增加D部分,专门用于披露气候信息,删除前面A中气候相关披露要求。参考四大核心支柱,即管治、策略、风险管理以及指标和目标,最大限度地反映IFRS S2,采用分阶段方法要求发行人在ESG报告中按照新气候规定披露
美国证券交易委员会《上市公司气候数据披露标准草案》(2022年3月)	• 要求在美上市企业披露气候相关风险和温室气体排放信息 • 参照TCFD框架,建议企业从气候相关风险管理流程、气候相关战略制定、风险识别、目标进行披露
地方政府发布政策	
深圳市人民代表大会常务委员会《深圳经济特区绿色金融条例》(2020年11月)	• 要求金融机构进行环境信息披露 • 鼓励金融机构使用环境压力测试和情景分析等方法和工具,对金融机构在气候变化、环境监管和可持续发展等压力情况下面临的信用风险、市场风险和其他金融风险进行量化分析
上海市人民代表大会常务委员会《上海市浦东新区绿色金融发展若干规定》(2022年6月)	• 要求浦东新区银行业金融机构、鼓励除银行业之外的金融机构发布年度环境信息报告 • 支持浦东新区金融机构创新气候投融资产品和业务

其中,影响力最大的为2015年G20金融稳定委员会(FSB)主席Mark Carney牵头成立了气候相关财务信息披露工作组(Task Force on Climate-Related Financial Disclosures,TCFD),通过制定统一的气候变化相关信息披露框架,帮助投资者、贷款人和保险公司合理地评估气候变化相关风险及机遇,以做出更明智的财务决策。

2017年,TCFD工作组发布了《气候相关财务信息披露工作组建议报告》,基于企业运营过程中的核心要素,从治理、战略、风险管理、指标和目标四个领域提出了披露建议,对每个领域都提出了包括若干维度的披露建议,适用于所有行业(见图6.2)。

此外,TCFD根据业务活动划分出银行、保险公司、资产拥有者、资产管理人四类金融行业企业,并针对四类金融行业企业的策略、风险管理以及指标和目标进行了补充指导(见图6.3)。

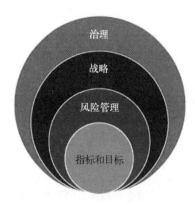

治理
披露组织机构与气候相关风险和机遇有关的治理情况。

战略
披露气候相关风险和机遇对组织机构的业务、战略和财务规划的实际和潜在影响。

风险管理
披露组织机构如何识别、评估和管理气候相关风险。

指标和目标
披露评估和管理相关气候相关风险和机遇时使用的指标和目标。

图 6.2　气候变化相关信息披露框架的核心要素

针对金融产业和非金融产业的补充指引

产业和群体		治理		策略			风险管理			指标和目标		
		a)	b)	a)	b)	c)	a)	b)	c)	a)	b)	c)
金融产业	银行				■			■			■		
	保险公司				■	■		■	■		■		
	资产拥有者				■			■	■		■		
	资产管理人				■			■	■		■		
非金融产业	能源				■	■		■	■		■		
	交通运输				■	■					■		
	材料和建筑				■	■					■		
	农业、食品和林业产品				■	■					■		

图 6.3　针对金融产业和非金融产业的补充指引

鉴于 TCFD 监督职责已于 2024 年起移交至 IFRS 基金会，因此下文将重点展现 IFRS S2 对气候相关财务披露工作的要求。

1）气候相关治理

投资者和利益相关方期望了解组织董事会在气候相关风险与机遇的监督，以及管理层在气候相关议题的评估和管理中所发挥的作用。该信息披露有助于使用者判断重大气候相关议题是否得到董事会和管理层的重视（见表 6.9）。

表 6.9　IFRS S2 气候相关治理披露要点

IFRS S2 建议披露事项	具体披露内容
1.1　气候相关风险和机遇的治理机构或个人在监控、管理和监督气候相关风险和机遇的治理流程、控制和程序中所发挥的作用	● 一是该机构或个人与可持续相关风险和机遇相关的职责如何反映在该机构或个人的职责范围、董事会授权、角色描述和其他政策中 ● 二是该机构或个人如何确保拥有或者发展适当的技术和能力，以监督为应对气候相关风险和机遇而制定的战略

续 表

IFRS S2 建议披露事项	具 体 披 露 内 容
	• 三是该机构或个人获悉气候相关风险和机遇的方式和频率 • 四是该机构或个人在监督主体的战略、重大交易决策、风险管理流程和相关政策时如何考虑气候相关风险和机遇,包括是否考虑对相关风险和机遇进行权衡 • 五是该机构或个人如何监督与气候相关风险和机遇相关目标的制定,并监督目标的实现进度,包括是否以及如何将相关绩效指标纳入薪酬政策
1.2 气候相关风险和机遇的管理层在监控、管理和监督气候相关风险和机遇的治理流程、控制和程序中所发挥的作用	• 一是管理层职责是否授权给特定的管理岗位或管理委员会,以及如何监督该管理岗位或管理委员会 • 二是管理层是否使用控制和程序对气候相关风险和机遇进行监督,如果是,如何将这些控制和程序与其他内部职能相结合

【案例 6-4】 友邦保险搭建环境治理体系

友邦保险董事会由董事会风险委员会、营运风险委员会和财务风险委员会提供支援,负责审核友邦的风险管理框架,确保其具备识别、量化、监测、管理以及报告风险的能力和流程,进而确保该框架在本集团的业务环境及范围下行之有效。

该公司的环境、社会及管治委员会提供有效管治,整合并处理业务中包括气候变化在内的各种环境、社会及管治问题。环境、社会及管治委员会最少每季举行一次会议,负责监管本公司环境、社会及管治策略、政策以及包括一年两次向董事会汇报等披露工作。

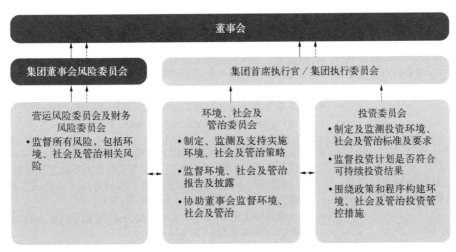

资料来源:https://www.aia.com/content/dam/group-wise/zh-hk/esg/AIA%20ESG%20Report%202021%20Chinese.pdf.

2）气候相关战略

披露气候相关风险和机遇对组织机构的业务、战略和财务规划的实际和潜在影响（见表6.10）。

表6.10 IFRS S2 气候相关战略披露要点

IFRS S2 建议披露事项	具 体 披 露 内 容
2.1 可合理预期会影响主体发展前景的气候相关风险和机遇	• 一是描述可合理预期会影响主体发展前景的气候相关风险和机遇 • 二是对于主体确定的每项气候相关风险，解释是否认为该风险是与气候相关的物理风险或转型风险 • 三是对于主体确定的每项气候相关风险和机遇，说明主体在短期、中期或长期哪些时间范围内可以合理预期每项气候相关风险和机遇的影响 • 四是解释主体对短期、中期和长期的定义，以及这些定义如何与主体的战略决策规划范围相关联
2.2 气候相关风险和机遇对主体商业模式和价值链的当前影响和预期影响	• 一是气候相关风险和机遇对其商业模式和价值链的当前和预期影响 • 二是在主体商业模式和价值链中，气候相关风险和机遇所集中的环节
2.3 气候相关风险和机遇对主体战略和决策的影响，包括气候相关转型计划	• 一是主体在其战略和决策中如何应对和计划应对气候相关风险和机遇，包括其计划如何实现设定的任何气候相关目标以及法律法规要求实现的任何目标，具体涉及有关其商业模式的当前和预期变化、采取的直接和间接举措、主体的气候相关转型计划、计划如何实现气候相关目标等要求 • 二是主体如何为上述有关活动和计划提供资源 • 三是在以前报告期间披露的关于计划进度的定量和定性信息
2.4 气候相关风险和机遇对主体报告期间的财务状况、财务业绩和现金流量的影响	• 一是气候相关风险和机遇如何影响其报告期的财务状况、财务业绩和现金流量 • 二是导致在下一报告年度，财务报表中报告的资产和负债账面金额将发生重大调整的气候相关风险和机遇 • 三是基于为管理气候相关风险和机遇所采取的战略，管理层预期主体财务状况在短期、中期和长期将如何发生变化 • 四是基于为管理气候相关风险和机遇所采取的战略，管理层预期主体的财务业绩和现金流量在短期、中期和长期将如何发生变化
2.5 主体的战略及其商业模式对气候相关风险的韧性	• 一是主体对报告日气候韧性的分析结果，包括分析结果对其战略和商业模式的影响，在分析过程中考虑的重大不确定性领域，以及主体在短期、中期和长期调整其战略和商业模式以适应气候变化的能力 • 二是情景分析是如何以及何时开展的，包括使用的输入值、做出的关键假设和报告期间等

【案例6-5】 瑞银集团设置气候相关管理架构

瑞银集团明确自身气候战略的两大领域：管理气候相关财务风险、采取行动迈向零碳未来,以及气候战略的四大支柱:保护客户资产、保护自身资产、减少气候影响、有序转型低碳经济。

在此基础上,公司制定自身气候战略目标,即2025年运营层面净零排放、2030年四大行业投融资组合减碳目标、2035年供应链净零排放、2050年全价值链净零排放。

战　　略			
管理气候相关风险		为低碳未来行动	
保护我们客户的资产	保护我们自己的资产	减少我们的气候影响	动员资本
● 通过我们的创新产品和服务,在投资、融资及研究领域管理气候相关风险并把握机遇	● 限制我们对碳相关资产的风险偏好 ● 评估我们公司对气候相关风险的脆弱性	● 100%的电力消耗源自可再生能源采购 ● 负责任的供应链管理	● 动员来自私人和机构客户的资本支持向低碳经济有序转型

资料来源:https://www.ubs.com/global/en/sustainability-impact/sustainability-reporting.html#tab-347205392.

3) 气候相关风险管理

披露组织如何识别、评估和管理气候相关风险和机遇(见表6.11)。

表6.11　IFRS S2气候相关风险管理披露要点

IFRS S2建议披露事项	具 体 披 露 内 容
3.1　主体用于识别、评估、优先考虑和监控气候相关风险的流程和相关政策	● 包括主体使用的输入值和参数,是否以及如何使用气候情景分析来帮助识别气候相关风险,如何评估风险影响的性质、可能性和影响程度,与上一个报告期相比相关流程是否发生改变等
3.2　主体用于识别、评估、优先考虑和监控气候相关机遇的流程	● 包括是否以及如何使用气候情景分析来帮助识别气候相关机遇
3.3　主体用于识别、评估、优先考虑和监控气候相关风险和机遇的流程在多大程度上以及如何纳入主体的整体风险管理流程	● 描述组织机构识别、评估和管理与气候相关风险的过程是如何纳入其整体风险管理的

【案例6-6】　海通证券开展气候相关风险及机遇的识别、评估及分析

基于气候相关风险和机遇矩阵,海通证券对市场风险、政策和法律风险、信用风险三项高实质性气候相关风险,以及市场机遇、产品与服务两项高实质性气候相关机遇开展分析,并评估其潜在财务影响,以采取相应的管理措施。

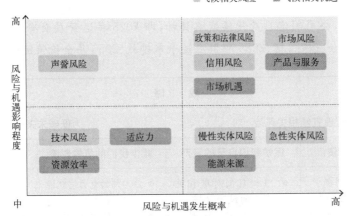

海通证券气候相关风险和机遇矩阵

海通证券气候相关风险及财务影响分析

风险类型	风险描述	潜在财务影响	管理措施
市场风险	随着"30·60"碳达峰、碳中和目标的提出，以及各项绿色金融政策的出台，资本市场对于绿色金融产品及服务的关注持续上升，如公司不主动开发绿色金融相关产品、挖掘相关市场机会，将处于市场竞争的劣势地位，不利于公司业务收入的增加。	营业收入减少投资组合价值降低	• 形成由董事会监督、发展战略与ESG管理委员会指导的气候变化风险管理体系 • 根据TCFD框架识别公司经营相关的气候相关风险及机遇 • 在客户尽职调查过程中，关注包括环境、气候相关风险在内的ESG风险
政策和法律风险	随着气候相关政策不断出台，公司、客户及投资标的可能因无法满足政策和监管要求面临违约、处罚、诉讼等事件造成损失。	营业收入减少投资组合价值降低	
信用风险	气候变化风险可能对公司担保的客户产生影响，导致公司需要承担更多的损失；对公司投资的债券产生影响，导致公司的投资收益降低；对公司提供两融业务和股权质押的客户产生影响，导致公司的风险敞口增加；对公司的信用评级产生影响，评级机构可能因公司未充分考虑气候变化风险而降低评级。	营业收入减少营业成本增加	

海通证券气候相关机遇及财务影响分析

机遇类型	风险描述	潜在财务影响	管理措施
市场机遇	低碳经济背景下，市场对绿色金融的产品(如绿色债券、绿色投资)的需求会增加，创新开发气候友好型产品和服务有利于带来未来收入增长空间。	营业收入增加投资组合价值增加	• 发展绿色金融业务，为节能环保、新能源等绿色产业提供金融服务 • 开发节能环保、碳中和主题基金等绿色金融产品 • 坚持节能环保原则，开展节能技术改造，积极打造绿色数据中心
产品与服务	公司为开发和创新低碳产品和低碳技术的气候友好型企业提供金融服务或投资该类企业，可为公司带来收入增长空间。	营业收入增加投资组合价值增加	

资料来源：https://www.htsec.com/ChannelHome/20191210019/5891992.shtml。

4) 气候相关指标与目标

披露组织按照其战略和风险管理流程评估气候相关风险和机遇时使用的指标,以及制定的目标及达成情况(见表 6.12)。

表 6.12 IFRS S2 气候相关指标与目标披露要点

IFRS S2 建议披露事项	具体披露内容
4.1 与跨行业指标类别相关的信息	<ul><li>温室气体排放情况</li><li>气候相关转型风险,即易受气候相关转型风险影响的资产或业务活动的数量、总额和百分比</li><li>气候相关物理风险,即易受气候相关物理风险影响的资产或业务活动的数量、总额和百分比</li><li>气候相关机遇,即与气候相关机遇有关的资产或业务活动的数量、总额和百分比</li><li>资本配置,即为应对气候相关风险和机遇而发生的资本支出、融资或投资金额</li><li>内部碳价格,包括主体在决策过程中是否及如何应用碳价格的说明,以及用于评估其排放成本的温室气体排放的价格</li><li>薪酬,包括主体是否以及如何将气候相关因素纳入高级管理人员薪酬方案,以及受气候相关因素影响的高级管理人员当期薪酬占当期总薪酬的比例</li></ul>
4.2 与特定商业模式、经济活动和表明主体参与某一行业的共同特征相关的特定行业指标	<ul><li>主体应当披露与一个或多个特定商业模式、经济活动和其他表明主体参与某一行业的共同特征相关的行业特定指标。在确定主体披露的行业特定指标时,主体应当参考与《实施〈国际财务报告可持续披露准则第 2 号〉的行业特定指南》(以下简称《行业特定指南》)中所述披露主题相关的特定行业指标,并考虑其适用性</li></ul>
4.3 主体为缓解或适应气候相关风险,或最大程度利用气候相关机遇而设定的目标,以及法律法规要求主体实现的目标,包括治理机构或管理层用于计量实现这些目标的进展的指标	<ul><li>其为监控实现战略目标的进展而设定的气候相关定量或定性目标,以及法律法规要求主体实现的目标,包括温室气体排放目标</li><li>其如何设定和复核每个目标以及如何监控每个目标实现进展的信息</li><li>每个气候相关目标实现情况的业绩信息,以及对主体业绩趋势或变化的分析</li><li>关于温室气体排放目标的具体内容</li></ul>

【案例 6-7】 中国平安制定运营碳中和及投资组合近零排放目标

- **2030 年内实现运营碳中和**

通过优先节能、购买绿电、自发绿电等手段推进自身运营的碳中和。

- **探索投融资组合近零排放**

选取煤电、钢铁、水泥、有色、造纸、航空、石油、化工八大高排放行业的重点及典型客户,估算投融资排放数据。

采取措施积极部署业务低碳转型,包括:加大绿色金融发展力度,提高近零资产占比;开发转型金融产品,推动高碳资产低碳转型;降低棕色资产和其他资产增速,严控煤炭行业资产规模;在适当时机开始部署对碳捕捉技术(CDR)的投资。

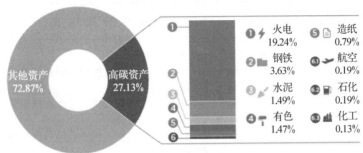

贷款余额总碳排放占比分布

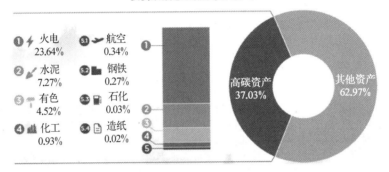

投资余额总碳排放占比分布

资料来源:https://www.pingan.com/app_upload/images/info/upload/72349a0e-2d4e-47e0-8a8a-63cc2ad0f800.pdf。

6.3.3 气候相关情景分析应用

情景分析是在面对不确定条件下,针对一定范围内、未来可能发生的情况,识别及评估相关潜在影响。对内帮助企业建立长期的战略图景,在面对风险和突发事件时,及时有效地做出正确的决策;对外帮助投资者了解组织的战略和财务计划的稳健性,以及比较各组织的风险和机遇。情景分析方法既可以是定性的描述性分析,也可以是定量的,或是两者的结合。

与传统的金融风险相比,气候相关风险具有前瞻性、不确定性高和时间跨度长的特点,情景分析可为气候相关风险评估及披露提供更多的数据支持。

气候情景大体上可划分为两类:一类是物理情景,即探究气候变化引起的地球物理系统影响模式并阐明可能产生的升温范围的情景;另一类是转型情景,即阐明不同政策结果(如温升程度)以及可能实现预期温度上升等结果的能源和经济路径。

联合国政府间气候变化专门委员会(IPCC)、国际能源署(IEA)、央行与监管机构绿色金融网络(NGFS)均提出了相应的气候情景。其中,NGFS 在其 2020 年 5 月发布的《监管者指南:将气候相关的气候风险纳入审慎监管》中明确指出,监管机构将要求金融机构开发必要方法和工具(如情景分析和压力测试)以确定物理风险和转型风险的规模和等级,NGFS 情景为金融机构的气候情景分析建立了良好的基准(见表 6.13)。

表 6.13　NGFS 提出的三类六种气候情景

有序情景	即到 2100 年,全球温升控制在 1.5℃～2℃,具体又细分为 1.5℃温升情景（2050 净零情景）和 2℃以下温升情景两种
无序情景	即到 2100 年,全球温升虽控制在 1.5℃,但转型过程是无序的,具体又细分为因为政策执行不平缓造成的不统一的净零情景和因为政策执行延迟、技术更新慢造成的延迟情景
温室世界	即全球温升高于 2℃,具体又细分为温升 2.5℃的国家自主贡献情景和温升 3.0℃或以上的没有采取任何政策行动的情景

在情景分析具体应用层面,根据 TCFD 情景分析建议,组织机构应通过以下方式将情景分析作为其战略规划和/或企业风险管理过程的一部分:

① 确定和界定一系列情景,包括 2℃的情景,提供未来潜在气候状态的合理多样性;

② 评估现有战略计划对一系列情景的潜在复原力;

③ 利用②的评估,调整战略和财务计划,提升组织对可能发生的气候相关风险和机遇的战略和业务复原力。

对于金融机构而言,情景分析主要用于测试其管理的资产和投资组合的弹性,以便了解其在气候风险方面的脆弱性以及提升韧性的管理措施。图 6.4 概述了气候情景分析方法的评估原理。联合国环境规划署金融倡议(UNEP FI)在针对资管等金融机构的研究报告中提出,在采用 TCFD 建议的情景分析方法时,需要注意以下五个关键组成要素:

① 选择(或设计)一系列情景。情景应探讨与气候变化相关的若干关键不确定因素,例如,转型方面的政策时机和严格程度、相对技术成本,以及物理风险方面的极端天气事件的严重性和发生频率的演变、海平面上升等长期气候变化的发展。

② 选择金融风险建模方法。气候风险可以纳入不同的金融建模方法,因此,必须确定使用哪套方法建模,例如,是使用宏观经济方法(从宏观经济影响到资产类别影响),还是自下而上方法(从资产层面现金流影响到资产类别影响),或者是两种方法结合使用。

③ 衡量行业和资产类别层面的潜在风险。要衡量未来潜在路径的金融影响,第一步是衡量行业面临的总体风险。

④ 衡量企业层面(证券发行人)的风险。机构投资者可以更深入地分析不同投资组合受气候相关风险和机遇影响的程度。具体方法包括选择一种财务建模方法来量化企业层面的影响。

⑤ 汇总投资组合层面的风险。对投资组合的风险进行汇总,让投资者全面了解其面临的气候相关风险和机遇,进而披露投资组合层面和机构层面的信息。

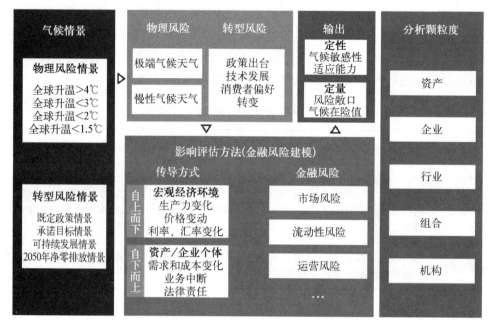

图 6.4　气候情景分析方法的评估框架

目前由于情景分析的方法论还在不断完善中,且金融机构数据可得性较低,中国金融机构开展气候情景分析还处于非常初级的阶段。建议中国金融机构结合公司气候风险管理所处的阶段,不断提升管理水平:

① 适时引入情景分析,循序渐进地推进情景分析的深度和广度。金融机构可先确定所需分析的风险范围(如某项实体风险)、营运范围(如所涵盖的业务部门、位置、地点或资产),选择假设的情景等,由易向难,即先从定性风险分析、特定范围、单一情景开始,逐步过渡到更为复杂的分析情景。[1]

② 分批测算投资组合及其碳排放数据,为情景分析提供数据支持。金融机构气候情景分析数据的一大难点在于对投资组合碳排放数据的测算,金融机构可以先从可获得性较高的上市公司碳排放数据入手,按照业务规模占比,对重点行业碳排放数据进行分类收集或估算,再逐步扩大行业范围或标的数量,提升测算精准度。

【案例 6-8】　中国平安开展气候情景分析

为更好地预测潜在气候风险的影响,平安基于央行与监管机构绿色金融网络(NGFS)所制定的假设情景开展气候情景分析,以加强对气候风险的评估和管理,规划减排路径。

2022 年度,平安探索了三种 NGFS 情景,分别为"温室世界"情景的"国家自主贡献"子情景、"有序转型"情景中的"低于 2℃"子情景,以及"无序转型"情景中的"分歧的净零排放"子情景。

---

[1] https://www.syntaogf.com/products/tcfdnf2023.

三种情景下的气候政策和温度演变假设、具体描述及气候风险水平如下：

情景类别	温室世界	有序转型	无序转型
子情景	国家自主贡献	低于2℃	分歧的净零排放
政策雄心	2.6℃	1.6℃	1.4℃
政策反映	国家自主贡献	即时且顺利	即时但行业间存在差异
科技变革	缓慢变化	温和变化	快速变化
碳移除技术应用	轻-中度使用	中-高度使用	轻-中度使用
区域政策差异	中度差异	轻度差异	中度差异
情景描述	●《联合国气候变化框架公约》公布的到2022年3月底前承诺的、有条件的国家发展计划得到全面实施，但在全球范围内的努力不足以阻止明显的全球变暖	● 气候政策被及早地引入并逐渐变得更加严格，减排技术被充分利用； ● 2060年，中国的预测总二氧化碳排放量趋近于"双碳"目标	● 政府未能协调各行业间气候政策的严格程度，建筑和交通行业比能源供应和工业行业的去碳化进程更快，而导致成本升高
气候风险水平	高物理风险	低物理风险、低转型风险	高转型风险

注：NGFS情景是由包括REMIND-MAgPIE在内的3个成熟的综合评估模型（IAMs）生成的。其中REMIND（区域投资与发展模型）是一个能源经济的一般均衡模型，将宏观经济增长模型与自下而上的工程能源系统模型联系起来。将宏观经济、农业和土地利用、能源、水和气候系统结合到一个共同的数字框架中，从而使得分析这些组成部分内部和之间的复杂和非线性动态变为可能。模型对包括中国在内的12个地区二氧化碳排放量和各类气候变化相关因子（如地区能源消费量等）进行了预测，提供了以每五年为节点的预估值。平安对情景选择的依据详情内容请见NGFS官网。

[思考与练习]

1. 金融机构ESG风险管理受到哪些方面的关注？对金融机构的意义有哪些？
2. 金融机构业务端ESG风险管理需要哪些条线的参与？具体包含哪些阶段？
3. 金融机构开展气候情景分析的难点有哪些？目前已有的解决方案有哪些？

第 7 章　金融机构 ESG 信息披露与对外沟通

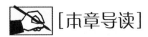[本章导读]

金融机构开展 ESG 信息披露与对外沟通时,除满足上市公司需要回应的证券交易所等通用性 ESG 信息披露要求外,还需要同时回应来自金融监管机构、投资者等利益相关方的关注重点,因此金融机构面对的 ESG 信息披露要求具有较为明确的行业特征。金融机构的 ESG 信息披露和对外沟通,本质是一个涉及监管机构、投资者、第三方、上市公司等多方参与的共同命题。除了面向金融机构的 ESG 披露规则与公司治理准则和要求,面向机构投资者的尽责管理守则(Stewardship Code)也需要得到重视。只有监管、机构、投资人及其他利益相关方达成充分沟通与共同参与,并在此基础上不断丰富和完善对外沟通体制机制,才能得以高效地实现 ESG 信息披露和对外沟通的目的。

7.1　金融机构 ESG 与环境信息披露

7.1.1　金融业 ESG 信息披露标准

金融业 ESG 信息披露有其特殊之处。相比于其他行业企业,金融机构的信息披露,一方面,要包括企业经营信息,以及金融资产情况;另一方面,由于行业面对较强的监管要求,在信息披露的目标上也包括回应金融监管部门的关注重点。这两个方面构成了金融业 ESG 信息披露的两大特点。

ESG 信息披露是指企业将环境、社会、公司治理等信息,在社会责任报告、可持续发展报告和环境、社会及管治报告等载体中披露出来,以展示企业在环境、社会、公司治理方面的管理实践水平,以此体现企业在可持续经营与发展方面的潜力。环境信息披露是专指企业在环境方面的对于污染治理、环保节能、绿色产品创新等方面信息的披露。近年来,企业越来越关注 ESG 和环境信息披露,各方对其研究也不断深化,信息披露标准更全面和系统。[1]

按照上市公司对 ESG 或环境信息披露制度要求遵守力度的不同,可以将 ESG 或环境信息披露分为强制披露、半强制披露和自愿披露三类。强制性 ESG 或环境信息披露是

---

[1] 曹思宇.我国 ESG 信息披露现状、问题与建议[J].会计师,2022(04):7-8.

各国政府或监管机构通过出台明确的法律法规或管理办法,要求企业披露 ESG 相关信息,包括要求所有或满足一定条件的上市公司必须进行 ESG 或环境信息披露。半强制 ESG 或环境信息披露则要求公司对 ESG 或环境信息"不披露就解释"。自愿性 ESG 或环境信息披露是企业在没有强制要求的前提下,根据非政府组织或交易所制定的信息披露框架,主动进行 ESG 或环境信息披露。

按照上市公司 ESG 或环境信息披露的频率和时间范围,可将其分为定期报告和临时报告中的 ESG 或环境信息披露。定期报告包括年度报告和中期报告,中期报告又可分为半年度报告和季度报告。定期报告(如年报)、可持续发展报告等都对 ESG 或环境信息有一定的披露。临时报告包括股东大会决议公告、董事会决议公告、监事会决议公告,其他重大事项也会由一些中介机构同时发布信息,如回访报告、评估报告和审计报告、律师见证报告,这些报告可能会在某些方面反映公司 ESG 或环境信息披露情况。随着 ESG 信息披露与对外沟通受到的关注度逐渐提升,越来越多的上市公司通过在官方网站上建立 ESG 专栏的方式,实现 ESG 与环境信息的不定期、及时披露,对外沟通的方式和渠道进一步拓展。

7.1.2 信息披露的必要性

全球范围内,越来越多的国际组织发布了 ESG 管理与信息披露的框架和指引,如联合国责任投资原则组织(UNPRI)提出的责任投资原则(PRI)、全球报告倡议组织(GRI)的可持续发展报告指南等。全球有 30 多个国家和地区的交易机构提出了 ESG 信息披露要求,部分交易所提出强制披露要求。

近十年,我国 ESG 披露的相关政策经历了快速发展的历程。2012 年 8 月,香港联交所发布《ESG 报告指引》,作为上市公司自愿性披露建议,并于 2019 年 12 月确定新版内容,将披露要求全面调整为"不披露就解释",上升为半强制披露要求。2018 年,证监会发布修订后的《上市公司治理准则》,规定上市公司应当依照法律法规和有关部门的要求,披露环境信息以及履行扶贫等社会责任相关情况,形成了 ESG 信息披露基本框架。2019 年,上交所发布《科创板股票上市规则》,其在第四章(内部治理)第四节(社会责任),提出信息披露、环境保护、生产及产品安全、员工保护、科学伦理五点要求。2020 年 9 月 4 日,深交所修订《上市公司信息披露工作考核办法》,纳入 ESG 报告加分项。2020 年 9 月 25 日,上交所发布《上海证券交易所科创板上市公司自律监管规则适用指引第 2 号——自愿信息披露》,纳入 ESG 信息披露内容。2021 年 2 月,证监会发布《上市公司投资者关系管理指引(征求意见稿)》,要求纳入环境保护、社会责任和公司治理(ESG)信息。2021 年中国人民银行发布《金融机构环境信息披露指南》行业标准,ESG 披露要求被纳入金融监管框架。2021 年 6 月,证监会发布《年度报告的内容与格式》《半年度报告的内容与格式》,新增"第五节 环境和社会责任"。2022 年 1 月,沪深交易所更新了《上市规则》,首次纳入了 CSR 相关内容,包括在公司治理中纳入 CSR、要求按规定披露 CSR 情况、损害公共利益可能会被强制退市三个方面。同月,上交所还通知,科创 50 指数成分公司应在年报披露的同时披露社会责任报告。[1]

---

[1] http://www.syntao.com/newsinfo/2803657.html.

在投资者层面,企业的ESG信息披露满足了多元化的投资衡量需求,使投资者能够结合市场环境、社会环境做出更合理有效的投资决策。当环境、社会的议题逐渐成为主流,越来越多的投资者加入了"负责任"投资行动的行列,响应UNPRI的负责任投资原则,越来越多的投资主体通过信息披露了解上市公司是否将ESG理念纳入经营管理体系,评估其ESG表现,将投资标的ESG表现纳入投资决策过程,对ESG主题产品的需求快速增长。这些趋势反映了ESG信息披露对于投资者的重要性,迫使企业尤其是上市公司、公开发债主体不断提升ESG信息披露的质量。

在企业层面,考虑到当前全球气候风险与环境问题的严峻性,以及金融机构自身转型的迫切性,ESG信息披露工作已不单纯是为了完成履行社会责任、推进经济和社会可持续发展的要求,而是能够通过向金融机构施加社会责任约束,引导其更加注重短期盈利和社会责任之间的平衡,抑制过度逐利倾向,从而有助于从源头有效识别与管理金融风险,并将其融入战略决策、财务管理等流程,从而开辟新的业务领域、寻找新的利润增长点。[1]

具体而言,ESG信息披露质量良好对企业声誉具有积极影响,能够增强客户黏性,改善公司运营,提升公司财务绩效。加强ESG信息披露工作有利于提升防范长期风险的能力,提升企业可持续发展能力。特别是在面临极端下跌环境中,企业将具有更强的抗风险能力。

在监管和评级层面,ESG评价和监督有赖于完善的ESG信息披露制度,ESG信息披露是评级机构做出评价的重要基础。只有公司披露ESG信息,监管机构和评级机构才得以展开相应工作。ESG的披露逐渐形成了诸多具体而可行的框架,可作为监管的有效工具。ESG监管和评级要求有助于企业明确在ESG实务中需要着重改进和加强的薄弱环节,推动企业持续深化ESG实践。

因此,ESG信息披露不仅成为全球企业,特别是上市公司的关注重点,还成为政府主管部门、行业监管机构、投资者、企业各利益相关方着重关注的内容。作为ESG管理工作的重要环节,ESG信息披露既是企业优化内部治理和风险管控的保障,也是增强外部利益相关方信心、提高外部信息透明度的重要方式。

此外,"ESG投资提供了对公司的拓展性认识……引进ESG理念进一步拓宽了公司的概念,公司是充分互动的,具有相对独立性的,内嵌于自然、社会的共同体。"[2]从这个角度来说,ESG信息披露也传达出公司在社会环境中的重新定位,提供了对企业做出综合性价值判断的视角。

7.1.3　ESG与环境信息披露的关系

环境信息披露,是现阶段ESG信息披露过程里中国企业关注度较高、各方关注度也比较高的重要板块。一方面,是因为社会效益相对于环境效益很难有一致性的标准,在度量上也有一定的"瓶颈",未来需要市场参与者等各方努力才能达成行业共识;另一方面,这与我国信息披露的发展历程和相关政策有关,也受到我国明确提出碳达峰、碳中和目标的推动。

---

[1] https://iigf.cufe.edu.cn/info/1012/3598.htm#.

[2] https://www.casvi.org/h-nd-1468.html.

我国ESG投资的发展主要分为三个阶段：社会责任理念的形成与倡导自愿披露责任报告（2008年以前）；社会责任报告自愿披露和强制披露相结合（2008年至2015年9月）；进一步完善社会责任报告披露制度（2015年9月至今）。

1）社会责任理念形成与倡导自愿披露责任报告阶段

我国ESG信息披露的实践已经有20多年的时间，最初的实践以自愿披露为主，通过相关政策措施的积极倡导，鼓励企业进行与企业社会责任相关的披露。2002年1月7日，中国证监会与国家经贸委联合发布《上市公司治理准则》，其中第八十六条明确指出"上市公司在保持公司持续发展、实现股东利益最大化的同时，应关注所在社区的福利、环境保护、公益事业等问题，重视公司的社会责任"。同时，对信息披露与透明度做出了具体要求，其中包括公司治理信息的披露，此举被认为是监管机构明确企业社会责任的第一步。

2003年9月22日，原环保总局发布《关于企业环境信息公开的公告》，要求超标准排放污染物或者超过污染物排放总量规定限额的污染严重企业披露环境保护方针、污染物排放总量、企业环境污染治理、环保守法、环境管理五类环境信息。另外，还包括自愿公开的环境信息，对于部分污染严重的企业自愿与强制披露相结合，此举被认为是国内企业环境信息披露要求的第一步。

2005年11月12日，原环保总局发布《关于加快推进企业环境行为评价工作的意见》，使用绿色、蓝色、黄色、红色、黑色分别进行标示，并向社会公布，以方便公众了解和辨识。与此同时发布《企业环境行为评价技术指南》，明确了企业环境行为的评价标准，要求各地选择适合当地情况的环境行为评价标准类别。

2006年9月25日，深交所发布《深圳证券交易所上市公司社会责任指引》，其中第三十三到十六条鼓励上市公司建立社会责任制度，将社会责任报告对外披露，但不具有强制性，仍属于自愿披露阶段。这响应了联合国责任投资原则（UNPRI），充分借鉴了国际市场经验。

2007年1月30日，中国证监会发布《上市公司信息披露管理办法》规范发行人、市公司及其他信息披露义务人的信息披露行为，加强信息披露事务管理。为后续的ESG相关信息披露奠定了法律和行政法规基础。

2007年4月11日，原环保总局公布《环境信息公开办法（试行）》国家鼓励企业自愿公开企业环境信息并给予相应奖励。

2007年12月29日，国务院国资委印发《关于中央企业行社会责任的指导意见》，其中第十八条提出建立社会责任报告制度有条件的企业要定期发布社会责任报告或持续发展报告，公布企业履行社会责任的现状规划和措施，属于自愿披露要求。

在此阶段，国内有关监管机构为推进经济社会可持续发展，充分借鉴国外社会责任的发展经验，结合我国发展情况，逐步形成社会责任理念以倡导鼓励自愿披露报告的形式为主，为后续ESG投资理念在国内的发展打下了良好的基础。

2）社会责任报告自愿披露与强制披露相结合阶段

2008年5月14日，上交所发布《关于加强上市公司社会责任承担工作的通知》及《上海证券交易所上市公司环境信息披露指引》，明确要求上市公司披露与环境保护相关且能对股价产生影响的重大事件，被列入环保部门的污染严重企业名单的上市公司需要及时披露相关信息。

2008年12月30日,上交所和深交所分别发布《关于做好上市公司2008年年度报告工作的通知》,要求纳入"上证公司治理板块"及"深证100指数"的上市公司、发行境外上市外资股的公司及金融类公司披露社会责任报告。此举被认为是监管机构强制要求企业披露社会责任报告的第一步。

2012年12月14日,中国证监会发布《公开发行证券的公司信息披露内容与格式准则第30号》,明确了创业板上市公司年度报告的内容与格式,要求社会责任报告应经公司董事会审议并以单独报告的形式披露,且包括公司治理的实际状况的披露。上市公司社会责任报告的要求由此逐步清晰明确。

2013年4月8日,深交所发布《上市公司信息披露工作考核办法》,上市公司信息披露工作考核结果依据上市公司信息披露质量从高到低划分为A、B、C、D四个等级。其中按规定应当披露社会责任报告的,未按照规定及时披露的企业信息披露工作考核结果不得评为A。对不按规定披露社会责任报告的企业降低评级,进入自愿与强制披露相结合的阶段。

在此阶段,国内监管机构明确社会责任报告披露的实施细则,强制性披露的法律法规应运而生,推动了ESG投资理念的进一步完善。

3)进一步完善社会责任报告披露制度阶段

2016年8月31日,人民银行、财政部、国家发改委、环境保护部、原银监会、证监会、保监会七部委联合发布《关于构建绿色金融体系的指导意见》,构建绿色金融体系也上升为国家战略要求,统一和完善有关监管规则和标准,强化对信息披露的要求,其中明确提出要"逐步建立和完善上市公司和发债企业强制性环境信息披露制度"。

2016年12月30日,上交所发布《关于进一步完善上市公司扶贫工作信息披露的通知》,全面细化了上市公司扶贫相关社会责任工作的信息披露要求,强调了企业在扶贫相关方面应履行的社会责任。

2017年6月12日,原环保部与证监会联合签署《关于共同开展上市公司环境信息披露工作的合作协议》,共同推动建立和完善上市公司强制性环境信息披露制度,督促上市公司履行环境保护社会责任。

2017年,上交所和深交所分别成为联合国可持续证券交易所倡议组织(UN Sustainable Stock Exchange Initiative,SSE)第65家和第67家伙伴交易所,这有助于借鉴国际成功经验,进一步丰富绿色债券、绿色证券指数等绿色金融产品序列,完善我国上市公司的可持续性信息披露框架。

2018年6月1日,A股被正式纳入MSCI新兴市场指数,这是中国资本市场对外开放进程中的又一标志性事件。所有被纳入的A股上市公司需要接受ESG评级,其中不符合标准的公司将被调低评级,或从该ESG指数中剔除。

2018年9月30日,中国证监会修订《上市公司治理准则》,增加了第八章"利益相关方、环境保护与社会责任",确立了环境、社会责任和公司治理(ESG)信息披露的基本框架,要求上市公司披露环境信息以及履行扶贫等社会责任相关情况。

2018年11月10日,中国证券投资基金业协会发布《中国上市公司ESG评价体系研究报告》和《绿色投资指引(试行)》,发布上市公司ESG绩效的核心指标体系,鼓励基金管理人关注环境可持续性,强化基金管理人对环境风险的认知,明确绿色投资的内涵,推动基金行业发展绿色投资,改善投资活动的环境绩效,促进绿色、可持续的经济增长。自此我国上市公司开始将衡量ESG披露质量作为投资决策参考的重要信息。

在此阶段,社会责任报告披露制度得到进一步完善,监管机构对实施细则进行修订,向投资者传达更加可靠且有效的上市公司社会责任信息,相关研究机构提出了具体的量化评价模式。此外,部分国内上市公司被纳入ESG评级体系,实现了与国际的正式接轨,也开始面对国际ESG评级机构的考验,ESG信息披露的必要性被进一步强化。

通过我国ESG信息披露政策的主要发展历程不难看出,有关环境信息披露的政策制度较多,影响力也较大,推动了企业在具体实践中对环境信息披露的高度重视。在中国市场,ESG投资理念的快速发展得益于绿色金融的快速发展,绿色金融的快速发展很大一部分原因是自上而下的政策推动,与绿色金融相关的政策对金融企业以及实体企业环境信息披露产生了重要的影响。

7.1.4 国内外金融机构披露准则

1) 国际主流准则

为进一步促进金融机构细化落实联合国2030可持续发展目标(SDGs)和《巴黎气候协定》,联合国环境规划署分别于2012年和2019年相继发布针对保险业金融机构、银行业金融机构和证券业金融机构的ESG实践原则,对不同类型金融机构业务端的ESG策略整合及信息披露进行了区别要求,即《可持续保险原则》(PSI)、《负责任银行原则》(PRB)与《负责任投资原则》(PRI)。

2017年6月,气候相关财务信息披露工作组(TCFD)发布《气候相关财务信息披露工作组建议报告》,以"治理、战略、风险管理,以及指针和目标"为组织运作的四个核心因素,对金融机构开展环境信息披露提供了相关建议。在治理和战略层面,金融机构需要描述董事会和管理层对气候相关风险的监督管理情况,以及不同气候情境下的策略适应性与灵活性[1];在"风险管理"和"指标与目标"层面,金融机构需要描述气候相关风险的识别、评估和管理流程,以及评估风险管理成效所使用的指标和设定的目标。

对于银行业金融机构,《负责任银行原则》要求银行确保其业务战略与SDGs和《巴黎协定》保持一致,在目标层面要求银行不断提升正面影响,减少因自身业务活动、产品和服务对人类和环境造成的负面影响;在客户、利益相关方、公司治理维度规范银行行为;要求银行定期评估个体和整体对原则的履行情况,公开披露银行的正面和负面影响及其对社会目标的贡献,并对相关影响负责。除针对银行业金融机构的《负责任银行原则》外,TCFD也在针对金融产业的补充指引中,要求其在策略层面对短、中、长期内的相关风险与机会进行鉴别;在风险管理层面要侧重描述其风险识别与评估的流程;在指标与目标方面则是重点关注银行在评估气候相关风险和机会时所使用的指标。

对于证券业金融机构,《负责任投资原则》(PRI)要求其在资产管理实践中,将ESG议题纳入投资分析和决策过程,成为积极的所有者并适当披露其自身的ESG资讯,进一步推动

---

[1] https://finance.sina.com.cn/zl/esg/2020-12-01/zl-iiznezxs4587297.shtml.

整个投资行业接受并实施 PRI 原则,从而创造一个经济高效、可持续的全球金融体系。除针对证券业金融机构的 PRI 外,气候相关财务信息披露工作组(TCFD)也在针对金融产业的补充指引中,要求资产管理人在策略层面加强对策略内容和策略灵活性(考虑不同气候相关情境)的披露;在风险管理层面要侧重描述其风险识别、评估和管理的流程;在指标与目标方面则是重点关注其在评估气候相关风险和机会时所使用的指标以及温室气体排放情况。

对于保险业金融机构,《可持续保险原则》(PSI)首先要求保险业将 ESG 议题与保险公司的业务决策过程相结合,鼓励保险公司针对 ESG 领域的可保风险点进行产品创新,分摊客户及社会的 ESG 风险,该项原则体现了保险行业的独特性。此外,还要求保险公司定期披露在实施 PSI 原则方面的进展,展示公司问责机制和决策透明度,并与客户、监管机构、评级机构等开展对话。除针对保险业金融机构的 PSI 外,TCFD 也在针对金融产业和非金融产业的补充指引中,要求资产所有者在策略层面加强对策略内容和策略灵活性(考虑不同气候相关情境)的披露;在风险管理层面要侧重描述其风险识别、评估和管理的流程;在指标与目标方面则是重点关注评估气候相关风险和机会时所使用的指标。[1]

在具体的国家和区域层面,美国 ESG 信息披露的监管机构为美国证券交易委员会(SEC),纽约证券交易所及纳斯达克交易所。对于 ESG 或者可持续信息的披露要求,主要来源于 SEC 对上市公司的法规和披露文件要求。在这两个证交所上市的公司不仅要满足证交所对其的信息披露要求,同时也受 SEC 的监管。目前两大证券交易所纳斯达克、纽交所均不强制要求上市公司披露 ESG 信息,本着自愿原则鼓励企业在衡量成本和收益时考量 ESG。美国金融机构编写 ESG 报告时主要参考以下国际标准:《可持续发展报告标准》(GRI)、可持续性会计准则(SASB)、气候相关财务信息披露工作组(TCFD)标准、负责任投资原则(PRI)等。

欧盟 2014 年修订《非财务报告指令》要求员工数超过 500 人的大型企业必须披露 ESG 信息,成员国应于 2016 年 12 月前开始遵守,由此欧盟国家 ESG 信息披露开始快速发展。2021 年 4 月欧盟通过《企业可持续发展报告指令的提议》(CSRD),扩大发布报告的对象范围至所有的大型企业和上市公司。对于金融机构而言,2021 年《金融服务业可持续金融信息披露条例》(SFDR)生效,投资公司应进行 ESG 风险分析并发布产品和公司层面的 ESG 披露,分为 2022 年之前和之后两个阶段。欧盟 ESG 信息披露相关政策演进如表 7.1 所示。

表 7.1 欧盟 ESG 信息披露政策演进

时 间	颁布机构	主 要 内 容	涉及领域	涉及对象
2007 年	欧洲议会 & 欧盟理事会	首次发布《股东权指令》,强调良好的公司治理与有效的代理投票的重要性	公司治理	上市公司、金融机构
2010 年	欧洲可持续投资发展论坛(EuroSIF)	发布《回应关于金融机构公司治理和薪酬政策的公众咨询》,建议将 ESG 与公司董事会、股东参与、薪酬等相联系	公司治理	上市公司、金融机构

---

[1] https://finance.sina.com.cn/zl/esg/2020-12-01/zl-iiznezxs4587297.shtml.

续　表

时　间	颁布机构	主　要　内　容	涉及领域	涉及对象
2014 年	欧洲议会 & 欧盟理事会	颁布《非财务报告指令》(NFRD)，首次将 ESG 纳入政策法规，要求员工人数超过 500 人的上市公司、银行等大型公共利益公司应披露 ESG 相关信息，披露内容包括环境问题、社会事务和员工待遇、尊重人权、反贪污贿赂和公司董事会的多元化。NFRD 于 2017 年 1 月 1 日生效	ESG 信息披露	上市公司
2016 年	欧盟委员会	修订《职业退休服务机构的活动及监管》(IORP)，将 ESG 纳入私人养老金投资的治理和风险管理决策，并对外披露 ESG 议题细节	ESG 信息披露，ESG 投资，ESG 风险管理	金融机构
2017 年	欧洲议会 & 欧盟理事会	修订《股东权指令》，指出股东应当参与上市公司的 ESG 议题，而且机构投资者作为上市公司的股东，还应对外披露参与被投资上市公司 ESG 议题与事项的具体方式、政策、结果与影响	公司治理	上市公司、金融机构
2020 年	欧盟证券和市场管理局 (ESMA)	发布《可持续金融策略》，表示将在四项活动中整合 ESG 相关因素的战略，呼吁建立对 ESG 认知的共识以及对 ESG 议题监管趋同的重要性	ESG 投资，ESG 风险管理	金融机构
2020 年	欧盟委员会	发布《欧盟可持续金融分类方案》(EU Taxonomy)的最终报告，用于引导投资流向可持续项目和活动，以辅助实现欧盟 2030 年的气候和能源目标并实现《欧洲绿色协议》的目标	环境，ESG 投资	金融机构
2021 年	欧盟委员会	通过《企业可持续发展报告指令的提议》(CSRD)等关于可持续发展的系列政策，CSRD 将取代 2014 年发布的 NFRD，将强制 ESG 信息披露的范围扩到所有大型公司、上市公司	ESG 信息披露	上市公司
		《金融服务业可持续金融信息披露条例》(SFDR)生效，投资公司应进行 ESG 风险分析并发布产品和公司层面的 ESG 披露，分为 2022 年之前和之后两个阶段	ESG 信息披露、ESG 投资	金融机构
2022 年	欧盟委员会	提出 REPowerEU 计划，从节能、能源供应多样化及加速推广可再生能源三方面取代家庭、工业和发电领域的化石燃料，快速推动欧洲清洁能源转型	环境	上市公司

续 表

时间	颁布机构	主要内容	涉及领域	涉及对象
2022年	欧盟委员会	通过金融市场参与者在根据《可持续金融披露条例(SFDR)》披露可持续性相关信息时使用的技术标准,规定了须披露信息的确切内容、方法和呈现方式,提高了披露质量和可比性	ESG信息披露、ESG投资	金融机构
		高票通过《公司可持续发展报告指令(CSRD)》提案,CSRD将报告主体扩大至欧盟所有上市公司和大型企业,强制使用统一报告标准,增加自身业务和上下游产业的碳排放量披露。CSRD的生效标志着欧盟成为全球首个采用统一披露标准的地区	ESG信息披露	上市公司

2) 国内主要要求

我国香港地区2012年8月由香港联交所发布首版《环境、社会及管治报告指引》,2015年12月修订版引入"不遵守就解释"条文,港股上市公司ESG信息披露在2016财年实现跃升。当前我国香港地区ESG信息披露要求为强制披露规定＋"不遵守就解释"。

中国人民银行于2021年7月22日发布了《金融机构环境信息披露指南》,在金融机构信息披露的原则、频次、形式、内容等方面做出了具体规定,涵盖了金融机构自身运营和金融业务两大层面的环境影响。在环境影响与风险量化分析方式上,针对不同金融机构提出了不同要求。

商业银行需披露的环境影响包括概述整体投融资情况及其对环境的影响;行业投融资结构较之前年度的变动情况及其对环境的影响;客户投融资情况及其对环境的影响;代客户管理的绿色投资资产及变动情况;绿色投融资政策执行效果;绿色投融资案例;绿色供应链及其对环境的影响。在环境影响量化测算方面,对于典型节能项目与典型污染物减排项目,应依据项目立项批复文件、项目可行性研究报告或项目环评报告中的节能减排种类和相应数据进行填报,若相关文件未给出相应节能减排量数据,则根据原银保监会规定的公式进行测算。

资产管理机构投资需披露的环境影响包括概述整体投资情况,基于资产管理产品直接投资项目企业的环境信息披露情况和绿色投资规模占资产管理产品投资总规模的比例,报告资产管理机构投资的环境影响;行业投资结构较之前年度的变动情况及其对环境的影响;绿色主题资产管理产品发行或运作情况;绿色投资策略执行效果;督促被投资企业改善环境绩效及提高环境信息披露水平情况。

保险公司需披露的环境影响包括承保活动产生的环境影响,将环境因素纳入风险管理,持续研究和监控气候变化等相关风险的情况;概述主要绿色保险产品与服务的基本情况;绿色投资策略及执行效果;将保险资金投资于绿色投资产品及相关保险资金的运作情况;环境污染责任保险承保情况;除环境污染责任保险以外的绿色保险承保情况;鼓励披露协助环境污染责任保险投保企业提升环境风险管理水平的相关情况;绿色保险产品与服务较之前年度的变动情况,并鼓励披露其对环境的影响。

2022年6月1日,原银保监会发布《银行业保险业绿色金融指引》,针对银行保险机构在绿色金融及ESG风险管理方面提出了要求。在信息披露方面要求公开绿色金融战略和政策,充分披露绿色金融发展情况。借鉴国际惯例、准则或良好实践,提升信息披露水平。对涉及重大环境、社会和治理风险影响的授信或投资情况,应当建立申诉回应机制,依据法律法规、自律管理规则等主动、及时、准确、完整披露相关信息,接受市场和利益相关方的监督(参见表7.2)。

表7.2 金融业信息披露核心议题与指标内容[1]

实质性议题	指标	指标说明	指标性质
绿色金融	绿色金融业务	绿色金融业务的总额占比和增速测算,包括但不限于绿色贷款、绿色证券、绿色股权投资、绿色租赁、绿色信托、绿色理财等	定量
	绿色金融业务风险	以绿色金融业务金融风险总额占比和增速测算,根据《银行业金融机构绿色金融评价方案》,绿色金融业务风险总额是指未按约定交割的绿色金融业务总额(如不良绿色贷款余额、超期未兑付的绿色债券余额)	定量
	绿色产品投资	以绿色产品投资总额占比和增速测算	定量
	机构支持绿色产业发展情况	包括支持绿色项目发展资金规模、利率、投向、放款计划、贷后管理等	定性
气候风险管理	温室气体排放总量	金融机构的温室气体排放总量(吨二氧化碳当量)	定量
	绿色贷款项目实现节能减排	主要测量金融机构在节能减排方面的溢出效应,以通过绿色贷款项目实现的项目主体节能减排量核算,按照水、标煤、二氧化碳等进行分类核算(万吨)	定量
	"两高一剩"行业贷款	金融机构针对"两高一剩"行业的贷款余额占比及其下降趋势	定量
普惠金融	普惠金融业务	以普惠金融总额占比和增速测算,普惠金融业务包括惠农贷款、小微贷款等	定量
	普惠贷款利率	以普惠金融业务的贷款利率测算	定量
服务实体经济	支持民营企业	为民营企业提供的贷款总额(亿元)	定量
	支持国家重大战略相关项目	为国家重大战略相关项目提供的贷款总额(亿元)	定量
	支持基础建设项目	支持基础建设项目贷款总额(亿元)	定量

---

[1] 王大地等.中国ESG发展报告[M].经济管理出版社,2022:76—78.

续 表

实质性议题	指 标	指 标 说 明	指标性质
客户隐私和数据安全	客户隐私和数据安全制度	描述识别和处理客户隐私和数据安全风险的方法、制度及体系建设	定性
	客户隐私和数据安全培训	客户隐私和数据安全培训的活动次数（次）、参与人员数（人）、活动覆盖率等	定量
	客户隐私和数据安全泄露	客户隐私和数据安全泄露事件次数（次）及受影响的客户数（个）和经济损失总额（万元）	定量
	避免外部欺诈风险事件	避免外部欺诈风险事件次数（次）及客户资金损失总额（万元），避免外部欺诈风险包括堵截伪冒开户、伪造印鉴、电信网络诈骗、伪造变造票据等事件	定量
销售合规性	投资者教育培训	投资者教育培训的活动次数（次）、参与人员数（人）、活动覆盖率等	定量
	法律诉讼	与产品销售和服务相关的法律诉讼（次）所造成的总损失金额（万元）	定量
	客户反馈	客户投诉数（次）、客户办结率、客户综合满意度及NPS值（净推荐值）	定量
金融科技	金融科技服务渠道拓展	包括PC渠道用户数占比和交易额占比、手机App渠道用户数占比和交易额占离柜业务比、自助设备覆盖率	定量
	金融科技服务增效降本	智能投顾业务笔数占比和金额占比，手机App渠道金融服务场景数量（个）和民生服务场景（个）、业务自动化程度、业务处理时间、单账户成本	定量
	金融科技研发	金融科技基础研究，以专利申请授权数量（件）和软件著作权数量（件）测量；自研业务系统开发，以自研系统投入占比测量	定量
	金融科技投入	资金投入，以金融科技方面的科技投入金额（亿元）和占比测量；人才投入，以金融科技人员占比、金融科技相关培训平均人次（人）、金融科技人员变动率测量	定量
金融风险管理	风险管理政策和机制	涵盖信用风险、资产风险、市场风险、流动性风险等方面的风险管理政策和机制设计情况	定性
	银行压力测试	是否开展了银行压力测试，开展次数及针对测试结果的描述	定性
	风险管理培训	风险管理培训的活动次数（次）、参与人员数（人）、活动覆盖率等	定量

续 表

实质性议题	指　　标	指　标　说　明	指标性质
金融风险管理	风险水平	流动性风险(流动性比例、核心负债依存度、流动比率);信用风险(不良资产率、单集团客户授信集中度、全部关联度);市场风险(累计外汇敞口头寸比例、利率风险敏感度);操作风险(操作风险损失率)	定量
	风险迁徙	正常贷款迁徙率、不良贷款迁徙率	定量
	风险抵补	盈利能力(成本收入比、资产利润率、资本利润率);准备金充足程度(资产损失准备充足率);资本充足程度(资本充足率)	定量

专栏 7-1

以 ESG 投资产品为例的披露信息要求

ESG 投资产品提供的信息,应与 ESG 投资的特性具有实质相关性,涉及以下四个方面。

第一,ESG 投资或以降低投资风险为目的,或以符合价值取向、达成可持续发展目标为目的。前者常以纳入 ESG 因素的方式,降低传统投资所忽略的 ESG 风险。后者常以某些具体的 ESG 投资策略,使投资符合资产所有人的价值观或达成社会的可持续发展目标。但无论哪种,ESG 基金在此都有别于传统基金,故应在招募说明等材料中表明产品目的。

第二,基金会根据目的采用合适的投资策略,涉及不同的选股方式及标准。基金应该对如何选择合适的策略来达成目标做出明确说明,并指出相应的 KPI。

更具体地,ESG 投资有负面剔除法、同类最佳法、可持续主题法、积极股东法等七种策略,背后各有理念,而其使用关乎基金目标。特别是,当基金以降低风险理由而纳入 ESG 因素时,会以负面剔除法或 ESG 整合法作为投资策略,而 KPI 应表明该策略对财务回报的影响。当基金以低碳为目标时,可采用同类最佳法选股,从母体样本中挑出碳密度最低的企业,而 KPI 应表明基金碳密度,并将其和特定基准做比较。当基金以舒缓水稀缺问题为可持续发展目标时,则以可持续主题法作为策略,而 KPI 应表明该策略对于相关问题的改善。另外,当基金以优化企业 ESG 政策为目标时,可以积极股东法和企业互动,通过提案权和投票权来促成实质改变,此时 KPI 应表明互动的议题、方式、次数、具体成果等。

第三,ESG 投资不能只基于直观,而应以可靠的数据来源作为选股基础和计算各项 KPI 的依据。数据来源包括自行开发的独有数据、从外部认购的付费数据等,但无论来源为何,基金都应标明,并说明如何通过这些数据来度量企业的 ESG 表现,并形成评估 ESG 产品绩效的 KPI。

第四,ESG 投资固有其与 ESG 特性关联的明确目标,但也不能违反社会的基本价值。因此,ESG 投资通常还会制定符合社会伦理底线的目标,这些是社会默认的基本底线,故又称为隐含目标。ESG 投资相关的底线伦理多以负面清单表述,基金选股时会避免其上所列项目。因此,ESG 投资产品也会被要求披露对于伦理底线的遵循及追踪情况,包括相关的数据来源。

3)ESG 基金的信息披露

依据欧盟新法令,可持续金融产品的市场参与者,须在 2021 年春季完成其主要的披露责任。但有些市场参与者已提前完成披露,荷宝资产管理公司就是其中一个案例。

【案例 7-1】 荷宝资产管理公司可持续投资与信息披露实践

荷宝资产管理公司(以下简称"荷宝")擅长可持续投资,旗下有健康生活、新材料、可持续价值等多只可持续发展导向的公募基金。荷宝依据其负面剔除政策,拟订了一个排除清单。它更自建了一个 SDGs 评级框架,通过该框架及内嵌的三阶段流程,将企业的产品、生产方式及所涉争讼纳入考虑后,对其 SDGs 贡献做出全面评判。企业的 SDGs 得分可以为负、为零或为正,范围从 -3 到 +3,越高越好。

荷宝旗下有一只可持续水资源股权基金,依据欧盟的《可持续金融分类方案》,该基金属于具有"可持续投资目标"的产品,须对涉及的可持续性目标、投资策略、可持续性评估法、数据来源、绩效指标等,分别做出披露。

目标方面,该基金以 SDG♯6(清洁饮水与卫生设施)、SDG♯3(良好健康与福祉)、SDG♯14(水下生物)、SDG♯15(陆地生物)四个 SDG 为可持续投资目标,投资于能推进这些 SDGs 的企业。特别是,基金所投资的企业或位于水资源价值链的供给侧,或其产品与技术能提高水资源价值链的效率,故被投资方涉及水资源的基础设施、自来水的输送、废水的收集和处理等。

投资策略方面,该基金采用主题式可持续性评估,纳入可持续性标准,从可持续性投资母体中挑出商业模式能支持基金目标的企业,并剔除涉及 ESG 争议的企业。

可持续性评估法方面,基金通过可持续性指标来度量它对可持续投资目标的推进,共包括四点。第一,基金采用可持续主题投资法,只投资在合格投资母体下的企业。第二,基金只投资在 SDG 得分为正、为零或较小负值的企业。第三,被投资方的行为及产品都须符合荷宝的负面剔除政策。第四,基金经理人会定期审查可持续性目标及指标的合格性。

可持续性数据来源方面,该基金主要的数据来源是荷宝通过主题式研究法所自建的可投资母体。为了形成这个数据库,基金经理人及分析师会定期对市场进行结构式审核,发掘能针对可持续发展挑战开发产品与服务的企业,而原始材料来源有彭博、Sustainalytics 等外购数据库、企业发布的信息,以及荷宝对企业的 SDGs 评分。

基于各企业的 SDGs 得分,荷宝可得出基金的 SDGs 得分,以反映基金的 ESG 绩效。

基金的 ESG 绩效会和某指定基准相比,以显示其对 SDGs 的推进情况。以明晟世界指数作为比较基准,该基金在四个 SDG 上的绩效表现都远胜于基准指数。

依欧盟新法令,基金另须对风险、损害及底线伦理进行披露。在可持续性风险的控管方面,基金确认它会面对的气候风险及 ESG 风险,指出风险辨识方法、风险管控流程,以及这些风险对基金财务回报可能产生的影响。在"无重大损害"方面,基金披露了如何确保不会对本基金未纳入的其他可持续性目标造成重大伤害,其中包括对经常违反底线标准的被投资公司,基金如何积极监督,如何避免其违反 ESG 行为准则。

此外,基金还披露与被投资方的互动情况及参与成效,包括基金的投票政策、参与政策,以及用以评估被投资方治理实践的政策等。

7.1.5 金融机构 ESG 与环境信息披露现状与建议[1]

在报告形式上,近几年独立刊发 ESG 报告的企业占比大幅上升。已有较多金融机构(如兴业证券、招商银行、中国平安等),根据央行《金融机构环境信息披露指南》、国际气候相关财务信息披露工作组(TCFD)披露框架披露气候环境信息,发布环境信息披露专项报告已成为金融机构 ESG 信息披露新趋势。与此同时,随着 2023 年 6 月国际可持续准则理事会(ISSB)发布了《国际财务报告可持续披露准则第 1 号——可持续相关财务信息披露一般要求》(下文简称"S1")和《国际财务报告可持续披露准则第 2 号——气候相关披露要求》(下文简称"S2"),两份文件将对中国金融机构 ESG 信息披露产生重要的趋势性影响,也将影响中国监管机构及证券交易所的 ESG 信息披露相关政策。

与传统的企业社会责任报告(CSR 报告)相比,ESG 报告的信息披露目标和主要面对的利益相关方有所不同。视角方面,CSR 报告强调多利益相关方视角,关注的群体比较广泛;ESG 报告主要从资本市场的投资者角度出发,聚焦企业 ESG 绩效与股东回报的关系。应用方面,CSR 报告应用场景较多,可能出现在企业的供应链管理、品牌营销、社区沟通、员工管理等领域,这些部门都可能成为 CSR 工作的管理部门;ESG 报告更多的应用场景聚焦在资本市场,特别是在投资者、评级机构与上市公司之间,企业内部一般是投资者关系管理部门负责 ESG。近年来受到证券交易所信息披露要求和 ISSB 发布 S1 和 S2两份文件的影响,独立的 ESG 报告正在从 CSR 和可持续发展报告中分拆出来,也有越来越多的金融机构发布气候环境信息的专项披露报告。

在报告参考标准上,企业编制 ESG 报告主要会以所在证券交易所的强制性 ESG 信息披露要求为基础,同时随着 ESG 评级关注度的提升,近几年在 ESG 报告中整合 ESG评级机构的关注点也成为重要趋势。在此基础上,企业如需要考虑多元利益相关方的诉求,可进一步编制企业社会责任报告,整合其他多元报告披露标准,如全球报告倡议组织《可持续发展报告标准》(GRI Standards)、SDGs 企业行动指南、TCFD 框架、SASB 准则、联合国全球契约十项原则等。总的来说,企业应根据其业务特性、行业特点及公司经营所

---

[1] 资料来源包括《投资银行业与经纪业操作手册(2021 年)》《环境、社会与管治报告操作手册》《香港上市公司环境、社会及治理报告调研(2021 年)》等。

在地的要求，参考其他相关报告准则编制 ESG 报告，以满足不同场合的需求。

在具体议题披露层面，应对气候变化已经成为全球共识，在我国"双碳"战略目标提出的背景下，气候环境信息披露的重要性日益显现。金融机构作为服务实体经济的重要主体，做好包含信息披露在内的气候相关风险管理，对于防范由气候风险引发的系统性金融风险也具有重要意义。而从当前企业的披露实践来看，金融机构在气候议题方面的披露情况有待提高，既包括 ESG 报告中气候变化议题的披露情况，也包括发布专项环境信息披露报告的情况。在开展气候相关信息披露时，国际标准方面，由于 TCFD 的监督职责已全部移交给 ISSB，金融机构可重点关注 S2 气候相关披露的具体要求，从"治理、战略、风险管理、指标和目标"四大方面来完善自身气候相关议题的管理与披露实践，旨在使利益相关方能够了解企业为应对气候变化风险采取的举措和取得的绩效。国内标准方面，金融机构可参考《金融机构环境信息披露指南》《银行业保险业绿色金融指引》等相关要求，完善对自身经营和业务端环境影响的信息披露，既包括对气候相关风险的防范，也包括通过绿色金融产品创新等方式把握气候相关机遇。其中，在重点行动方面，建议中国金融机构加强董事会和管理层在评估和管理气候相关风险和机遇方面的职责，识别、分析与公司业务及运营相关的气候风险与机遇，并评估其对公司的业务、战略和财务规划的实际和潜在影响。在开展运营层面碳核算的同时，核算投融资组合的碳排放，识别和评估投融资组合的气候风险暴露水平，推动投融资组合低碳转型。

在报告披露质量方面，信息完整性、量化信息披露、报告鉴证，仍然是中国金融机构需要重点关注和提升的方面。在信息完整性方面，企业的信息披露范围应与其财务报告合并报表范围保持一致。目前企业在 ESG 报告披露上存在不完整的现象较多，如仅披露了 ESG 报告范围，但没有说明与财务报表的差异，这可能会降低报告的可信度与代表性。在量化信息披露方面，数据的可比性需要进一步提升。部分企业只披露了当年绩效数据，缺少之前年份的数据以及未来的绩效目标，从而不具有时间上的可比性。建议企业在撰写 ESG 报告时能满足报告边界与框架的完整性，加强信息量化与可比性，提升整体报告可靠性与可读性，否则很难被利益相关方实际采用。在 ESG 报告鉴证方面，目前拥有第三方机构鉴证过的 ESG 报告仍较少。希望上市企业能够通过独立的第三方审验机构对报告进行质量检验，增强报告和审验的独立性，提升报告信息的可靠性，提升投资者在检视报告资料时的信心。相对应地，企业在编制 ESG 报告的过程中，应加强内部 ESG 相关信息和数据的存档规范，留存与 ESG 相关的会计账簿、支持文件以及其他必要的信息和证据，以满足鉴证机构的抽样审核要求。

部分企业 ESG 信息披露方面的短板，仍然受制于企业内部 ESG 管理水平的情况，主要体现在 ESG 治理与管理架构、ESG 管理目标设定等方面。在披露 ESG 治理与管理信息方面，仅有少数企业完整披露了 ESG 治理架构以及董事会的管理责任。董事会应提升其对 ESG 管治的规范程度与透明度，制定具体政策并向投资者披露相关政策文件，规范内部的治理流程，更公开地接受社会监督。同时，董事会应加强对 ESG 战略管理，站在长期可持续发展的高度规划 CSR 战略与管治架构制定清晰且量化的 ESG 管理目标，实现 ESG 定量管理与提升。随着利益相关方对 ESG 领域关注度的提升，除定性定量信息披露外，披露 ESG 目标是大势所趋。企业已认识到设定 ESG 目标对企业实现可持续发展的重要性,但仍需强化 ESG 数据管理水平与理论知识积累,在此基础上根据自身情况制定合理、可行的 ESG 目标,并对外披露,以更好地回应交易所、监管机构、投资者等相关方对于企业 ESG 管理的诉求。与此同时,虽然董事会对 ESG 的监管参与度逐年上升,但对于 ESG 目标进度检讨的工作开展情况依然不理想。建议企业建立包括董事会(ESG 委员会)、高级管理层及 ESG 工作小组等各层面的 ESG 工作组织架构,明确各层级的责任和职权范围,完善 ESG 管理和 ESG 报告的汇报机制。通过开展实质性评估等方式识别公司的重要 ESG 相关事宜,打造具有公司特色的 ESG 战略,制定具有指导意义的 ESG 管控目标,并投入相应资源来支持目标实现。

7.1.6 以银行业为例对环境信息披露情况的具体分析

1)银行环境信息披露现状

2012 年,原银监会制定的《绿色信贷指引》规定,银行业金融机构应当公开绿色信贷战略和政策,充分披露绿色信贷发展情况,但对绿色信贷所产生的环境效益未作具体要求。2013 年,原银监会制定的《绿色信贷统计制度》要求 21 家主要银行统计环境安全重大风险企业、节能环保项目及服务的信贷情况,并每半年报送银监会。2018 年,原银监会在其官网上集中披露了 2013 年至 2017 年 6 月末国内 21 家主要银行绿色信贷的整体情况,为便于社会公众更加清楚地理解相关指标内涵,还随披露信息发布了《绿色信贷统计信息披露说明》。2020 年,原银保监会在《绿色信贷统计制度》的基础上制定了《绿色融资统计制度》,新制度扩大了银行绿色业务的统计范围,细化了绿色融资项目分类,增加了节能减排指标。

根据联洲信评(UCCR)ESG 专项小组的统计,截至 2023 年 12 月 10 日,A+H 股银行业主动披露 2021 年度 ESG 相关报告的上市公司有 62 家。2022 年、2023 年连续发布 ESG 报告的 A 股银行业上市公司共有 42 家[1]。综合来看,首先,上市银行总体表现较好的有两个方面:一是绿色金融管理体系的披露,近九成的上市银行均表示遵循或制定了绿色金融相关的管理办法或意见,约五成的上市银行披露了与绿色金融相关的治理结构;二是在绿色投融资活动的类型、业务量情况方面的披露。其次,上市银行在绿色环境影响和绿色运营数据的披露方面水平偏低,主要表现为两个方面。一方面,多数披露报告宣传功能较强,未突出企业对外部性的研判与定量分析,环境信息的整理与披露实质上是构建其与财务分析一体化的风险预警与价值创造体系,其成果应当反映在企业战略调整上;用经营数据、公益慈善、工会活动等良好表现拼凑的社会责任报告,更像是宣传册,这类报告多数提及企业战略,也有些报告涉及财务以外的风险分析,但多为定性描述,让使用者无法获悉进一步明确的信息。另一方面,披露报告的参考标准不一,甚至是否为独立报告也因行而异,可比性较低。

(1)绿色投融资活动的环境影响信息披露情况

由于各家银行投融资客户或项目的性质以及核算依据的文件和版本不同,所涉及的折合减排或节约的类型并不完全相同,可比性较低。例如,在温室气体排放总量核算方法方面,建设银行根据国家发展和改革委员会刊发的《2015 年中国区域电网基准线排放因

---

[1] https://news.sohu.com/a/761205134_114984.

子》及政府间气候变化专门委员会(IPCC)刊发的《2006年IPCC国家温室气体清单指南》进行核算。邮储银行根据生态环境部刊发的《2019年度减排项目中国区域电网基准线排放因子》及IPCC刊发的《IPCC 2006年国家温室气体清单指南2019修订版》进行核算。交通银行采用《上海市旅游饭店、商场、房地产业及金融业办公建筑温室气体排放核算与报告方法(试行)》的计算系数核算。披露绿色投融资活动折合减排或节约量数据的上市银行数量不足五成。其中，披露了绿色信贷项目类的不足三分之一，披露了绿色债券项目类的不足十分之一，披露绿色租赁项目类和绿色金融融资项目类的各一家。另外，有三家银行以单一案例形式举例披露了绿色信贷项目的环境效益情况。同时，还发现上市银行对投融资产生的环境风险披露程度低、关注度不足。已披露数据的上市银行除因投融资对象的性质和核算方式导致的数据差异外，存在数据披露不完整不全面的问题，对气候风险尤其是转型风险的分析水平较弱。

(2) 绿色运营活动的环境信息披露情况

绿色运营主要指银行在机构自身运营(主要为办公环节)中所消耗的资源、能源情况，所排放的污染物情况，所测算的温室气体排放情况等，以及为减少环境影响实施的措施。目前，绿色运营数据的统计范围不同。一方面，不同银行的披露范围不同：有的选择披露全行及下属分支机构，有的仅披露总行机关，有的选择总部和几家代表性机构披露。其中，建设银行统计范围最广，包括总行办公场所、10个城市分行全辖营业机构和27个省、区分行本部办公场所。另一方面，不同银行对机构不同资源消耗和排放物种类的统计口径不同。造成数据统计范围不同的原因主要有：有些银行分支机构和网点众多，且部分涉及境外，统计成本高，未能将统计工作部署至基层；有些银行的办公区域用水用电归属物业管理，难以单独计量。

2) 银行环境信息披露面临的挑战

2017年12月，中国银行业协会印发《中国银行业绿色银行评价实施方案(试行)》制定了"绿色银行评价打分表"，其中专门设置了"内控与信息披露"的定性指标考察银行信息披露情况。2019年12月，《中国银保监会关于推动银行业和保险业高质量发展的指导意见》提出"银行业金融机构要建立健全环境与社会风险管理体系，将环境、社会、治理要求纳入授信全流程、强化环境、社会、治理信息披露和与利益相关方的交流活动"。2021年6月，《银行业金融机构绿色金融评价方案》的定性指标中明确要求银行披露"执行国家及地方绿色金融政策情况、机构绿色金融制度制定及实施情况、金融支持绿色产业发展情况等"信息。2021年7月，中国人民银行正式发布《金融机构环境信息披露指南》(以下简称"《指南》")，对金融机构环境信息披露形式、频次、应披露的定性及定量信息等方面提出要求，并根据各金融机构实际运营特点，对商业银行、资产管理、保险、信托等金融子行业定量信息测算及依据提出指导意见，为中国金融机构开展环境风险管理、识别经营及投融资活动的环境影响、拓展绿色金融创新等工作的管理和披露做出专业提示。《指南》的发布标志着我国金融机构环境信息披露试点工作已取得一定成效，金融机构环境信息披露进入有政策引导、有依据可循的阶段。

(1) 绿色投融资活动环境影响核算时面临的挑战

银行在计算绿色投融资活动的环境影响时可能会发现如下问题：未建立系统性的统

计复核流程,数据统计过程混乱、效率低下;未开展日常统计工作,导致编制报告时,统计工作量大,无法确保数据的完整性;未将统计工作延展到业务前端,导致相关报告中数据缺失,无法获取原始数据;未统一计算标准,未对填报人员进行培训,导致各分支机构计算方式不统一,无法保证数据的准确性。

(2) 在披露自身经营活动环境影响时面临的挑战

银行在披露自身经营活动环境影响时可能面临如下问题:分支机构众多,手工统计工作量过大,数据类型复杂,错报可能性较高;数据指标体系设计不完善,无法高效、准确、完整地统计基层数据;填报工具过于复杂且缺少必要培训,导致填报人员无法完整理解应填报何种数据;具备基础数据的统计基础,但不知道如何按监管要求进行统一单位的数据折算。

(3) 披露环境风险压力测试时面临的挑战

在披露环境风险压力测试时,银行可能面临以下问题:如何获取压力测试所用数据,如何确保数据的可用性,所获取数据的颗粒度能否满足分析需求;环境风险和气候变化风险的时间跨度通常很长,通常采用的短期模型是否适用;不同行业、不同地区面临的风险差异很大,测试模型是否足够完善以应用于多个行业;企业可能缺乏测试所需要的涉及环境与气候相关的信息和数据,以及解读数据的专业能力。

3) 银行环境信息披露工作的建议

在"双碳"目标下,环境相关信息披露要从基础的资源消耗数据、节能环保成效、环境政策变化影响的定性分析等,关联起银行所面临的物理风险与转型风险敞口、银行战略在相应风险情景中的韧性及其调整方向。

(1) 绿色投融资活动环境影响核算的建议

绿色投融资活动环境影响的计算较为复杂,建议银行尽量收集并使用项目可行性研究报告、项目立项批复文件和项目环评报告等相关项目文件中的数据进行统计。若相关项目文件未给出相应节能减排量数据,但提供了基础数据,则可根据原银保监会发布的《绿色信贷项目节能减排量测算指引》,查找对应项目类型的计算公式进行计算。在缺乏节能减排量测算相关专业人员的情况下,为提高该数据的披露质量,银行也可委托具有相应资质和专业能力的第三方进行协助。为了持续提高该指标的披露质量,建议银行规范该数据的日常统计、管理及复核机制,将统计工作延伸至业务前端,最好将该数据收集和统计流程融入业务管理系统,要求业务前端向项目方收集绿色项目的环境影响数据及数据支持文件,并定期复核。数据管理部门每季度或每半年度可统计相关数据,并对数据支持文件进行抽查。

(2) 绿色运营活动环境影响量化测算的建议

在数据填报工作的初期,建议银行首先明确数据统计口径及流程,使用统一数据报送模板,并对填报人员进行必要的培训,同时可借鉴统计基础较好、管理较规范的运营点,将其数据收集与统计经验扩展至全行。银行因其业务特点具有众多的分支机构,为了逐步实现全行范围的数据统计,建议银行搭建绿色金融信息管理系统,其中包括环境绩效测算功能,将数据统计工作电子化,便于统计全公司环境数据,降低数据统计工作量,降低数据错报风险。针对数据缺乏可靠依据的情况,建议金融机构加强原始凭证的保存和整理工作,同时要求分支机构妥善保存原始数据来源,并定期抽查,确保相关数据可追溯、可披露。

(3) 开展环境风险压力测试披露的建议

银行应注重培养内部专家团队,同时借助外部专家力量和相关资源开展气候与环境风险的分析工作,优先选择重点行业进行试点评估,逐步提升评估能力,通过行业试点熟悉分析方法和积累经验,并探索适合自身的风险评估模型。对于气候与环境风险情景、模型变量之间的关系等,建议银行参考国际通用情景,并采纳其他外部数据作补充延伸,如直接运用权威国际机构或是由金融监管部门给定的情景[1]。

【案例 7-2】 光大银行 ESG 披露案例

中国光大银行《2018 年企业社会责任报告》的排放物数据披露为"规范性数据披露"做出了良好示例。数据披露首先说明统计口径"包含中国光大银行总行及境内以及分行机关",其次在批注中对计算公式与方法做出了详细说明,如"温室气体核算按二氧化碳当量呈列,并根据中国国家发展和改革委员会刊发的《2015 中国区域电网基准线排放因子》及政府间气候变化专门委员会(IPCC)刊发的《2006 年 IPCC 国家温室气体清单指南》进行核算"。在《中国光大银行 2022 年度社会责任(环境、社会及治理)报告》,继续对 ESG 关键绩效进行单独披露,充分考虑 ESG 评级市场对上市公司 ESG 表现的关注。在环境绩效方面,对排放物、资源使用、环境及天然资源、气候变化四个指标进行了重点披露。

7.2 金融机构 ESG 与投资者关系管理

7.2.1 投资者关系管理的动力

金融机构作为资本市场金融服务的专业提供方,在价值发现、资源配置、风险管理方面承担着重要角色。将 ESG 信息引入投资者关系管理,一方面,可以直接有助于金融机构以机构投资者的身份更有效地评定企业综合价值;另一方面,金融机构本身连通着大量的个人投资者,金融机构在自身业务中整合 ESG 因素,对于丰富投资者的投资选择、辅助投资者决策,具有重要意义。

1) 宏观层面

近年来,国家全力推进碳达峰、碳中和工作,加快建立健全绿色低碳循环发展经济体系。企业是推动碳达峰、碳中和的主体,上市公司的 ESG 行为对社会与环境影响巨大,因此有必要加强上市公司投资者关系管理,契合绿色发展新理念和推动生态文明建设的要

---

[1] https://www.thepaper.cn/newsDetail_forward_16969290.

求,在管理中纳入对ESG因素的考量。

同时,投资者关系管理也与资本市场许多政策目标相一致,如要建立长期稳定的资本市场、扩大更高水平双向资本市场开放等。投资者与上市公司健康的互动,可以使投资者更好地了解上市公司,同时也让投资者的一些理念影响到上市公司,促进上市公司的良性发展和资本市场的有序运行。相反,不健康的互动会使上市公司只看到投资者提出问题的制约性,投资者也会因看不到公司许多需要公开的信息而对其失去信任,最终因信息不对称而造成较大的投资风险敞口,不利于资本市场的发展。

2) 投资者角度

我国拥有全球规模最大、交易最活跃的投资者群体,且中小投资者占比较大。中国证券业协会发布的《2021年度证券公司投资者服务与保护报告》指出,截至2021年底,我国个人股票投资者已超过1.97亿,基金投资者超过7.2亿,个人投资者占据较大比例。投资者对于公司治理话语权逐渐增强的要求和目前相对弱势的状态构成了一对矛盾,维护投资者的利益、协调投资者和公司之间的关系势在必行。

在保护投资者利益的议题中,强化投资者关系管理是一个重要内容,也是提高上市公司信息披露质量的重要举措。随着资本市场全面深化改革、证券市场基础制度的不断完善,对上市公司投资者关系管理提出了更高的要求。在资本市场双向开放的背景下,投资者关系管理需要与境外市场进一步接轨,互联网的发展也为投资者关系管理带来新的改变。

投资者对于上市公司价值的衡量逐渐从只考虑营运能力、盈利能力等财务指标到对非财务指标的重视。ESG所关注的环境影响、社会影响和公司治理三个维度代表着核心的非财务指标,这些指标体现的是公司对于长期价值创造与维持的重视、正确决策背后的体制建设和创新,以及规避内部和外部风险的能力。公司在信息披露和沟通交流中传达出的ESG信息是投资者判断公司价值、做出投资决策的重要参考,是投资者评估企业非财务风险和可持续发展潜力的重要依据。在ESG方面指标优异的企业一般有着较高的内在综合价值、较长期的持续经营能力和较强的抗风险能力。

许多研究都证实了ESG指标的重要性,这进一步要求投资者突破传统仅以财务指标判断公司价值的思维。对全球超过2 200项ESG投资研究的一项综合分析表明,ESG投资与回报之间存在正相关关系,或者说,90%的研究显示两者之间至少非负相关。PRI专门针对中国市场开展了此项研究,并发布了《中国市场的ESG与Alpha》报告。尽管中国目前累积的ESG数据不如美国系统、完备,但是基于对中国和新兴市场已有的MSCI ESG数据进行定量分析,同时结合对本地和国际投资者案例的深入研究,PRI在该项研究中对资产组合的分析结果显示,系统性选择具有优秀ESG特征的股票(同类最佳策略)的投资组合,或将ESG特征纳入股票权重(倾斜策略)的投资组合,在所研究的六年时间内创造了更高的超额收益(Alpha)[1]。还有研究发现,随着长期机构投资者的快速发展,投资者对公司披露ESG信息的需求也逐渐增加。

但也有研究认为目前学者在"ESG投资带来超额回报"命题上尚未得出一致性结论,

---

[1] https://index.caixin.com/2020-03-25/101533661.html.

实证结果大体指出,ESG投资可降低系统风险,但并不存在超额收益。在这个基础上,投资者行为就不能用财务动机来解释,而是关系到投资者的社会动机——社会情怀或是提升社会形象的需要。近年来已有学者开始以知觉定价法,或发掘投资人的社会偏好函数,或估算社会情怀的代价,研究结果肯定了社会动机对ESG资产持有的重要性[1]。

此外,我国企业的ESG信息披露情况整体落后于西方发达国家,还有待进一步发展,在ESG方面做的宣传教育并不充足。从这一角度来看,将企业ESG信息纳入与投资者的沟通内容,有助于加大对投资者在ESG领域的宣传教育,提升投资者对企业综合价值和可持续发展潜力的认知。

3) 上市公司角度

对上市公司而言,将ESG信息纳入与投资者沟通的内容有利于提高组织效率、树立良好的企业形象,并能反过来敦促企业自身加强在ESG领域的表现,吸引更多优质的投资者。

从环境维度来看,完善环境信息披露和沟通机制有助于企业进一步拓宽融资渠道。企业可以加强ESG方面投资者关系管理,并基于ESG国际化的特点、ESG作为度量主体可持续发展品质的国际通识,连接国内外投资者,以赢得良好信誉,进一步拓宽融资渠道,减低企业融资成本,为企业绿色环保技术改革和创新提供更多经验支持和技术发展。

从社会维度来看,气候变化带来的多国间和多国内社会矛盾在一定程度上越来越显著,企业社会维度的表现是传递影响力的核心要素。因此,企业在与投资者沟通的过程中强调社会表现,可以最高效地展现企业的综合影响力,进而吸引更多的国内外优质合作方。

从公司治理维度来看,建立有效的投资者关系管理,保证投资者关系管理的专业性可以提升多方利益相关方的意识统一,以保证碳中和路径在执行时的方向性统一和高效的同时,可积极调动和协调各方主体的专业性优势,赋能企业实现碳中和的达成效率[2]。

从企业风险管理维度来看,将与投资者的沟通纳入企业管理体制并加以重视,可以在宏观战略规划到执行、监督、评价等环节上接受投资者的建议并进行改良,通过投资方对各环节的认识发现不足之处,为企业路径规划及运行、维护阶段的管理决策提供及时的参考和修正。

从反面角度来说,近年来,上市公司在ESG方面的负面事件频发,在环境污染事件、个人隐私泄露、公司治理乱象等方面问题频出。许多争议事件的发生说明企业没有注重管理经营中的环境、社会和治理责任问题,未落实好利益相关方关系责任。ESG负面事件不仅会损害公司声誉,也会影响投资者对公司的信任和青睐,不利于公司的长远发展。

总之,企业和投资者重视ESG相关问题,加强沟通交流,建立良好的投资者关系管理方式,可以帮助双方更好地协调内部资源,提升可持续发展的能力,建立长期的合作关系,

---

[1] https://www.fx361.cc/page/2019/0910/10017823.shtml.

[2] https://weibo.com/ttarticle/p/show?id=2309404740772963680899.

从而增加信任度并提升影响 ESG 实践和绩效的能力。

7.2.2 投资者关系管理相关政策

2022 年 4 月 15 日,中国证监会发布《上市公司投资者关系管理工作指引(2022)》(以下简称"《指引》")。自 2005 年版《指引》发布后,时隔 17 年证监会发布新《指引》,体现了监管层对市场需求的回应,也意味着上市公司和投资者之间的关系管理将迈入一个新的阶段。

《指引》在投资者关系管理的沟通内容中首次纳入"公司的环境、社会和治理信息(ESG)",并于 2022 年 5 月 15 日正式施行,这为进一步规范上市公司投资者关系管理奠定了坚实的制度基础,也有利于加快国内上市公司规范化信息披露的发展进程。

《指引》在 2005 年版本基础上进一步明确投资者关系管理的定义、适用范围和原则,指出投资者关系管理是指上市公司通过便利股东权利行使、信息披露、互动交流和诉求处理等工作,加强与投资者及潜在投资者之间的沟通,增进投资者对上市公司的了解和认同,以提升上市公司治理水平和企业整体价值,实现尊重投资者、回报投资者、保护投资者目的的相关活动。它将原有的六大原则(即充分披露信息、合规披露信息、投资者机会均等、诚实守信、高效低耗和互动沟通)调整为合规性、平等性、主动性和诚实守信四条基本原则。平等性原则强调中小投资者保护,丰富信息披露线上形式,让不同类型的投资者平等分享上市公司的全面信息和发展红利。主动性原则强调开展主动型投资者关系活动,建立对外传递信息和对内反馈意见的双向传导机制,主动引导投资者正确预期。

《指引》进一步增加和丰富投资者关系管理的内容及方式。一是丰富了投资者沟通渠道,具体内容包括:在电话、传真等传统沟通渠道基础上,新增网站、新媒体平台、投资者教育基地等新兴渠道;对上市公司投资者关系管理工作的主要职责也一并明确。二是落实新发展理念的要求,在上市公司与投资者沟通内容中增加公司的环境保护、社会责任和公司治理(ESG)信息。三是明确上市公司建立健全投资者关系管理档案保管和利用机制。投资者关系管理沟通渠道更多样和工作职责更明确,意味着上市公司需更注重公司的品牌与形象建立。上市公司控股股东、实控人以及董监高要重视并参与投资者关系管理工作,综合运用互动平台、网络、视频、直播、现场交流等多种沟通方式,以期更加全面立体传递公司价值,树立在资本市场的良好口碑和形象。值得注意的是,《指引》对渠道的丰富表述,也意味着数字化转型新趋势,《指引》提及的平台(上证 e 互动、深交所互动易等),未来将会成为投资者关系沟通过程中的重点渠道,上市公司需要进行重点维护。

同时,ESG 信息的重要性开始凸显。投资者关系管理工作新增的主要内容中,ESG 内容是近年来"双碳"目标下上市公司日渐重视的部分,尤其对社保基金、境外保险资管、养老金等中长期机构投资者而言,ESG 绩效表现是能否进入投资标的池的重要标准。

健全投资者关系管理档案意味着股东管理更精细、与相关对象的沟通更广泛。一方面,上市公司的股东相对多元,既有个人也有机构,既有产业资本也有财务投资者,需要针对不同群体的关注点给出合适的回应;另一方面,资本市场投资者关系管理参与对象众多,除了买方投资者之外,还包括证券分析师、财经媒体、监管层及财经公关等第三方参与者,面对不同的对象需要做出适配回应。

《指引》进一步明确组织和实施内容,强化对上市公司的约束。一是提升了规则的可操作性,明确上市公司投资者关系管理的制度制定、部门设置、责任主体、人员配备、培训学习等内容。

二是强化上市公司"关键少数"的主体责任,明确了上市公司控股股东、实际控制人以及董事、监事和高级管理人员应当高度重视、积极参与和支持投资者关系管理工作。特别强调,一般情况下董事长或者总经理应当出席投资者说明会,不能出席的应当公开说明原因。针对上市公司与投资者沟通的重要载体——投资者说明会做出专门规定,存在《指引》中列示情形的(现金分红、重组、交易异常、重大事件、其他),上市公司应当按照中国证监会、证券交易所的规定召开投资者说明会。对上市公司控股股东、实际控制人、董事、监事、高级管理人员等提出要求,明确他们在投资者关系管理活动中的禁止情形。

三是倡导投资者提升股东意识,依法行权维权,形成理性成熟的投资文化。《指引》倡导投资者坚持理性投资、价值投资和长期投资的理念,积极参与上市公司开展的投资者关系管理活动,依法行使股东权利,理性维护自身合法权益。

四是多维度监督管理上市公司投资者关系管理的实施。明确中国证监会及其派出机构依法对上市公司投资者关系管理进行监督管理,对存在重大问题和违法违规行为的,依照相关规定采取监督管理措施或实施行政处罚;明确证券交易所、上市公司协会等自律组织制定自律规则进行自律管理;明确监管部门、自律组织和投资者保护机构,可以对上市公司投资者关系管理状况进行评估评价,发布良好实践案例和经验,促进上市公司不断提升投资者关系管理水平。

7.2.3 投资者与上市公司沟通 ESG 信息的主要障碍及建议

目前我国投资者关系管理行业发展尚不成熟,还存在以下三个问题。

第一,缺乏战略意识和组织保障。我国上市公司的投资者关系管理还处于起步阶段,不仅上市公司对投资者关系管理的认识不足,学术界对投资者关系管理的研究也有待丰富。在实践中,由于缺乏完善的法治、市场和制度环境,目前我国上市公司的投资者关系管理尚未上升至战略高度,投资者关系管理的组织结构不健全、制度保障缺失。

第二,整体负责人员专业性较低。在实践中,董事会秘书在上市公司内部普遍存在"低职高配"(低一级行政级别的人员担任比其本身行政编制高一级的职位)的情形,权限较小,无法精准高效地向投资者传达公司的战略定位和发展规划等信息。此外,我国上市公司中专职从事投资者关系管理的人员较少,专业化水平普遍较低,负责人员往往缺乏相应的财务、金融知识和从业经验,限制了投资者关系管理功能发挥和作用展现。

第三,数字化管理程度不高。在数字化经济时代下,部分上市公司开发了自主的董办信息化管理平台,提高了投资者关系管理的效率,但行业整体标准化数字化程度不高,也没有形成公司自身的特色投资者管理信息库。

对此提出如下六个方面的建议。

第一，做好信息披露。上市公司应发布ESG报告并逐步提升报告质量，以便能回应多数投资者的实质关切。因为ESG报告包含比较全面、丰富的ESG管理、绩效信息，应该成为上市公司与投资者沟通ESG信息的重要基础。通过与投资者建立更为主动的战略性沟通，配合高质量的信息披露及有效的投资者关系管理，能进一步畅通公司信息和外部信息的双向交互渠道，帮助公司消除与投资者之间的信息壁垒，赢得市场及投资者的信任与认可。

第二，丰富开展投资者关系管理的方式，提升新兴沟通渠道比例。根据上海证券交易所投资者服务部对沪市1 636家全部A股上市公司的调查（2019年7月1日至2020年6月30日），目前国内上市公司使用新兴渠道（如公司官网专栏和上证e互动）开展投资者关系管理的数量不多，采用实地参观、主动邀请投资者参与调研、举办路演等面对面交流的管理方式也较少，《指引》中特别提到的中国投资者网等平台的利用率也较低。

《指引》中明确规定上市公司需针对不同的投资者差异化开展各项工作，这意味着上市公司开展投资者关系管理的方式需要更加多元，要结合通讯、调研、访谈、参观、产品体验等多维度渠道，努力为投资者搭建立体化沟通平台，积极传递公司的文化内涵。

第三，完善利益相关方管理并定期开展调研，主动了解投资者等利益相关方对于公司的期望与诉求，进而精准开展ESG治理与实践。结合公司业务经营特点与优势，围绕ESG塑造企业责任形象和品牌，并应用多元渠道开展形象宣传与品牌深化等工作。利用数字化转型的时代机遇，构建智慧投资者关系数据库，建立健全投资者关系管理档案保管和利用机制。构建以投资者画像为基础的投资者关系数据库，可以帮助企业分析机构投资者的持仓结构、资金规模、投资偏好等，挖掘潜在投资者，不断扩容投资者类型。

第四，加强负责人员专业素质培养。丰富的媒体关系管理经验，扎实的公共传播知识体系和对新媒体平台的熟练运用，以及对公司战略定位和发展规划等信息的全面掌握是上市公司董办应具备的能力。因此，上市公司投资者关系负责人需要结合公司实际情况，运用时下热门的新媒体平台，帮助公司打造自有的对外传播渠道，实时更新公司内外最新动态，有效传达公司发展的关键信息，塑造品牌形象，提升市场知名度。

第五，提升内部控制与公司治理水平。内部控制对投资者关系管理水平存在显著的正向影响，且在股权集中度较低的公司，内部控制对投资者关系管理水平的正向作用更强。这也恰好说明，高效的投资者关系管理，是优秀公司治理的基本展现和外部延伸，上市公司应该充分认识内部控制的规范功能对提升投资者关系管理水平的正面作用，积极实施财政部等五部委颁布的内部控制基本规范及配套指引，从而通过内部控制的规范作用有效提升上市公司投资者关系管理水平。

第六，建立跨部门协调机制，如成立董事会及管理层层级的ESG委员会，提高内部ESG信息和资源协调的效率，将极大缓解投资者关系部门面临的投资者沟通压力。投资者关系部门只是与投资者沟通的窗口，本身并不生产信息，信息源通常来自其他职能和业务部门。如今，ESG投资者关心的大多是非财务问题，信息散落在公司各处，如战略部、人力资源部、公关部等，要建立有效的机制快速搜集相关信息，以便及时、有效地回复投资者。

7.2.4 利益相关方视角

对于上市公司而言，ESG管理背后是对包括投资者在内的多元利益相关方关注点的回应。其中，投资者通过掌握被投企业ESG信息、进行投资决策、行使股东权利等方式，可以对被投企业的ESG管理产生重要影响。

20世纪80年代之后，利益相关方理论得到较快的发展，为企业履行社会责任提供了良好的分析工具。1963年斯坦福大学的研究小组最先给出利益相关方的定义，他们认为利益相关方是"如果没有他们的支持，企业将不复存在的群体"[1]。关于利益相关方的定义目前已经有30种左右，其中最经典的定义来自Freeman等人，他们认为企业的利益相关方是能影响企业目标的实现或被企业目标实现所影响的个人或群体[2]。虽然ESG投资出现时间与利益相关方理论兴起时间有一定间隔，但是不可否认的是，利益相关方理论对于ESG投资的出现也有着重要的影响。

目前各学者关于利益相关方的边界没有统一的界定，但基本包括八类：股东、员工、债权人、消费者、供应商、社区、政府和其他组织。在对利益相关方的分类中，多维细分法已经成为主流，其主要目的是区分各利益相关方的重要程度。

Carroll提出的两种分类法得到了较多的支持[3]。第一种是根据利益相关方与企业关系的正式性和紧密性，将其分为直接利益相关方和间接利益相关方，前者包括由于契约或法律承认的利益而能对企业直接提出索取权的个人和团体，后者包括非正式利益关系的个人和团体。第二种是从核心利益、战略利益和环境利益三个角度来划分利益相关方，核心利益相关方是指对企业的生存发展至关重要的个人和团体，战略利益相关方是企业在面临特定威胁或机会时才显得重要的个人和团体，环境利益相关方反映了企业存在的外部环境。

利益相关方理论认为，企业的生存和发展不仅依靠股东的资本投入，还取决于雇员、消费者、供应商等利益相关方的投入。所有的利益相关方都对企业的发展有所贡献，并在企业运营中承担了风险，那么企业应该是所有利益相关方实现其权益主张的载体，而并非仅仅追求股东的利润最大化目标。由此，ESG投资披露信息中公司治理、反贿赂政策、反不公平竞争、风险管理、税收透明、投资者关系、公平的劳动实践、董事会独立性及多样性等指标，均是在利益相关方理论的影响下产生的。

以商业银行为例，除了股东、董事、高级管理人员及监事以外，商业银行的利益相关方还包括存款人及其他债权人、职工、客户、供应商、社区等。商业银行在处理与利益相关方之间的关系时应遵循的基本原则包括：

---

[1] Jeron Derwall, Kees Koedijk, Jenke Ter Horst. A Tale of Values-Driven and Profit-Seeking Social Investors[J]. Journal of Banking and Finance, 2011, 35(8): 2137-2147.

[2] Jeffrey S. Harrison, Freeman R. Edward. Stakeholders, Social Responsibility, and Performance: Empirical Evidence and Theoretical Perspectives [J]. The Academy of Management Journal, 1999, 42(5): 479-485.

[3] Carroll. Paving the Rocky Road to Managerical Success[J]. Supervisory Management, 2003, 24(3): 9-13.

① 银行与利益相关方积极合作，共同推动银行持续、健康地发展；

② 银行应为维护利益相关方的权益提供必要的条件，当其合法权益受到侵害时，利益相关方应有机会和途径获得赔偿；

③ 银行应向存款人及其他债权人提供必要的信息，以便其对银行的经营状况和财务状况作出判断和进行决策；

④ 银行应鼓励职工通过与董事会、监事会和经理人员的直接沟通和交流，反映职工对银行经营、财务状况以及涉及职工利益的重大决策的意见；

⑤ 银行应在保持银行持续发展、实现股东利益最大化的同时，应关注所在社区的福利、环境保护、公益事业等问题，重视银行的社会责任。

2020年9月，世界经济论坛国际商业理事会（IBC）联合四大会计师事务所，发布《利益相关方资本主义披露准则——迈向更通用更标准的可持续价值披露标准》白皮书，共同确定一套通用的ESG指标，以便各行业各公司在主流年度报告（指财务报告及委托声明书）中使用。该框架在切实可行的最大范围内结合了完善的指标和披露，建议披露的指标按照SDGs和主要ESG指标设立了四个支柱：治理、环境、员工和经济，制定了21个核心指标和34个扩展指标，鼓励公司根据"披露或解释"方法，对尽可能多的核心和扩展指标进行披露。

2022年7月10日发布的ESG2.0倡议提出要构建一套市场驱动的从股东中心向利益相关方经济转型的理论和行动框架，使ESG从更多回应外部需求真正成为企业实现长期价值的内在驱动力，使利益相关方经济更具实底；要探索一套更有效的向利益相关方沟通ESG信息的方式，使ESG信息更可得、可信、可读、可用；要开发一套可指导企业践行利益相关方经济的管理和分析工具，使企业可更便利地在企业经营管理中以利益相关方经济视角审视自身，调整战略、管理和业务。ESG2.0倡议搭建了市场驱动的利益相关方经济转型路径。

根据香港联交所上市公司ESG报告与启示（2019）随机抽取的313个样本分析，利益相关方沟通与重要性评估流于形式，较少真正执行外部利益相关方沟通的具体程序。多数仅通过简单的内部对标方式进行重要性评估，导致利益相关方清单及重要性议题识别结果相似度较高，缺乏企业特色。部分在报告中仅描述与利益相关方开展了沟通工作、参与实质性议题的讨论，并未披露其沟通及议题评估结果。

对此，建议企业建立较为完整的利益相关方沟通机制与重要性评估过程。利益相关方参与ESG管理常态化。企业应结合自身实际，切实开展利益相关方沟通工作，注重利益相关方沟通的过程性，开展问卷、座谈会等实质性沟通方式，并将整个过程反映于ESG报告，从而挖掘了解各利益相关方诉求与重点关注事宜，建立畅通的沟通渠道并回应其诉求，确立ESG工作侧重点。

只有建立一个成熟开放的系统和平台，让利益相关方能够有效沟通以及使企业可以更好地识别其影响范围内的社会责任，才能发布出高质量和对决策有用的ESG报告，才能最终让企业的可持续发展管理体系得以实现。这包括了对参与目的的清晰解读、利益相关方的利益识别、组织和其利益相关方关系评估、利益相关方拥有有关可持续发展主题的利益、利益相关方基于透明化的信息收集平台进行的决策。并且，利益相关方管理是一个持续的、迭代的过程，所以需要持续识别、记录、分析和计划，不断跟踪和更新。

【案例 7-3】 贝莱德集团利益相关方沟通实践

在 2020 年 1 月,贝莱德加入"气候行动 100＋"(Climate Action 100＋)投资者联盟。这个主旨为应对气候变化的投资者联盟也因为贝莱德的加入而更加壮大,这些投资机构合计的资产规模超过 41 万亿美元。作为全球众多公司的股东,贝莱德表示将行使股东权力,确保企业根据《巴黎协定》的总体目标,通过投资督导敦促企业承担相应责任,减少价值链的温室气体排放,明确理事会对气候变化风险和机遇的责任和监督,以及按照 TCFD 建议加强企业信息披露。

贝莱德主要采取两种督导方式与企业密切沟通,其中行使投票权是重要的督导方式。通过沟通,贝莱德将了解上市公司是否充分披露和管理可持续发展的相关风险,同时清晰阐明观点。确保企业充分理解股东对它的期望;通过代理投票权,贝莱德可以投票反对企业董事(或董事会)或者支持股东的议案。

贝莱德在 2020 年公布的可持续发展投资报告中指出,贝莱德已经筛选出了 244 家企业,断定这些企业在管理气候风险或就气候风险方面进行信息披露的表现欠佳。贝莱德对这 244 家中的 53 家企业投了反对票,并将余下的 191 家企业纳入待观察名单。若这些公司仍不能取得实质性进展,贝莱德于 2021 年对其管理层投出反对票,这也展现了贝莱德在执行可持续发展投资新标准上的决心。

【案例 7-4】 中国平安的利益相关方沟通案例

2019 年,中国平安在利益相关方沟通中特别融入 ESG,以期在更多维度推动相关方共同成长。平安开展了供应商的 ESG 专项培训,系统讲解平安对供应商 ESG 管理的相关要求,带动价值链的整体改善与优化。同时,平安加强 ESG 主题的投资者沟通,通过论坛、路演等多种渠道,围绕平安的 ESG 管理路径及实实践开展交流与探讨。

此外,平安积极响应"气候行动 100＋"倡议,就碳排放等 ESG 相关议题与被投企业开展股东对话,推动被投企业低碳转型。

7.2.5 ESG 传播策略

企业开展 ESG 传播绝不是仅限于每年发布可持续报告,而是应该一以贯之地渗透落实到企业的日常管理运营当中,并且成为企业的重要话题输出,通过各种平台与渠道对外传播,为企业品牌力注入强 ESG 基因,最终帮助企业强化在产业链上下游、利益相关方及服务受众中的影响力。《上市公司投资者关系管理工作指引》中明确要求"上市公司应当多渠道、多平台、多方式开展投资者关系管理工作。通过公司官网、新媒体平台、电话、传真、电子邮箱、投资者教育基地等渠道,利用中国投资者网和证券交易所、证券登记结算机构等的网络基础设施平台,采取股东大会、投资者说明会、路演、分析师会议、接待来访、座谈交流等方式,与投资者进行沟通交流"。

企业对外开展 ESG 传播时,可以对包括 ESG 报告、ESG 远景目标与计划、ESG 方面的奖项等,对外披露企业 ESG 管理的最新进展。具体要点如表 7.3 所示。

表 7.3 企业 ESG 传播方式与要点信息

ESG 传播方式	ESG 传播要点
发布企业年度 ESG 报告/CSR 报告/可持续发展报告	这是绝大部分上市公司在 ESG 方面的基础工作,即在年报披露的同时,向媒体公布一份 ESG 报告。有的公司则以发布企业社会责任报告或可持续发展报告的形式呈现
公布企业 ESG 远景、目标与计划	有些企业的 ESG 传播中,运用了"讲述目标"的办法,宣布一个未来十年的计划、一个承诺,向投资者和公众"表决心",也让大家看到企业在这方面的诚意
宣布获得 ESG 方面的重要奖项	企业 ESG 重要的背书之一是来自权威机构、权威媒体的认可,这也是企业传播的一个策略
宣布获得入选业界重要指标或加入相关组织	在 ESG 方面成绩突出并披露充分的优质企业,成功入选某个业界指数或者成为权威组织的成员,这样的新闻更大程度地提高了企业 ESG 战略的被认可程度,也极大提升了企业的品牌价值
与相关行业组织达成合作、结盟或联合举办活动	从品牌角度,与 NGO 或权威机构、政府机构或者同行,共同发起 ESG 方面的活动,进行联合品牌传播,是提升 ESG 信任度的一个策略
推出 ESG/可持续发展相关的新举措,公布相关的工作成果	在践行 ESG 的过程中,很多企业一步一步取得了点滴成就,把自己的实践经验分享出来,也是展示诚意、获取关注和信任的方法,例如,建立工作平台、发布独特战略、推出绿色解决方案、建立环保工厂、减少用水量
获得相关的认证或评级认可	国内外目前有多个 ESG 认证/评级,覆盖全球范围多个国家的大量上市公司,各评级机构侧重不同,形成多元的评价维度,获得这些认证/评级,意味着公司在 ESG 的道路上又进了一步
发布相关的研究结论或研究报告	对于大型咨询公司或研究机构来说,发布有分量的研究报告能有效吸引行业的注意力

7.3 ESG 相关国际倡议与我国实践

7.3.1 国际 ESG 相关倡议的发展历程

国际上 ESG 相关倡议最初由联合国环境规划署(UNEP)发起,逐步形成了以联合国社会责任投资原则(PRI)等为代表的一系列倡议(见表 7.4)。在这些倡议中,联合国的倡议起到了非常重要的作用,此外也有一些由企业联合发起的倡议,如苹果、亚马逊等公司发布的《公司宗旨声明》,对企业践行 ESG 理念产生了重要影响。

表 7.4 金融机构信息披露相关机构和组织倡议汇总[1]

机构名称和性质	成立时间	发起机构	相关原则指引文件	中国参与情况
ICMA 非营利会员协会 国际资本市场协会	1969 年		绿色债券原则(Green Bond Principles);可持续发展债券指引(Sustainability Bond Guidelines)等	中国有 32 家机构成为该协会会员
GRI 全球报告倡议组织 国际标准制定机构	1997 年	CERES、UNEP	一系列可持续发展报告指引:GRI1(原 101):基础(Foundation);GRI2(原 102):一般披露(General Disclosure)等	中国有 21 家机构参与 GRI 社区
UNGC 联合国全球契约 非约束性联合国公约	1999 年	UN	UNGC 十项原则(Ten Principles)	中国签署机构达 582 个
CDP 全球环境信息研究中心 国际非营利组织	2000 年		国家、城市、企业信息披露相关指引:如《企业如何利用 CDP 信披平台指引文件》(Using COP's Disclosure Platform-Companies)	2021 年开始,CDP 进入中国
UNPRI 负责任投资原则可持续金融 倡议机构	2006 年	UNGC、UNEP FI	联合国责任投资原则(Principles for Responsible Investment)	中国内地签署机构达 77 个(其中包括 17 家服务提供方,3 家资产所有者,以及 57 家资产管理者);中国香港签署机构达 77 个
CDSB 气候信息披露标准委员会 国际非营利组织	2007 年		《CDSB 环境和气候变化信息报告框架》(CDSB Framework for reporting environmental and climate change information);《CDSB 气候相关披露框架应用指南》(CDSB Application Guidance for Climate-related Disclosure)	中国机构广泛使用相关标准

[1] https://m.chinaamc.com/activity/2021/ESG/WhitePaperonESGDevelopment.pdf. 其中"中国参与情况"结合各官网信息,数据更新至 2023 年 6 月底。

续表

机构名称和性质	成立时间	发起机构	相关原则指引文件	中国参与情况
UN SSE 可持续证券交易所倡议 联合国开展的伙伴计划和学习平台	2009年	UNGC, UNCTAD, UNEP FI, PRI	《气候信息披露指南2021》(Model Guidance on Climate Disclosure 2021);《向投资者报告ESG信息的示范指南2015》(Model Guidance on Reporting ESG Information to Investors 2015)	中国的债券发行人披露标准(2017)、绿色金融体系建设指南(2017)、绿色债券认证指引(2016)、负责任的所有权原则(2016)、上海交流支持绿色发展的愿景和行动计划(2018)被收录证券监管机构数据库
CBI 气候债券倡议组织 国际倡议组织	2009年		《气候债券标准3.0 2018》(Climate Bonds Standard 2018)	
ISO 国际标准化组织	2010年	ISO	ISO 26000 社会责任指引	中国机构广泛使用相关标准
UN PSI 可持续保险倡议 可持续金融倡议机构	2012年	UNEP FI	《联合国可持续保险原则》(Principles for Sustainable Insurance)	中国签署机构达4个
TCFD 气候相关金融风险披露工作组 气候变化相关金融信息披露条款制定组	2015年	Financial Stability Board(FSB)	《气候相关财务信息披露建议2017》(Recommendations of the Task Force on Climate-related Financial Disclosure)	中国支持该工作组的金融机构达133个
Climate Action100+ 气候行动100+ 非政府间自愿倡议	2017年	One Planet Summit (hosted by the French government)	《企业温室气体承诺投资者原则2021》(Investor Guide to Corporate Greenhouse Gas Commitments 2021)	中国14家投资机构、5家实体企业签署该倡议
UN PRB 负责任银行倡议 可持续金融倡议机构	2019年	UNEP FI	联合国负责任银行原则(Principles for Responsible Banking)	中国签署机构达15个
VRF 价值报告基金会 国际倡议非营利组织	2021年	IIRC和SASB合并成立		部分中国金融机构和上市公司使用相关标准

联合国环境规划署在1992年里约热内卢的地球峰会上提立了金融倡议,希望金融机构能把环境、社会和治理因素纳入决策过程,发挥金融投资的力量促进可持续发展。1997年,由美国"对环境负责的经济体联盟"组织(CERES)和联合国环境规划署(UNEP)共同发起,成立了全球报告倡议组织(GRI),系统地将可持续发展报告涵盖了环境、社会、治理(ESG)三部分,并分别于2000年、2002年、2006年和2013年发布了四版《可持续发展报告指南》,指南中提出的可持续发展报告编制标准,为信息披露提供相应的标准和内容建议,但不作为行业和评价准则的硬性要求。2004年,联合国全球契约组织(UNGC)发布了具有里程碑意义的报告《关心者赢》(Who Cares Wins),就如何将ESG问题纳入分析,为资产管理和证券经纪业务提供了建议。共有9个国家的20多个金融机构参与了该报告的撰写。2004—2008年,UNGC、国际金融公司和瑞士政府为投资专业资助了一系列活动,提供了与机构资产所有者、公司和机构互动的平台。2006年在金融倡议的支持下成立了联合国社会责任投资原则(UNPRI)。由此,环境、社会和治理因素成为衡量可持续发展的重要指标,ESG投资成为重要的投资策略。

联合国负责任投资原则组织(UNPRI)首次提出ESG理念并推动全球践行至今,在UNPRI的推动下,ESG在全球得到快速发展。UNPRI是由前联合国秘书长科菲·安南于2006年发起,并由联合国环境规划署金融倡议组织(UNEP FI)和联合国全球契约组织(UNGC)协作成立的一家联合国背书的非营利组织。UNPRI提出的"责任投资原则"将社会责任、公司治理与环境保护相结合,首次提出ESG理念和评价体系,旨在帮助投资者理解环境、社会责任和公司治理对投资价值的影响,鼓励各成员机构将ESG因素纳入公司经营中,以降低风险、提高投资价值并创造长期收益,最终实现全社会的可持续性发展[1]。

2009年,以联合国贸易和发展会议(UNCTAD)、联合国全球契约组织(UNGC)、联合国环境规划署可持续金融倡议(UNEP FI)和联合国责任投资原则组织(UNPRI)共同发起的可持续证券交易所倡议(Sustainable Stock Exchange Initiative,SSEI)为标志,ESG开启了由证券交易所、投资者、监管机构等多元共促的快速发展阶段。

2019年,由苹果、亚马逊、美国航空公司、摩根大通集团、沃尔玛、百事公司等181位美国顶级公司CEO组成的商业圆桌会议发表联合声明,重新定义了公司经营的宗旨,认为股东利益不再是一个公司最重要的目标,公司的首要任务是创造一个美好社会。《公司宗旨声明》承诺"为股东创造长期价值"。

7.3.2 我国金融机构ESG行业实践

为规范和促进我国金融机构开展ESG管理,包括中国人民银行在内的监管机构和银行、保险、证券行业的行业协会,均出台相关文件要求,对金融机构开展环境与ESG管理和信息披露做出指导(见表7.5)。

2018年6月,中国保险资产管理协会(简称"保险资管协会")与联合国负责任投资组织(UNPRI)共同举办了"保险业ESG投资发展论坛",同时发布了《中国保险资产管理业绿色投资倡议书》,引导保险资金优化资本市场资源配置、服务实体经济,该协会倡导各保

---

[1] https://iigf.cufe.edu.cn/info/1012/3598.htm.

险机构发挥金融服务供给侧改革的积极作用,践行"创新、协调、绿色、开放、共享"的新发展理念,推动建立保险资金绿色投资新体系。

表 7.5 我国金融机构 ESG 信息披露行业要求

时 间	发布/举办机构	行 业 要 求
2018 年 6 月	中国保险资产管理业协会	保险业 ESG 投资发展论坛,《中国保险资产管理业绿色投资倡议书》
2018 年 11 月	中国证券投资基金业协会	《绿色投资指引(试行)》
2019 年 11 月	中国证券投资基金业协会	《上市公司 ESG 评价体系研究报告》
2020 年 11 月	中国证券投资基金业协会	2020 中国责任投资论坛——ESG 探索与发展
2021 的 5 月	中国保险资产管理业协会	《中国保险资产管理业助推实现碳达峰碳中和目标倡议》
2021 年 5 月	中国银行业协会	筹建中国银行业支持实现碳达峰碳中和目标专家工作组
2021 年 6 月	中国保险业协会	《保险业聚焦碳达峰碳中和目标助推绿色发展蓝皮书》
2021 年 7 月	中国人民银行	《金融机构环境信息披露指南》
2021 年 10 月	中国银行业协会	《中国银行业协会关于欧盟〈资本要求指令第 6 版〉(草案)中跨境业务和第三国分行相关规定的意见书》
2022 年 9 月	中国保险资产管理业协会	《中国保险资产管理业 ESG 尽责管理倡议书》
2022 年 9 月	在中国银行业协会支持下,由《中国银行业》杂志社主办	2022 中国上市银行发展论坛暨《中国上市银行分析报告 2022》发布会

保险资管协会还充分利用国际机构资源,依靠协会国际专家咨询委员会(IEAC)成立 ESG 研究小组,撰写了《IEAC ESG 专题报告》(下文简称《报告》)。《报告》收集整理了包括德国安联保险、瑞银资产管理、法国巴黎资产、美国贝莱德、英国安本标准投资管理等 10 家机构在内的 ESG 投资理论研究和管理实践,为国内保险资管行业提供经验参考[1]。

2018 年 11 月,中国证券投资基金业协会和国务院发展研究中心金融研究所联合发布《中国上市公司 ESG 评价体系研究报告》。同时,该协会还发布了《绿色投资指引(试行)》,为基金开展绿色投资活动进行全面指导和规范。

2021 年 7 月,中国人民银行发布行业标准《金融机构环境信息披露指南》(JR/T0227—2021),该指南要求金融机构以"真实、及时、一致、连贯"为披露原则,明确了披露形式与频次,对披露内容也做出了明确规定。

---

〔1〕 https://www.amac.org.cn/industrydynamics/guoNeiJiaoLiuDongTai/esgtzlt/2020lt/2020ltzjgd/202101/t20210125_11289.html.

【案例 7-5】 中国平安积极实践 ESG

2022 年 12 月 22 日,中国上市公司协会发布"2022 年 A 股上市公司 ESG 最佳实践案例",中国平安成功入选成为 30 家 A 股上市公司 ESG 最佳实践案例之一,也是其中唯一一家来自保险行业的入选公司。

近年来,中国平安围绕可持续发展核心议题,形成 ESG 政策体系并融入集团运营管理中,持续关注气候变化、社会变化及政策转型等时代背景下的新型风险。平安在 ESG 风险融合实践中率先做出尝试,将 ESG 的核心理论和标准与集团"251"风险管理体系进行深度融合。在现有金融风险全面管理体系内覆盖 ESG 风险管控要求,以进一步提高集团风险治理能力,助力平安可持续发展。

中国平安集团于 2021 年 12 月发布了《中国平安 2020 气候风险管理报告》。此份报告是该集团发布的第二份气候风险管理报告。与 2019 年发布的第一份报告相比,此次集团在报告中更深入地讨论了气候变化对金融业的影响,并着重阐述了集团的净零路径。报告根据气候相关财务信息披露工作组(TCFD)的建议框架,披露了集团的绿色金融战略。此外,报告在披露二氧化碳信息时,遵照国家发改委印发的首批 10 个行业的温室气体排放核算方法与报告指南(试行)。

【案例 7-6】 兴业证券连续三年披露环境信息披露报告

2023 年 6 月 28 日,兴业证券发布《兴业证券 2022 年环境信息披露报告》,这是兴业证券按照国际惯例主动发布第三份年度环境气候相关披露报告。2023 年,兴业证券报告进一步响应落实国家"双碳"目标,在延续前两份《环境信息披露报告》专业性、实质性、前瞻性等特点的基础上,持续披露证券公司绿色投融资与碳中和进展、环境风险量化分析和投融资组合碳足迹测算结果,展现了公司在促进实体经济高质量发展、推动社会绿色低碳转型等方面取得的成绩。

作为首家连续三年披露环境信息披露报告的证券公司,兴业证券"以披露促管理",在应对气候变化及发展绿色金融等方面稳步前进,每年均取得创新进展与明显成效。针对目前环境信息披露报告"投资组合环境与气候风险的分析与管理""绿色金融业务目标及达成情况"等量化分析难点,兴业证券持续进行相关探索,并率先披露环境信息披露测算方法学,有效管理气候风险敞口和机遇。

该信息披露报告新披露投融资碳排放方法学,按照央行《金融机构环境信息披露指南》以及国际气候信息披露 TCFD 框架的建议框架编制,同时参照碳核算金融伙伴关系(PCAF)的《金融业全球温室气体核算和报告标准》方法学测算碳排放强度。

7.3.3 ESG 信息披露标准趋向于整合与统一

在可持续价值创造的通用指标和一致披露方面,自 2017 年以来,全球 140 多位首席执行官(CEO)率先承诺,将其企业价值观和战略与联合国的可持续发展目标(SDGs)保持一致。世界经济论坛的国际商业理事会(IBC)也一直在引领这一倡议,努力兑现其实现利益相关方式资本主义的承诺。国际商业理事会(IBC)对市场中众多ESG披露框架和标准制定者,即气候披露标准委员会(CDSB)、全球报告倡议组织(GRI)、国际综合报告委员会(IIRC)和可持续发展会计标准委员会(SASB)进一步明确,并充分意识到缺乏一致性和可比性的度量标准,是造成公司无法以协调一致的方式,向所有利益相关方提供并展示其在可持续性方面进展,以及对可持续发展目标贡献方面提供可靠信息的阻力。国际商业理事会(IBC)与四大会计师事务所积极合作,不断探索创造一套兼备普遍性和重要性的ESG指标和推荐性披露标准,能够实现在各个行业和国家/地区,以一致的方式反映在公司的主流年度报告中[1]。

各国际组织间的合作越来越紧密,国际ESG信息披露标准正走向整合与统一。2020年7月,GRI与SASB宣布合作,旨在帮助同时使用这两种标准的企业更好地完成可持续发展披露的工作,以及帮助公众了解不同标准创建的异同。2020年9月,CDP、CDSB和IIRC三个标准或框架制定组织,同GRI和SASB一起,发表了一份联合意向声明,表示将共同致力于打造综合性企业汇报体系,为实现全球公认的综合企业报告制度做出贡献,综合性企业汇报体系,既包括财务会计披露,也包括可持续性披露,两者通过综合报告联合在一起;2020年11月,IIRC和SASB宣布,计划合并成一个统一的组织——价值报告基金会(VRF),已于2021年6月正式确立。2020年12月,CDP、CDSB、IIRC、GRI、SASB五个组织公布了气候相关财务披露标准的模型,该模型引入了由TCFD制定的指标。2021年4月,两者联合发布了一份针对同时使用两套标准的可持续性报告实用指南,意在表明两个标准是可以相互补充的。2021年11月,国际财务报告准则基金会(IFRS基金会)在英国格拉斯哥气候大会期间正式宣布了ISSB(国际可持续发展准则理事会)的成立,宣布在2022年6月之前将CDSB及VRF整体并入。2022年3月,ISSB发布《国际财务报告可持续披露准则第1号——可持续相关财务信息披露一般要求(征求意见稿)》和《国际财务报告可持续披露准则第2号——气候相关披露(征求意见稿)》,旨在形成全面的全球通用的可持续性披露标准,以增强ESG信息的可比性[2]。2023年6月,ISSB发布两份准则文件的正式稿。2023年7月25日,在对ISSB两份标准进行全面审查后,国际证监会组织(IOSCO)宣布认可该标准,标志着在建立全球可持续信息披露方面迈出了重要一步。

面对国内外各组织关于信息披露和利益相关方的交流沟通,金融机构应不断更新信息披露形式和内容,对于报告准则的选择趋于多元化,回应机构组织对于信息披露更统一完善的标准和利益相关方的诉求。

[思考与练习]

1. 简述金融机构信息披露的共性特点。

---

〔1〕 https://cn.greenco-esg.com.

〔2〕 https://wallstreetcn.com/articles/3660979.

2. 对比国内外金融机构参与信息披露的实践,你认为国内市场目前存在哪些优势?又存在哪些不足与挑战?

3. 简述金融机构 ESG 信息披露的意义,与其他行业相比,金融机构的 ESG 信息披露具有哪些独特的价值?

第 8 章　金融机构 ESG 产品开发：实践与创新

[本章导读]

将 ESG 理念融入金融产品开发，是金融机构落实 ESG 管理的重要方面。本章从银行机构、保险机构和证券基金机构三类金融机构入手，论述分析金融机构在 ESG 产品方面的实践与产品创新。考虑到对于中国金融机构实施参照的价值，因此本章案例以国内案例为主。

在我国，随着金融机构对 ESG 责任投资理念的认可和深化，商业银行、基金、证券和保险等不同类型的金融机构已经开始进行丰富的 ESG 责任投资实践，ESG 相关的投资金额也在不断增长。从规模上看，截至 2021 年末，我国商业银行 ESG 责任投资规模达 16 万亿元，其中，绿色信贷 15.9 亿元，银行 ESG 理财产品 0.1 万亿元；证券 ESG 责任投资规模达 2.11 万亿元，其中，绿色债券 1.1 万亿元，社会债券 0.98 万亿元，可持续发展挂钩债券 0.03 万亿元；基金 ESG 责任投资规模达 0.56 万亿元，其中，ESG 公募基金 0.24 万亿元，绿色产业基金 0.12 万亿元，ESG 私募股权基金 0.2 万亿元；保险 ESG 责任投资规模达 1.07 万亿元，其中，绿色债券投资 1.06 万亿元，绿色股权投资 0.01 万亿元。从金融机构类别来看，商业银行的 ESG 相关投资是我国 ESG 责任投资的主体，占比高达 81.05%，证券公司占比约为 10.69%，保险和基金相关单位占比分别为 5.42% 和 2.84%。从资产类别方面，我国 ESG 责任投资品种主要来自绿色信贷，占比高达 80.55%；其次是绿色债券，占比为 5.57%；再次为保险资金绿色债券投资、社会债券和 ESG 公募基金，占比分别为 5.37%、4.96% 和 1.22%。

但同时，我国金融机构 ESG 投资规模目前仍存在以下四个方面的问题。① 金融机构 ESG 责任投资的整体规模较小。据统计，我国 ESG 责任投资产品规模约占同期投资资产规模的 2%，远低于美国和欧盟的 48% 和 34%，总体规模相对较小。② 金融机构 ESG 责任投资品种单一。当前，我国金融机构的 ESG 责任投资主要集中在以环保和碳排放为核心的绿色信贷和绿色债券上，落后于美国和欧盟市场 ESG 多元化投资。③ 不同 ESG 产品之间规模不均衡。从 ESG 责任投资产品份额来看，绿色信贷的占比远远超过了绿色债券、保险资金绿色债券投资、社会债券等。④ ESG 理念尚未从金融边缘推向主流，与核心业务做出圆融的结合。其实践仍是分散的点，未能以整体形态出现，也未能实现常态化。

在产品开发的创新中，有许多优秀的实践案例，如中英金融机构气候与环境信息披露试点工作：试点机构均实现了绿色投融资业务的较快增长，投融资产品也在不断创新。

推出了 ESG 及碳中和相关绿色金融创新产品，如首单碳中和信托业务、市场首只以 ESG 为主题的 ETF 基金、全国首单商业银行跨境绿色汽车 ABS 和首单绿色金融债，探索并推广 EOD 融资新模式，制定绿色信贷通解决方案以及各项子产品以支持绿色项目。

尤其是在数据产品方面，科技系统建设更加完善。部分试点机构已建立了相关科技系统，不同程度实现了绿色信贷认定以及环境风险分类的线上化、智能化，还运用了遥感卫星监测、无人机勘探、物联网监控、LBS 定位等创新技术，有效提升数据质量、降低披露成本，夯实信息披露基础系统建设。

银行机构、保险机构、证券基金机构在 ESG 产品开发上分别有不同的发展，随着外部政策的不断出台，在 ESG 产品开发与创新方面也有了不同的进展。对于 ESG 金融产品的概念划分，我们将"ESG"作为 ESG 主题检索关键词；以"低碳""绿色""环境""环保"作为环境主题关键词；以"社会责任""扶贫""乡村振兴""一带一路"作为社会主题关键词；以"公司治理""治理"作为公司治理主题关键词。对于关键词模糊的金融产品，参考其投资策略说明作为辅助判断依据，筛选 ESG 金融产品。ESG 主题金融产品应同时包含 E、S、G 投资理念，而泛 ESG 金融产品是指未完整包含 ESG 投资理念，但考虑了 E、S、G 某一方面的金融产品。下文将分别从三类机构的实践探讨 ESG 产品的实践与创新。

8.1 银行机构 ESG 业务实践与创新

在 ESG 实践中，我国商业银行主要积极拓展 ESG 相关业务，积极推广应用 ESG 信贷、债券、金融综合服务产品等泛 ESG 业务产品，同时积极构建自身 ESG 业务体系创新，通过建立环境测算体系、风险防控体系、建立投研模型和数据研究模型等践行 ESG 责任投资理念。

8.1.1 泛 ESG 产品创新

1）绿色信贷政策指引

绿色信贷是我国绿色金融发展中起步最早、发展最快、政策体系最为成熟的产品。我国政府从政策入手，通过出台多项政策，激发商业银行推动绿色信贷的发展，加速中国绿色信贷规模扩大及多元化发展。

2007 年 7 月，中国人民银行等三部委联合发布了《关于落实环保政策法规防范信贷风险的意见》，强调利用信贷手段保护环境的重要意义，要求加强信贷管理工作和环保的协调配合、强化环境监管管理等。这一政策的发布，标志着绿色信贷作为经济手段全面进入我国污染减排的主战场。

随后，国家不断出台政策，要求大力发展绿色信贷，对重点行业和领域进行绿色化转型升级。经过多年的发展和探索，我国绿色信贷标准逐渐完善，在监管体系方面也已经形成了顶层设计、统计分类制度、考核评价体系和激励机制的政策框架。

《绿色信贷指引》是我国探索绿色信贷统计制度和考评评价的纲领性文件，对金融机构发展绿色信贷起到了有效的规范和指导性作用。为进一步推进该文件的落地，原银监会于 2014 年发布了《绿色信贷实施情况关键评价指标》,为后续绿色银行评级提供了依据和基础。

2017—2018 年中国银行业协会和央行先后出台《中国银行业绿色银行评价实施方案(试行)》《关于开展银行业存款类金融机构绿色信贷业绩评价的通知》,从定量和定性两个维度要求各银行开展绿色信贷自我评估。该项工作制度执行严格,各家银行在进行自评价时均需要提供详细的证据和证明文件,同时原银监会组成绿色信贷评价小组进行核查和抽查。

值得注意的是,央行在 2021 年 6 月发布了《银行业金融机构绿色金融评价方案》(简称《评价方案》),在《关于开展银行业存款类金融机构绿色信贷业绩评价的通知》的基础上,进一步扩大了绿色金融考核业务范围,将绿色债券和绿色信贷同时纳入定量考核指标,定性指标中更注重考核机构绿色金融制度建设及实施情况。

2) 银行绿色信贷实践

商业银行的绿色信贷是我国 ESG 责任投资早期的主要体现形式,同时商业银行也是我国 ESG 责任投资的最大主体,部分商业银行已经取得了一系列具有引领性的应用成果。在绿色信贷方面,商业银行紧扣"双碳"目标,不断丰富绿色信贷产品,加大绿色信贷投放力度。2022 年上半年,银行业继续加大绿色信贷投放。多家国有大行、股份行绿色信贷余额较 2021 年末实现双位数增长。截至 2023 年 6 月末,21 家主要银行绿色信贷的余额达 25 万亿元,同比增长 33%,规模居世界首位。据测算,21 家主要银行绿色信贷支持项目建成后,每年可支配节约标准煤超过 4 亿吨,减排二氧化碳当量超过 10 亿吨。

国有大行方面,工商银行、农业银行、中国银行、建设银行、交通银行和邮储银行相继披露 2023 年年报和社会责任(ESG)报告。报告显示,国有大型银行继续发挥"头雁"作用,在绿色金融领域的探索不断深入,绿色信贷保持快速增长,截至 2023 年末,六大行绿色信贷规模达 17.90 万亿元。工商银行绿色贷款规模近 5.4 万亿元,同比增长 35.7%。农业银行绿色信贷余额突破 4 万亿元,同比增长 50.1%。建设银行、中国银行绿色信贷余额均超 3 万亿元,分别为 3.88 万亿元、3.11 万亿元,比 2022 年末分别增长 41.2%、56.3%。交通银行绿色贷款余额超 8 200 亿元,同比增长 29.4%;邮储银行绿色贷款余额 6 300 余亿元,较 2022 年末增长 28.5%。

股份行方面,截至 2023 年末,兴业银行绿色贷款余额突破 8 000 亿元,规模在股份行中位列第一,较 2022 年末增长 27%。此外,中信银行、招商银行绿色贷款余额均在 4 000 亿元以上,同比增速分别为 37.4%、26%。光大银行绿色贷款余额突破 3 000 亿元,同比增长 57.4%。民生银行、浙商银行绿色贷款余额均在 2 000 亿元以上,同比增速分别为 46.9%、39.4%。平安银行绿色贷款余额近 1 400 亿元,较 2022 年末增长 27.2%。

随着政策加码与绿色信贷市场规模的扩大,绿色信贷产品和服务的创新也愈加丰富。金融机构结合不同区域的产业发展特征,在多个行业发展出创新型绿色信贷产品,加大绿色信贷投放力度。目前创新型绿色信贷产品已覆盖制造业、新能源汽车行业、绿色园区、绿色农业等多个领域。但现阶段,绿色信贷创新产品多在试点区域内进行推广,仍有待进一步完善和丰富。多家商业银行年报显示,绿色金融是其未来重要发展方向,银行将积极践行绿色发展的理念,探索绿色金融产品与服务,构建绿色信贷体系。

【案例 8-1】 招商银行深耕绿色信贷[1]

招商银行股份有限公司持续完善绿色信贷政策体系,加大对工业节能、交通运输节能、清洁能源等领域的支持力度,对于缓解表现恶劣、社会风险巨大的企业坚决压缩退出。招商银行发布《招商银行绿色、社会责任与可持续发展债券框架》,为公司拟发行的绿色、社会责任或可持续发展债券提供指南,为具有环境效益或社会效益的合格资产与项目进行融资。2020 年,招商银行绿色贷款余额达到 2 071.33 亿元,较 2019 年增加 303.60 亿元;绿色贷款项目帮助减少水消耗 893.65 万吨,减少标煤消耗 975.22 万吨,减少二氧化碳 2 185.8 万吨[2]。

招商银行持续从战略高度推进绿色金融发展,通过配套专项政策制度、完善投融资流程管理等举措,持续提升绿色经济的服务能力。分行整合总分行、子公司资源对光伏、风电、新能源汽车等重点绿色行业开展专题研究,并制定了一系列行业信贷政策和授信审查指引。一方面,每年总行都会依据当前经济形势及宏观政策,制定绿色信贷总体目标,调整和完善授信政策、投向指引、配套措施,为分行开展业务提供参考和方向。分行对绿色信贷认定流程进行详细梳理,规范信贷申请流程中各节点、各岗位职责,不断优化绿色金融服务。另一方面,招行严格控制高污染、高耗能产业的新增贷款,针对"两高一剩"企业提高授信标准,从严审查项目,对不符合环境保护规定的项目和企业,不得发放授信。

3) 以绿色债券为代表的 ESG 相关债券

绿色债券是可持续发展主题债券的一种。绿色债券=标准债券+绿色,围绕资金作绿色用途的概念,是以可持续发展主题债券的一种。根据 CBI、ICMA 的绿色债券标准和国内《绿色债券支持项目目录》对绿色债券的定义和绿色债券的分类,进行梳理(详见表 8.1)。

表 8.1 国内外绿色债券的定义与分类

	国 际		国 内
绿色债券定义	绿色债券、绿色贷款或绿色债务工具,其募集资金用途将全部或部分专门用于融资或再融资新的和/或现有的合格绿色项目	将募集资金或等值金额专用于为新增及/或现有合格绿色项目提供部分/全额融资或再融资的各类型债券工具	将募集资金专门用于支持符合规定条件的绿色产业、绿色项目或绿色经济活动,依照法定程序发行并按约定还本付息的有价证券

---

[1] https://news.bjx.com.cn/html/20220909/1254254.shtml.

[2] https://file.cmbimg.com/cmbir/202103/1d2c8c60-2e3d-4d53-9800-e85756838604.pdf.

续 表

	国　　际		国　　内
标准	《气候债券标准 3.0》	《绿色债券原则》(2021)	《绿色债券支持项目目录(2021)》
发布方	气候债券倡议组织 CBI	国际资本市场协会 ICMA	中国人民银行、发展改革委、证监会
绿色债券的分类	约定资金用途、债务追索权及发行形式 募集资金作为绿色用途的债券/标准绿色债券 募集资金作为绿色用途的收益债券/绿色收益债券 绿色项目债券 证券化绿色债券/绿色资产支持证券		约定发行主体和发行形式 绿色金融债券 绿色企业债券 绿色公司债券 绿色债务融资工具 绿色资产支持证券

除了绿色债券以外，在国内和国际债务市场上，还存在多种以可持续发展为主题的债券标签，主要可分为两类：关注绿色债券概念衍生的债券、关注更广泛可持续发展主题的债券。目前，国内正在不断完善可持续发展领域债券标准，与国际接轨，国内外可持续发展主体债券标准情况示意见表 8.2。

表 8.2　可持续发展主题的债券国内外贴标情况示意

	CBI	ICMA	国内
绿色债券		●	●
气候债券	●		
转型债券	●	●	●
蓝色债券			●
碳中和债/碳中和绿色公司债			●
社会责任债券		●	●
可持续发展债券		●	●
可持续发展挂钩债		●	●

绿色债券同时可以贴其他可持续发展主题的债券标签。环境项目可能衍生社会效应，社会责任项目可能同时带来环境效应，在国际市场上有同时满足绿色债券标准和社会责任债券标准的可持续发展债券，而在国内市场上交易商协会也于 2021 年 11 月 11 日推出了可持续发展债券，我们在 2021 年第二季度发行的绿色债券中看到了双标签甚至三标签的碳中和债券(见表 8.3)。

表 8.3　ESG 债券常见分类

债券名称	国内/国际标准	资金用途	定义	标准	案例
绿色债券概念衍生					
气候债券	国际	环境	经气候债券标准委员会认证符合本气候债券标准要求的绿色债券	CBI《气候债券标准》	英国太阳能开发商 Belectric 的"Big60Million"江苏金融租赁股份有限公司2019年第一期绿色金融债券
转型债券	国际＋国内	环境	融资以支持发行人实现其气候变化战略为目标。发行人的公司业务模式转型战略应能够有效应对气候相关风险，尽力与《巴黎协定》目标保持一致	CBI《为可信赖的低碳转型提供支持》ICMA《气候融资转型手册》	Cadent's Transition Bond Framework (Isin: XS2116701348)中国银行境外发行首笔绿色金融机构转型债券 (Isin: XS2279870575, Isin: XS2280441721)
蓝色债券	国际＋国内	环境	募集资金主要用于支持海洋保护和海洋资源可持续利用相关项目的绿色债券	国际上无统一明确的标准与认证流程；欧盟委员会、世界自然基金会等制定《可持续蓝色经济金融原则》倡导金融机构为蓝色经济提供支持；ICMA 推动蓝色银行业和保险业高质量发展的指导意见》	塞舌尔蓝色债券 (Isin: XS1885442336)青岛水务集团有限公司2020年第一期绿色中期票据
碳中和债/碳中和绿色公司债	国内	环境	募集资金专项用于具有碳减排效益的绿色项目的债券，项目评估与遴选、募集资金管理和存续期信息披露等四大核心要素；属于绿色债务融资工具的子品种；募集资金主要用于偿还碳中和项目建设、运营、收购或偿还碳中和项目贷款的绿色公司债券	中国银行间市场交易商协会《关于明确碳中和债相关机制的通知》；上交所、深交所《上海证券交易所公司债券发行上市审核规则适用指引第2号——特定品种公司债券（2021修订版）》《深圳证券交易所所属新品种业务指引第1号——绿色公司债券》	国家开发银行2021年第一期绿色金融债券中国节能环保集团有限公司2021年度一期绿色中期票据华电福新能源股份有限公司2021年度一期绿色中期票据（碳中和债/乡村振兴债）国家能源投资集团有限责任公司2021年度第一期绿色公司债券（专项用于碳中和）

第 8 章 金融机构ESG产品开发:实践与创新

续 表

债券名称	国内/国际标准	资金用途	定 义	标 准	案 例
关注更广泛的可持续发展主题					
社会责任债券	国际	社会	社会责任债券指将募集资金或等值金额专用于为新增及/或现有合格社会责任项目提供部分/全额融资或再融资的各类型债券工具	ICMA《社会责任债券原则》	美国银行社会责任债券(Isin:US6051GJC42)
	国内	社会	社会责任债券是指发行人在全国银行间市场发行的,募集资金全部用于社会责任项目的债券。社会责任募集资金应全部用于社会责任项目的投资、建设、购买资产及其他相关支出(如研发)。社会责任项目的社会相关效益包括但不限于帮助受益人群解决特定困难或增加社会效益。受益人群可包括中低收入人口、失业人口、妇女、儿童、老龄人口、残障人士、受教育程度较低人群等,偏远地区人口、受灾人口一般公众。某些特定情况下也可以是一般公众。联合国可持续发展目标中有部分目标侧重于社会效益,是可以用于识别、遴选和评估社会责任项目的参考资料	中国银行间市场交易商协会《关于试点开展社会责任债券和可持续发展债券业务的问答》	截至报告出具日暂无
乡村振兴债券	国内	社会	募集资金主要用于乡村振兴领域相关项目,包括支持发展地区乡村特色产业、促进脱贫人口稳定就业,改善贫困地区基础设施建设条件,提升贫困地区公共服务水平,通过市场化法治化的方式优化乡村就业机构、健全乡村产业体系、完善乡村基础设施建设	上交所、深交所《上海证券交易所公司债券发行上市审核规则适用指引第2号——特定品种公司债券》《公司债券创新品种业务指引第3号——乡村振兴专项公司债券(2021年修订)》	中国节能环保集团有限公司2021年度第一期绿色中期票据(碳中和债/乡村振兴债)华电福新能源有限公司2021年第二期绿色中期票据(碳中和债/乡村振兴债)

续表

债券名称	国内/国际标准	资金用途	定义	标准	案例
可持续发展债	国际	环境+社会	募集资金或等值金额专项用于绿色和社会责任项目融资或再融资的各类债券工具	ICMA《可持续发展债指引》	高盛可持续发展债（Isin：US38141GXS82）
	国内	环境+社会	可持续发展债券是指发行人在全国银行间市场公开发行的，募集资金全部用于绿色项目和社会责任项目的债券。可持续发展债券募集资金用于绿色债务融资工具适用于绿色债务融资工具有关规定，用于社会责任项目部分遵守社会责任债券有关规定。可持续发展债券募集的资金亦可用于同时具备环境和社会双重效益的项目	中国银行间市场交易商协会《关于试点开展社会责任和可持续发展债券业务的问答》；人民银行、国家发改委、证监会《绿色债券支持项目目录》；可持续金融国际平台（IPSF）《可持续金融分类方案——气候授权法案》	远东宏信有限公司2021年度第四期中期票据（可持续发展，债券通）
可持续发展挂钩债	国际+国内	一般用途	具有一定财务和/或结构特征，该财务和/或结构特征会根据发行人是否实现其预设的可持续发展/ESG目标而发生改变。债券发行人须明确（包括在债券文件中）承诺在预定时间内改善其可持续发展方面的绩效表现。可持续发展挂钩债券是前瞻性的、基于绩效指标的债券工具	ICMA《可持续发展挂钩债券原则》中国银行间市场交易商协会《交易商协会推出可持续发展挂钩债券》	New World Development可持续发展挂钩债（Isin：XS2282055081）华电福新能源有限公司2021年第二期绿色中期票据（碳中和债/乡村振兴债）

在加大绿色信贷投放的同时,银行业绿色金融产品创新迭代的速度也在加快。如邮储银行已落地多笔可持续发展挂钩融资业务,发布"STOXX中国邮政储蓄银行A股ESG指数",推广绿色低碳卡等;围绕绿色金融、绿色生活、绿色乡村、绿色公益等场景,探索推出个人碳账户。光大银行推出"碳易通场景金融"模式,以全国碳交易所为平台,为参与碳配额交易的电力企业提供碳排放权质押融资、绿色债券、支付结算、账户管理等一揽子金融服务。浦发银行落地境内首单挂钩欧洲碳排放权的结构性产品。

8.1.2 ESG业务体系创新

在开展绿色金融过程中,商业银行存在绿色信贷分类难、环境效益测算难、数据动态掌握难等问题。为了能够从可持续发展及全流程管理的角度提升绿色信贷业务管理能力,解决能力不足、识别不准、核查困难的问题,可以借助金融科技手段,创建以人工智能为依托的绿色信贷管理系统,应用于绿色信贷和环境社会风险识别、环境效益测算、贷后风险预警处置等场景,以有效破解绿色信贷管理"瓶颈"。

在ESG业务体系创新方面,目前已有许多银行开发数据类产品,建设数字化、智能化应用系统,创新金融产品,形成了良性循环的制度体系。例如,中国工商银行与瑞典斯德哥尔摩数字团队合作,探索利用区块链技术降低绿色债券发行和信息披露成本;湖州发布我国首个区域性ESG评价数字化系统,为促进环境信息披露提供工具支持,湖州银行作为金融机构的实践代表,发布湖州银行信贷客户ESG违约率模型与数字化应用系统;江苏银行基于国标行业分类标准和绿色信贷分类标准,建立了行业与绿色目录的映射关系,开发上线了绿色信贷智能化认定系统。重庆农商行建立绿色信贷系统,该系统囊括赤道原则线上管理、绿色分类管理、环境效益测算等功能,借助金融科技,实现绿色项目的自动管理。创新绿色金融产品,推出绿色小微产品"绿增贷""绿信贷",以弱担保形式解决绿色小微客户抵押担保难问题。

【案例8-2】 湖州银行ESG金融产品实践[1]

一是建立绿色信贷识别体系。根据《绿色产业指导目录(2019版)》以及中国人民银行、原银保监会等部门发布的绿色信贷分类标准和湖州地方政府制定的相关标准,湖州银行针对授信企业所处行业、经营范围、贷款用途、生产工艺等维度,初步建立了涵盖绿、蓝、黄、红4类9级共256项具体绿色细分门类的绿色信贷识别评价体系,由绿色信贷管理系统进行自动判别,将企业分为友好类(绿色)、合格类(蓝色)、关注类(黄色)以及退出类(红色),并根据贴标在额度和利率上进行差异化授信。

二是建立环境效益测算体系。按照金融监管部门的环境效益测算具体要求以及不同行业建立专业的环境效益测算模型,湖州银行将项目环境效益测算公式及参数要求嵌入系统后台,由系统自动测算绿色项目的环境效益。根据环境效益的测算结果及时调整信

---

[1] http://www.financialnews.com.cn/kj/202204/t20220415_244158.html.

贷政策，优先为低碳项目开通快速审批通道。

三是创建 ESG 风控模型体系。绿色信贷管理系统结合银行内部客户信息以及外部平台数据信息，前置信贷客户 ESG 风险管理，把企业的环境信用评级、碳排放管理水平、员工权益保障、安全生产、公司治理、经营管理等方面的 67 项四级指标纳入指标体系，将评价结果与财务指标一起纳入违约概率模型，自动化预测贷款质量。目前，该系统已完成对全行约 2/3 公司客户的 ESG 评价，有效提升了湖州银行对信贷客户履约能力的预判和对绿色小微企业的融资支持效率。

实践表明，绿色信贷管理系统对开展绿色金融有着巨大作用，提升了绿色识别效率，增强了绿色管理能力，推动了绿色金融提质扩面。通过绿色金融的数字化转型，能更准确地识别环境效益，更高效地实现差异化金融服务，增强了绿色金融的服务能力。

【案例 8-3】 中国人民银行重庆营管部 ESG 实践[1]

中国人民银行重庆营管部建立了"业务+技术"一体化研发团队，自主开发建设"长江绿融通"系统。经过近百次迭代升级，"长江绿融通"系统已实现全域推广、全域覆盖，成为重庆绿色金融改革创新的安全连接中心、业务创新中心和监测评估中心。其特点有：自主开发，保证系统建设安全可控；模块化设计，实现系统持续迭代升级；运用人工智能技术，实现绿色项目智能化识别和环境效益测算；统一标准，实现绿色金融数据共建共治共享；搭建绿色融资平台，全流程跟踪项目对接；强化大数据归集处理，实现绿色金融深度挖掘；设置政策管理功能，实现政策工具精准支持。实践表明，在银行业 ESG 制度创新中，数字化、标准化是绿色金融改革持续创新的关键，先进、高效的应用平台是绿色金融改革持续创新的动能，绿色金融业务和金融科技深度融合是绿色金融改革持续创新的保障。

【案例 8-4】 华夏银行通过三大策略践行 ESG 投资理念

2019 年 3 月，华夏银行资产管理部加入 UNPRI，成为该组织在中国境内首家商业银行资产管理机构成员。华夏银行近年积极推行 ESG 理念，通过三大 ESG 策略推行 ESG 投资理念。

一是优化 ESG 投研体系。独立开展 ESG 分析框架和评价体系的研究，精准了解企业的 ESG 表现，优化资产配置效率，使 ESG 分析方法能够深度整合至投资决策流程。

二是构建 ESG 三层因子体系。与国内外研究机构和学术机构建立沟通交流机制，进一步定位具备实质性、可比性、可得性的行业关键因子，持续提升 ESG 策略对投资决策的指导能力。

---

[1] 中国人民银行重庆营业管理部课题组.金融科技赋能绿色金融的重庆探索[J].中国金融，2022(11)：24-26.

三是进行ESG数据研究。探索自然语言处理技术在此方面的应用,拟以ESG因子为数据点构建知识图谱快速收集和分析数据,并将分析范围关联至供应链和参控股方,构建能够服务于股票、债券、非标债权、股权等类型投资的ESG数据。

目前,华夏银行共发行ESG主题产品20款,涵盖节能环保、清洁能源、生态保护和基础设施建设等领域,是发行ESG主题产品最多的银行机构。其中,固定收益类产品11款,混合类产品9款,累计募集金额超过100亿元,约占国内公募机构管理的ESG策略产品规模的1/10。截至2019年上半年,华夏银行向实体经济投入绿色融资总额1 208亿元,其中绿色信贷720亿元,绿色租赁318亿元,碧水蓝天基金100亿元和绿色债券投资70亿元。

8.1.3 ESG制度创新

金融机构ESG制度创新是指金融机构在其业务运营和管理中,引入环境、社会和治理(ESG)因素,以提高自身的可持续发展能力和社会责任感,同时为实现绿色低碳转型和社会公平正义提供金融支持。金融机构ESG制度创新的主要内容包括:① 建立ESG战略规划和目标,将ESG因素纳入金融机构的愿景、使命和价值观,制定相应的政策、标准和指标,明确责任分工和考核机制,确保ESG理念贯穿金融机构的全方位决策和行动。② 加强ESG风险管理和信息披露,建立完善的ESG风险识别、评估、监测和控制体系,定期对内外部利益相关方披露金融机构的ESG绩效和影响,接受社会监督和评价,及时改进不足之处。③ 推动ESG金融产品和服务创新,开发符合ESG原则的金融产品和服务,如绿色信贷、绿色债券、绿色基金、社会责任投资等,满足不同客户的多元化需求,促进绿色产业和社会事业的发展。④ 增强ESG人力资源和文化建设,培养具有ESG意识和能力的金融人才,提高员工的ESG参与度和满意度,营造积极健康的ESG文化氛围,激发金融机构的创新活力和社会影响力。

随着全球投资者对ESG理念的关注度不断升高,更多企业开始反思如何将自身发展与环境以及社会发展更好地衔接,如何实现可持续发展逐渐成为企业发展过程中探索的核心。

【案例8-5】 国际金融机构摩根士丹利长期持续推进ESG制度创新[1]

国际大型综合金融机构方面,从挑战与机遇立场,把ESG视为非传统领域做开发的已有较多实践,如花旗银行的普惠金融。但是,能从更宏观、更全面角度,积极推动自身迈向一个更健康、更可持续的未来,且把相关实践内化于组织各构面的案例,则相对少有,而摩根士丹利(Morgan Stanley,以下简称"大摩")为其一。

大摩抱持"可持续金融领袖"的愿景,放眼天下,进行战略定位,建构长期可持续性,前

---

[1] https://www.saif.sjtu.edu.cn/show-108-4054.html.

后逾十年,涉及组织变革、纵向统御、横向贯穿、深度整合等流程。这个迈向长期可持续性的历程,始于2007—2008年金融危机,当时全球金融系统几近崩溃,华尔街五大投行消失了三家,大摩是幸存的两家之一,且面临公司史上的首次季报亏损。

内忧外患下,为迈向一个更健康、更可持续的未来,大摩振衰起敝,重新定位。针对商业模型、投资评估流程与人类发展前途,它拟订了三个战略目标。商业模型方面,它拟建立一个抗压性更强、能贡献于全球金融系统之健全发展的可持续商业模型。投资评估方面,它放眼长期,拟建立一套嵌入式的可持续评估流程。人类发展前途方面,它愿投入时间、人才与资源,推动人类的可持续成长未来。这些战略目标通用于大摩所有业务,包括最核心的财富管理、机构证券及投资管理三部门。更重要的,目标有过渡功能,让可持续理念从小范围的特色方案演化为全面性的组织策略,进而融合可持续理念与大摩核心业务。

大摩落实战略目标的第一步,是在组织设计上启动一个新专责部门——全球可持续金融部(Global Sustainable Finance Group, GSF)。GSF有横向贯穿、纵向统御的功能。"横"是跨部门合作,GSF须与各业务部门合作,将可持续理念推展到产品、服务及部门功能里;"纵"是督导中央化,GSF设有一个由各部门专才组成的内部委员会,其提报层级上升到董事会下的提名及治理委员会。为可持续金融奠定稳固的基础,GSF被赋予另一项"存在性证明"的重任:当可持续理念、ESG实践与业务机会全面整合时,长期利润仍然存在。

在整合可持续理念与组织核心业务方面,大摩采取由下到上的方式,2013年设置了"可持续投资的整合式平台"(Institute for Sustainable Investing, ISI),以推动产品的开发、承担思想领袖的责任,且和各界共同积累规模。ISI设有部门总裁,但理事长由大摩执行长固曼担任。在监督方面,除董事会外,ISI另设有一个由各界专家组成的外部投资咨询理事会。

具体推动上,大摩的ESG金融之路,未始于净收益占比最高的机构证券,而始于财富管理,这与部门性质有关。当时该部门有400万位客户,管理资产总值近2万亿美元,收益稳定,成长性高,被列为组织战略布局的重点。财富管理的客户由超高净值个人、基金会、宗教组织及家族办公室形成,这些客户对投资标的有要求,既须符合价值观,又须达成财务目标。

为掌握客户偏好的演变,财富管理部开发新产品。大摩于2012年启动"影响力投资平台",推出具环社影响力的投资产品,前后120余只,主题涵盖住房、洁水及再生能源,资产类别涉及股、债与另类投资,策略包括限制性筛选、ESG整合、可持续主题及影响力投资等。

可持续金融的推动,除须更新组织设计及督导流程外,还须精进员工技能及改变企业文化。大摩对此依序展开,先培训理财顾问,后改变关注模式。

大摩的财富管理,通过全球16 000名理财顾问,对客户提供建议。为有效推进平台业务,它启动了一套课程系列,就影响力投资的涉入原因、相关方、策略、产品及营销材料五个主题,举办研讨会、讲座及线上培训。平台业务及人员培训的成效,反映在产品数,及ESG议题在客户对话里出现的频率。此后,ESG议题不只更频繁地出现在财富管理部之内部对话中,同时也更频繁地出现在与跨部门客户之对话里,凸显了大摩企业文化之认知模式的改变。

大摩对法人客户的动员,发生在个人客户之后,而这关乎投资管理部的资产配置业务。该部门以大型社保基金、企业及政府等法人客户为主,其ESG产品需求一直很弱,直到2015年才逐渐明朗,这也要求大摩提供符合ESG使命的投资产品。

该部门客户对可持续金融的需求相当多元化,故它聚焦于定制化方案的开发,且从共享资源、极大化产品效益立场,积极寻求跨部门合作机会。投管与财管两部门的合作,为大摩创造了优势。

机构证券部的业务涵盖投行、资本市场、销售与交易,以及研究,其客户组成以政府、金融机构、企业为主,其中有能源与工业客户。绿色债券为该部门业务中最能反映大摩跨部门对话的价值,而"跨部门"包括大摩三个主要部门,"对话"发生在GSF、可持续金融主管与客户之间。早先只对环境项目融资的绿色债券,及其后演化出对社会议题融资的可持续债券,都源于大摩的整合路径,凸显了它的价值。

绿色债券于2007年由欧洲投资银行启动,其后五年里,它一直由开发银行主导,成为一种为抵御气候变化而导入外部资金的工具。2012年大摩的机构证券、财富管理及GSF团队,同时发现法人客户对绿色债券有兴趣,一是因为绿色债券可满足法人投资方对规模、流通性与受托人责任的要求,二是因绿色债券可扩大发行者的投资人基础。

大摩因此启动了绿色债券业务,而通过跨部门合作,它持续扩大客户基础、引入新发行者,最终形成一个体量充沛、获利稳定的市场。它一再突破自己,屡创佳绩,包括缔造了一系列的"扩规":大摩把绿色债券发行方由开发银行扩及实体企业,把自身角色由承销扩及发行,把绿色债券融资范围由再生能源扩及一般性的环境可持续项目、再扩及社会可持续项目等。因此,无论是2013年法国电力发行的首只企业绿色债券、2014年联合利华发行的首只消费者绿色债券、2017年星巴克发行的首只社会可持续债券,大摩都是主要推手。当绿色债券把大摩推上高峰时,它启动了全球可持续债券领导委员会,针对环境社会可持续目标,与行业伙伴联手探索机遇与挑战。

机构证券部下设研究单位,2013年大摩启动了可持续研究团队,由一组ESG专家督导其全球分析师把ESG因素嵌入研究分析。该团队开发了一个模型,通过行业独有的ESG因素,把可持续理念内化于30个行业。依据该模型,碳排放、供应链、人力资本与产品安全等议题,都会对评价模型产生影响,而分析师因此须对个股的目标价格做出改变。大摩更为其研究团队制订了一套特殊的薪酬结构,以鼓励跨部门合作、强调客户回馈与进行质量管控。

十年可持续金融的努力,大摩正在逐步落实三个战略目标,这不但把它推上声誉高峰,更带来丰厚利润。具体数字指出,大摩股价跃至十年高峰,财富管理平台的客户投资达250亿美元,远远超过十年前拟订的100亿美元目标等。在开发关乎人类可持续发展的债券上,大摩不断地推陈出新,把资金源源不绝导入演变中的新领域,也为自身创造了体量充沛的交易。

8.2 保险机构 ESG 业务实践与创新

保险机构的运作模式是收取保费,将保费所得资本投资于债券、股票、贷款等资产,运用这些资产所得收入支付保单所确定的保险赔偿。时任 UNPRI 理事会主席 Martin Skancke 在保险业 ESG 投资发展论坛上指出,保险业的重点是收集溢价和管理风险,因此保险业与可持续发展密切相关,随着《巴黎协定》表明气候变化的重要性以及政府对该问题的承诺,保险业的作用越来越重要。保险业与其他金融行业相比较特殊,ESG 问题也会影响其承保端业务。由气候变化而导致的极端天气会使投保人的生命财产受损,因此保险机构更应该关注 ESG 议题。

8.2.1 投资端

近年来,参与 ESG 责任投资是保险资管公司贯彻落实金融服务实体经济的重要抓手,保险资管公司也不断探索 ESG 和绿色投融资新路径,打造保险领域的特色 ESG 投融资新模式。根据安永发布的《保险资产管理业开展 ESG 投资》报告,目前中国保险资产主要通过债权投资计划直接投资绿色项目,截至 2019 年 4 月底,以此形式进行的绿色投资规模已超过 7 000 亿元人民币。此外,保险资金还通过发起设立股权投资计划、参与私募基金和产业基金、投资绿色信托产品等方式支持绿色金融发展。

原银保监会于 2021 年 9 月 18 日公布,截至 2021 年 8 月末,我国保险领域绿色产业债券投资计划规模达 1.06 万亿元,绿色股权计划投资规模达 114 亿元,主要面向交通、能源、水利、市政等领域。2021 年 10 月,中国保险资产管理业协会责任投资(ESG)专业委员会成立,这有利于引导保险资金树立 ESG 责任投资理念,并通过设计 ESG 责任投资产品,明确投资流程,进行风险识别和风险防范等,扩大保险领域 ESG 责任投资进程和覆盖面。截至 2021 年末,保险资金通过债券、股票、资管产品等方式投向碳中和、碳达峰和绿色发展相关产业账面余额超过 1 万亿元。

保险业已经涌现了越来越多的创新产品。2021 年 5 月长江养老发行了首只 ESG 主题保险资管产品,通过运用 ESG 投资来支持上海陆家嘴(600663)金融城区"碳中和"的实现。新华保险则聚焦碳排放,逐步降低高碳排放项目的资产配置比例,并不断挖掘绿色债券及资产相关的投资机会。中国人寿财险将森林生态碳汇价值引入保险机制,推出全国首单林业碳汇指数保险。2021 年 6 月,国寿资产根据不同投资品种,分别制定相应的正面清单和负面清单,推出保险资管业内的第一只 ESG 债券指数产品"中债-国寿资产 ESG 信用债精选指数"。2021 年 8 月,太保资产发行首只碳中和主题保险资管产品,聚焦碳中和主题相关资产,引导投资者践行碳中和理念,共享碳中和发展成果。2022 年 6 月,国寿资产在民生银行渠道代销的 ESG 保险资管产品——"国寿资产-稳利 ESG 主题精选 2209 保险资产管理产品"正式上线中保登"银保通"系统并完成交易,开启了双方在保险资管代销领域的首次合作。据悉,这是行业内首只渠道代销的 ESG 保险资管产品。

根据相关测算,截至 2021 年末,保险资金投资绿色发展相关产业的规模较 2020 年末已近翻倍,超万亿元。目前绿色 ESG 产品的开发力度正在加大,针对 ESG 产品有固收类型也有权益类型的,在 ESG 策略、方法、基准等方面都在积极加快进度。从险资参与的形式来看,绿色债券、债权计划、股票投资(ESG)、直接股权投资、设立信托计划等方式都是绿色金融投资布局的主要方式。从险资感兴趣的板块来看,节能环保、清洁能源、清洁生产相关领域都是焦点。

"双碳"战略持续发力之下,资管市场相关的主题产品越来越丰富,市场的接受度也正在逐步提高。保险资管机构可以充分发挥保险资金投资品种多样、投资领域广泛的优势,丰富绿色投资的工具和手段,创新研发金融产品,满足各类绿色主体的多样性融资需求。一直以来,保险资管行业充分发挥超长期资金优势,推动落地一批兼具生态效益和投资回报的大体量项目,与实体企业经营发展紧密相连,才能使绿色投资落在实处。[1]

【案例 8-6】 平安保险自研 CN-ESG 数据库及评价体系[2]

中国保险业龙头平安保险是中国首批进入 ESG 领域的保险公司之一,是首家签署 PRI 的中国保险企业,近年来其在数据产品开发、评价体系和风险管理上的创新值得借鉴。

平安从 2019 年开始搭建 CN-ESG 评价体系,包含通用指标、行业矩阵、舆情调整三大模块,囊括环境 E(Environmental)、社会 S(Social)、治理 G(Governance)以及行业特色业务 B(Business)四个维度。CN-ESG 体系梳理了香港联交所、上交所等国内 ESG 相关合规披露要求,并融入海外 MSCI、DJSI 评价体系的核心议题,同时兼容了目前国内现有体系,在 ESG 披露的信息、标准、指标方面兼具本土和国际视野,可更精准地反映中国企业 ESG 表现。

运用了这套平安自研的 CN-ESG 数据库及评价体系,平安数字经济研究中心对覆盖了中国 A 股市场超过 3 900 家上市公司回溯 5 年(2015—2019 年)的 CN-ESG 数据进行分析并构建了四种 ESG 投资策略。研究发现,A 股公司的 CN-ESG 分数整体分布对称性良好,类正态分布。因子相关性测试结果显示,平安 CN-ESG 因子具有较为明显的蓝筹特征;从相关系数来看,平安 CN-ESG 因子与其他传统金融市场因子的相关性整体偏弱,ESG 因子独立性较强,可以形成对目前基本面因子的有效补充,为投资决策提供新的数据观点。

在 CN-ESG 的基础上,平安打造了一套 AI-ESG 智慧管理平台,主要有 ESG 综合管理和 ESG 投资风控管理两大功能。一方面为上市公司提供管理 ESG 绩效的工具,另一方面为投资机构提供被投标的 ESG 评价表现,包括 CN-ESG 智能评价、ESG 风控、ESG 投资组合管理等服务。建立集团责任投资(ESG 投资原则、积极股东原则、主体投资原则、审慎原则、信息透明原则)全方位产品体系,覆盖多个类别的金融衍生品,并将气候变化风险等纳入集团"251"ESG 风险管理体系。

---

[1] https://www.cls.cn/detail/918408.

[2] https://cs.com.cn/ssgs/gsxl/202101/t20210114_6130250.html.

8.2.2 承保端

根据中国保险业协会统计,2018—2020年保险业累计为全社会提供了45万亿元保额的绿色保险保障,支付赔款534亿元,发挥了绿色保险的风险保障功效。[1]

相关研究显示,绿色保险产品以污染环境风险保障类、绿色资源风险保障类、绿色产业风险保障类、绿色金融风险保障类、巨灾/天气风险保障类以及鼓励实施环境友好行为类等产品为主。绿色保险服务以企业环境污染风险管理服务以及病死畜无害化处理联动等产品为主。保险资金的绿色应用以绿色投资及普惠金融(支持绿色产业项目)等产品为主。[2]

【案例8-7】 中国人保积极提为新能源产业、绿色建筑供绿色保险风险保障[3]

在风能、太阳能产业保险、绿色低碳建筑保险等方面保险业都开展了积极的探索,中国人保于《2021年企业社会责任报告》中披露,2021年,该公司产品质量保证保险为风电设备整机制造商及其上下游企业的质量风险提供550亿元保障,太阳能光伏组件长期质量与功率保证保险为光伏企业提供风险保障121亿元,主动布局新能源汽车保险。

中国人保还相继在北京、青岛、湖州、苏州、宁波、天津等地试点,推出既有建筑节能改造保险,在运营期对承保项目节能指标进行实时监测,全过程监督既有建筑节能改造工程。推广应用汽车配件低碳修复技术,2021年,通过低碳修复技术实现减少配件更换87.5万件,降低大量汽车配件生产所带来的温室气体排放。

中国太保支持新能源机动车辆保险的发展,主导的"中国太保三江源生态公益林"项目在助推"双碳"经济目标实现的同时,积极发展巨灾保险以及"e农险"。

【案例8-8】 新华保险积极提供绿色保险业务[4]

新华保险发布的《2021年度企业社会责任报告》显示,在客户开拓上,新华保险重点关注节能环保、高新科技、新能源等行业公司,连续多年提供员工意外、重疾、住院医疗等一揽子保障服务。以新华保险北京分公司团险业务为例,2021年绿色保险业务涉及短险保费5 142.5万元,服务客户243位,占北京分公司团险渠道总短险保费的10%。

未来,气候相关风险的增加会对保险公司及其行业估值产生显著的影响。与天气相关的财务损失以及气候变化产生的健康影响,正影响着保险公司的业务经营、承保活动以及资金储备。预计未来全球热带气旋风暴的强度将会增加5%,而降雨强度则会增加

---

[1] http://www.cb.com.cn/index/show/bzyc/cv/cv135125791649.

[2] https://www.cls.cn/detail/918408.

[3] https://finance.sina.com.cn/jjxw/2022-04-08/doc-imcwiwst0593915.shtml.

[4] https://finance.sina.com.cn/jjxw/2022-04-08/doc-imcwiwst0593915.shtml.

15%。保险公司有机会从自然灾害造成的实体影响中获益,因为随着更多地参与和保险挂钩的证券市场(尤其是巨灾债券),针对极端天气事件的新保险产品需求也会上升。

8.3 证券基金机构 ESG 业务实践与创新

证券金融机构的 ESG 业务涉及投资端与融资端两方面,聚焦于环境因素的环境主题产品是其重要组成部分。融资端的主要产品包括发行承销绿色债券产品,投资端则包括对绿色债券、ESG 基金产品的投资。证券公司作为连通实体企业与投资者的金融中介,对于 ESG 产品的创业、ESG 业务机制的完善,有助于引导资金流向 ESG 表现更优的企业和项目。

8.3.1 泛 ESG 债券

自中国证监会于 2018 年修订《上市公司治理准则》并明确了 ESG 信息披露基本框架以来,ESG 理念在上市公司自身管理中得到了彻底实践,ESG 指数产品也得到了快速发展。证券公司是仅次于商业银行的第二大 ESG 责任投资主体。近年来,证券公司积极通过绿色债券、社会债券和可持续发展挂钩债券等方式开展 ESG 责任投资实践。

在 ESG 实践中,截至 2021 年末,我国 140 家证券公司中有 22 家证券公司开展了 ESG 相关投资,其中最为常见的方式为承销或投资绿色债券、社会债券。Wind 数据显示,2021 年,我国共发行绿色债券 485 期、6 075.42 亿元,发行期数和规模同比分别增长 124.54%、172.58%。在社会债券方面,我国共发行 162 只乡村振兴专项债,发行量共计 1 791.34 亿元;共发行 231 只扶贫主体债券,发行量共计 7 975.34 亿元;在可持续发展挂钩债券方面,我国共发行 31 只,发行量共计 311 亿元。

以绿色债券为例,随着 2021 年碳达峰、碳中和目标的提出,作为中国资本市场主力军的券商加大了绿色金融创新的参与力度,绿色债券即是重要体现之一。根据专项统计,2021 年全年作为绿色公司债券主承销商或绿色资产证券化产品管理人的证券公司共 50 家,承销(或管理)债券(或产品)102 只,合计金额 1 376.46 亿元;其中,资产证券化产品 38 只,合计金额 529.25 亿元,创历史新高。

从绿色债券主承销家数来看,前三甲分别为中信证券、东吴证券和中金公司;发行金额方面,前三强则为中金公司、中信证券和华泰证券(上海)资产管理有限公司。目前大型券商基本都建立了专门的绿色及 ESG 研究团队和投行股权债权融资团队,加强绿色金融领域的研究及业务拓展,通过产品的研究及创新助力绿色金融发展,形成了较为显著的承销及专业优势。

【案例 8-9】 中金公司积极推动绿色债券[1]

2021 年,中金公司共承销 35 单绿色债券,其中协助金融机构发行 12 单绿色债券,协

---

[1] http://dianzibao.cb.com.cn/html/2022-02/28/content_261861.htm.

助非金融企业发行23单绿色债券。其中,标杆项目包括:协助国家能投、华能集团完成交易所首批碳中和债发行;助力国开行完成境内最大规模碳中和绿色金融债暨境内首单获得CBI认证的碳中和债发行;作为管理人完成境内全市场首单碳中和类REITs——中能建风电资产类REITs项目、市场首单水电绿色类REITs——国电投集团类REITs;参与国开行"黄河流域专题绿债"、国开行"长江经济带专题绿债"、全国首单碳中和绿色项目收益债券、交易所首单蓝色债券等创新品种发行。

此外,中金公司还协助深圳市政府发行首批离岸绿色地方债;协助进出口银行完成2021年绿色金融债发行;协助亚投行完成境外可持续发展债券发行;助力完成银登中心首单碳中和信贷资产流转;与绿金委共同推动《可持续金融共同分类目录》中译文发布,促进中欧绿色资金双向流动,降低跨境交易中的绿色认证成本。

【案例8-10】 中信证券积极推动绿色债券[1]

中信证券同样成绩亮眼。在境内绿色债券承销方面,2021年累计参与发行规模1 201.38亿元,发行数量50只。在境内绿色证券化产品承销方面,累计为7家发行主体发行绿色资产证券化产品21只,总计发行规模161.11亿元。在国际绿色债券市场承销方面,共承销36单ESG及境外绿色债券,其中29单为美元,合计发行规模122.66亿美元;6单为人民币,合计发行规模97.5亿元人民币;1单为港币,合计发行规模25亿港元。

与此同时,中信证券助力国家能源集团、深圳地铁、天成租赁成功发行全市场首批碳中和绿色债券;作为计划管理人助力中海地产成功发行全国首单碳中和CMBS;助力顺丰泰森成功发行全国首单民营企业碳中和公司债券。在产品交易方面,中信证券完成了市场首笔以"上海清算所碳中和债券指数"为标的的场外衍生品交易业务。

8.3.2 泛ESG基金

中国基金业协会发布的《绿色投资指引》明确指出为境内外养老金、保险资金、社会公益基金及其他专业机构投资者提供受托管理服务的基金管理人,应当发挥负责任投资者的示范作用,积极建立符合绿色投资或ESG投资规范的长效机制。基金业对ESG理念的重视,促使ESG理念基金产品的不断推出。社保基金会作为中国资本市场上重要的资产所有者,要在推广ESG理念、践行ESG投资方面,发挥更积极主动的引领作用。2022年11月,全国社保基金ESG投资组合面向国内公募基金公司招标,加强布局ESG投资。

据中国责任投资论坛研究,中国的ESG投资活动主要集中在ESG相关的公募基金和理财产品。从种类上来看,ESG相关的基金,即ESG概念基金,包括节能环保行业、

---

[1] http://dianzibao.cb.com.cn/images/2022-02/28/11/2444B03B.pdf.

ESG优选、公司治理优选和绿色低碳优选四大类别。

截至2022年5月15日,已发行公告但尚未成立的ESG概念基金5只。处于存续期的主动型ESG概念基金共54只,其中,主动型纯ESG主题基金11只、主动型泛ESG主题基金43只(E、S、G主题分别有33只、7只、3只)。主动型ESG概念基金总规模达837.76亿元。

公募基金方面,国内ESG基金以泛ESG基金为主。国内泛ESG基金布局主要围绕主题投资展开,真正ESG产品较少。2019年以来国内泛ESG指数及基金产品的扩容主要受益于新能源、光伏、低碳相关主题型基金的发行热度,真正将ESG投资理念运用到选券层面的产品相对较少,这一方面与当前A股市场的ESG评级体系发展仍不完善、ESG可投资性有待验证有关,另一方面也与ESG投资理念尚未普及有关。

目前,将ESG责任投资纳入战略发展规划的基金公司超过10%,并有超过25%的基金管理公司着手建立ESG投研体系。在ESG实践中,《中国责任投资报告(2021)》发布的数据显示,鹏华、汇添富、中银、富国、工银瑞信等61家公募基金公司在ESG领域进行了相关研究,并将研究成果应用到ESG产品的创设上,发布了ESG主题基金,如碳中和、节能环保主题基金、绿色低碳行业基金。Wind数据显示,2019—2021年,我国新增ESG公募基金数量加速上涨,分别为11只、29只和53只,基金余额合计2 245.91亿元。其中,股票型基金69只、混合型基金109只、债券型基金7只、QDII基金6只。目前,汇添富等12家基金公司在ESG风险管理流程及工具指标进行了建设提升,如建立ESG或绿色投资方法流程、投后定期评估机制、ESG及绿色投资数据和评价机制。有16家基金公司建立定期披露机制,包括对投资人进行定期的ESG报告、对社会公众的社会责任报告、ESG报告等。

【案例8-11】 易方达积极创新ESG基金产品

易方达基金注重绿色产品创新,并持续开发将环境因素纳入考量的投资策略和基金产品。2017年6月,易方达推出了环保主题混合基金,投资于可再生能源、清洁能源、传统行业环保转型等主体的产业与公司。2019年9月,易方达推出ESG责任投资股票基金,体系化地融入ESG评估,选取ESG表现优秀且有价值的公司进行投资。2021年4月,易方达相继推出中证新能源ETF和碳中和50ETF产品,关注应对气候变化、实现"碳达峰"和"碳中和"目标下的低碳经济转型,持续丰富绿色产品体系。

【案例8-12】 兴证全球基金ESG基金产品创新[1]

兴证全球基金是A股市场最早引入社会责任投资理念的基金管理公司,并在2008年成立了国内首只公募社会责任基金产品——兴全社会责任基金。这只基金除了关注企

---

[1] https://xueqiu.com/7182704875/257428926.

业营利能力和管理水平,也更关注企业的社会责任实践,包括环境、社会和公司治理层面。

2011年,兴证全球基金再度成立了国内首只绿色投资基金——兴全绿色投资基金(LOF),提出绿色投资筛选策略,挖掘绿色科技产业或公司,以及在传统产业中积极履行环境责任公司的投资机会。

2016年,兴证全球基金启动了社会责任专户,这类产品根据投资者要求设置禁止投资名单,把其中的企业排除在投资范围外,同时为公益基金会提供资产管理服务,部分收益用作公益资金来推动公益项目。

截至2018年底,兴全社会责任基金已成立了5个社会责任专户,通过社会责任专户公益累计捐赠超过400万元。

【案例8-13】 摩根士丹利证券(中国)有限公司投入智能投研平台开发

摩根士丹利证券(中国)有限公司(原摩根士丹利华鑫证券)是摩根士丹利设立于中国的证券经营机构。摩根士丹利证券(中国)有限公司(以下简称"大摩")在ESG产品研发以及投资策略不断开创新思路,其自主研发的ESG DataLAB运用大数据及AI手段对全市场A股ESG评级。依托该平台成立大摩ESG量化基金,具有较好的业绩表现。无论在前期的产品还是投后管理方面,公司都有专业的ESG领导团队,对整个ESG产品的相关表现进行分析和更新维护。摩根士丹利的ESG投资管理体系也值得我国其他金融机构学习借鉴。[1]

智能投研系统ESG DataLab通过大数据及人工智能技术多维度挖掘及识别互联网信息,弥补了上市公司披露不足的问题,同时结合中国市场的行业、地域差异,构建了ESG指标打分与评级体系,将评价结果作为公司旗下的全部产品的决策参考。该投研系统ESG DataLAB获得了业内认可,登上了《证券时报》"2019(第三届)中国金融科技先锋榜之中国公募基金智能投研先锋榜"。

值得注意的是,大摩坚持以ESG投资理念指导的投研框架,建立了ESG评价体系和ESG股票池,从不同的信息来源和研究支持获得ESG评价所需信息,并从公司层面设立具体的绿色投资业务目标。公司的投资决策包括主动权益投资、量化投资,均以公司ESG评价体系和ESG股票池为基础。

具体来看,公司建立了特定的绿色投资策略。首先,通过自主开发的ESG DataLAB投研平台,抓取海量数据并进行处理分析,形成200多个打分指标,从环境、社会、公司治理三方面对上市公司进行ESG评级。对环境方面的碳排放、废弃物排放、社会舆论等,社会责任方面的道德规范、产品质量、同工同酬等,公司治理方面的负债率、股权结构、股权质押、违法违规等进行打分,再分别加总、计算得到企业的E、S和G逐项得分后,等权相加即为ESG综合得分。选取评级较高的A~C级股票形成备选池。这较大程度地将"踩雷"风险较大的个股排除在外,提升了投资回报的可持续性。

---

[1] https://iigf.cufe.edu.cn/info/1012/4283.htm。

在投后管理方面,公司专门建立了关于 ESG 的领导团队,重点制定了一系列对被投企业的监督规则,即 ESG 动态管理体系,实现了对投资标的 ESG 相关表现的持续跟踪以及信息的更新。

依托投研平台,大摩开始在产品研发上积极实践,于 2020 年 7 月 16 日成立了大摩 ESG 量化先行,从 ESG 维度全面考察上市公司可持续发展潜力,精选出具有长期价值的企业,力争为投资者创造更出色的复合回报。该基金首发反响热烈,募集规模逾 22 亿元,充分体现了市场对于责任投资理念的认可。

该产品在投资运营过程中,主要从四个方面进行 ESG 实践:

其一,大摩 ESG 量化先行设立了严格的 ESG 投资特征库,将基本面评价得分较低的公司和 ESG 评级较低的公司剔除。严格的 ESG 投资特征库制度确保了大摩 ESG 量化基金能够集中投资于基本面优秀且 ESG 得分较高的公司。

其二,偏好投资 ESG 得分均衡的上市公司。针对 ESG 得分较好但环境、社会和公司治理单项得分较低的公司,大摩 ESG 量化先行将谨慎投资此类上市公司。大摩更加希望上市公司在 ESG 三个维度保持较均衡的状态。一家能够实现长期价值创造的上市公司不应该在单一维度上暴露出较差的水平。筛选符合 ESG 评价标准的优质公司始终是大摩 ESG 量化先行投资管理工作的重要基础。

其三,尝试在 ESG 评价方面加入本土视角的解读。例如,中国正处于产业结构转型升级的过程中,传统高污染、高能耗产业占比仍然较高,这是由特殊阶段的国情所决定的。如果一味考虑 ESG 评分的绝对水平,则容易将绝大部分传统行业公司赋予较低评级。对于传统行业企业而言,观察 ESG 水平的变化情况更加合理。此外,部分公司在扶贫和环境保护方面也做了很多工作,但这些信息往往没有充分体现在定期报告中,因此需要结合科技手段,搜寻关于公司的公开信息,以利于对上市公司的 ESG 水平做出更客观准确的评价。

其四,通过持续的研究和投资实践,获得 ESG 的深度理解。ESG 的研究能够为投资服务,反过来投资活动又可以指导和完善 ESG 研究。大摩建立的 ESG DataLAB 能够深入了解 ESG 评价的细节,并不断通过更新的数据和研究过程补充和完善 ESG DataLAB 平台系统。

从业绩表现来看,大摩 ESG 量化先行切实帮助投资者获取可持续的投资回报。根据银河数据,截至 2021 年 5 月 21 日,该基金成立不到一年时间,净值增长率为 14.63%[1]。

【案例 8-14】 兴业证券完善 ESG 制度和评价体系建设[2]

部分中国企业在 ESG 发展上也已走在前列。以兴业证券为例,2018 年,该公司在行业内率先设立绿色证券金融部作为集团一级部门,并发布《兴证集团持续推进绿色证券金融业务发展的行动方案》,全面推动集团绿色证券金融业务持续发展。作为有责任

---

[1] https://fund.10jqka.com.cn/20210531/c629827460.shtml.

[2] http://www.zmoney.cn/touzi/show.php?itemid=4545.

的金融机构,兴业证券在自身践行ESG理念的同时,还致力于引导其他公司走向可持续发展。

2020年8月6日,兴业证券与中证指数有限公司联合开发的"中证兴业证券ESG盈利100指数"正式发布。该指数在践行绿色发展理念、加强可持续投资应用、提升绿色投资专业能力等方面产生了积极影响,助力中国ESG事业发展。

同年,兴业证券发布了《兴证集团绿色金融业务评价标准》。这是证券行业首个绿色金融业务评价标准,明确了绿色证券金融业务的内涵及外延,为探索建立国内统一、国际趋同、清晰可执行的行业标准贡献了一份方案。

除此之外,兴业证券投资银行业务总部成立碳中和行业部,这是全市场首个响应国家"碳中和计划"而成立的投行行业部。依托碳中和行业部,兴业证券将有效集中投行在碳中和领域的行业经验和服务资源,深入研究碳中和相关产业链上下游,协同持续培育和提升碳中和方面的专业服务能力。

兴业证券已着手建立上市公司ESG评价体系,同时还推动以ESG评分为基础建立投资策略的ESG指数产品、ESG主题产品创新,有效引导资金向绿色产业流动,并进一步强化绿色金融体系建设,从组织体系完善、业务标准制定、考核体系搭建等方面,全方位推动落实绿色金融业务管理机制体系建设工作。

目前,兴业证券已正式成立绿色证券金融领导小组及工作小组,明确相应的工作职责,将绿色金融业务发展纳入综合考核,并搭建了公司"绿色企业库"和"绿色基金库",持续对产品库进行维护更新的同时,对已纳入绿色企业库的项目实行"绿色通道"审批,为绿色企业项目形成有效支持。在推进绿色金融系统建设上,公司已在绿色金融评价功能建设方面明确绿色企业模块的角色、流程、数据源等问题,并已实现绿色企业识别功能,未来还将计划上线ESG评价功能。兴业证券构建了绿色融资、绿色投资、绿色研究、环境权益交易"四位一体"的绿色证券金融产品服务体系。

～～～～～～～～～～～～～～～～～～～～～～～～～～～～～～～～～～～

近年来,ESG理念逐渐在全球范围内形成共识,并成为新的投资策略和投资风口,中国的ESG投资基金也紧跟潮流,迎来高速发展,基金数量和规模逐年上升。每日经济新闻"ESG公募基金数据库"显示,2022年共计有30只纯ESG主题基金存续,其中新增13只(含2只已清盘基金),总计规模为134.82亿元。

2020年以来境内ESG基金发展在数量和质量上均有进一步的提升。摩士丹利华鑫ESG量化先行混合、方正富邦ESG主题投资及创金合信ESG责任投资三只基金先后于2020年成立。2021年,浦银安盛ESG责任投资股票型基金、嘉实中证沪深300ESG领先ETF、汇添富ESG可持续成长股票型证券投资基金先后发行成立。此外,2021年上半年,境内首只ESGETF产品工银瑞信中证180ESGETF发行,且还有浦银安盛中证ESG120策略ETF、鹏华国证ESG300ETF、富中国沪深300ESG基准ETF和富国中证ESG120策略ETF四只ETF产品分别获批。

表 8.4 我国以 ESG 命名的基金(截至 2021 年 6 月)[1]

成立日期	名　　称	投资类型	最新规模(亿元)	成立以来收益(%)
2019-08-21	华宝 MSCI 中国 A 股国际通 ESG	指数型	0.40	49.46
2019-09-02	易方达 ESG 责任投资	股票型	5.13	70.06
2019-12-19	南方 ESG 主题	股票型	14.91	75.53
2020-07-16	大摩 ESG 量化先行	偏股混合型	4.97	32.06
2020-12-28	方正富邦 ESG 主题投资	偏股混合型	1.78	5.72
2020-12-30	创金合信 ESG 责任投资	股票型	0.14	13.30
2021-03-16	浦银安盛 ESG 责任投资	偏股混合型	22.94	−2.97
2021-06-10	汇添富 ESG 可持续成长	股票型	20.54	2.11
2021-06-16	富国中证 ESG120 策略 ETF	指数型	2.41	−5.54

[思考与练习]

1. 简述金融机构 ESG 产品开发的共性特点。
2. 简要分析金融机构 ESG 产品创新的出发点与必要性。

---

[1] 马险峰,王志峰,张帅等.ESG 基金国际实践与中国体系构建[M].北京:中国金融出版社,2022:83—84.

第三篇 案例

金融业 ESG 导论

第 9 章 招商银行：描绘绿色发展画卷 助力打造"价值银行"[1]

近年来，极端气候变化事件频发，工业时代以来长期积累的碳排放导致温室效应骤增，由此带来的高温热浪、暴雨洪涝等一系列极端天气事件导致人类的生存环境面临极大的威胁。作为签署《联合国气候变化框架公约》的缔约方之一，我国牢固树立和践行"绿水青山就是金山银山"的理念，积极推动落实《巴黎协定》，并于 2020 年正式提出了碳达峰、碳中和的"3060"目标，加快推进人与自然和谐共生的现代化。

经济社会发展方式的全面绿色转型需要大量的资金投入与支持，这些资金如果仅由政府提供将无法满足需求，而商业银行在撬动社会资金参与绿色投融资方面可以发挥重要作用。大力发展绿色金融，既是商业银行贯彻"双碳"战略的必然选择，也是商业银行所面临的巨大机遇。

招商银行积极响应国家战略，以"招行所能"，急"国家所需"，于 2022 年提出打造"价值银行"的战略目标。价值银行战略是在巩固零售银行、轻型银行战略成效基础上的进一步升级，突出三个核心理念。一是多元价值理念。坚持"以客户为中心、为客户创造价值"的核心价值观，努力为客户、员工、股东、合作伙伴、社会[2]创造更大的综合价值，形成价值创造的正向循环，实现共生共赢、成果共享的高质量发展。二是系统经营理念。遵循"增量—增收—增效—增值"价值创造链的经营逻辑，不断提高系统化、精细化管理水平，做好成本管理、风险管理、资本管理，整体推动、统筹协调、相互促进，保持良性循环。三是均衡发展理念。坚持"质量、效益、规模、结构"动态均衡发展，做到质量第一、效益优先、规模适度、结构合理；坚持轻重均衡，做强做好重资本业务，做优做大轻资本业务；坚持"零售金融、公司金融、投行与金融市场、财富管理与资产管理"四驾马车协同发展；坚持长期主义，处理好当前和长远的关系，实现长期可持续的价值创造（如图 9.1 所示）。

图 9.1 招商银行的战略目标与核心理念

在"价值银行"战略目标的引领下，招商银行健全绿色顶层设计、打造绿色产品体系、提升绿色金融研究水平并加速推进绿色运营，大力推动自身经营发展方式的绿色转型，为

---

[1] 本案例编撰完成时间为 2023 年 6 月，案例所涉信息均更新至 2023 年 6 月底。

[2] 招商银行致力于成为最佳客户服务银行、最佳股东回报银行、最佳员工成长银行、最受合作伙伴信赖银行和最具社会责任银行。

美丽中国建设添砖加瓦。

9.1 健全顶层设计,助力绿色转型发展

9.1.1 绿色金融治理架构

招商银行董事会高度重视包括普惠金融、绿色金融、数据治理、人力资本、消费者权益保护、社会责任等在内的 ESG 工作发展,持续推动完善公司治理机制建设,不断提升公司治理运作水平,通过职权赋能逐步加强董事会特别是董事会战略与可持续发展委员会对 ESG 相关工作的统领作用。

2021 年 8 月,招商银行董事会审议通过了《关于董事会战略委员会增加绿色金融相关职责的议案》,在董事会战略与可持续发展委员会增加绿色金融相关职责:负责确定招商银行绿色金融发展战略和规划,审批高级管理层制定的绿色金融目标和提交的绿色金融报告,监督、评估绿色金融发展战略执行情况,以及审议监管要求的其他绿色金融事项。

在顶层设计框架下,招商银行于 2022 年 3 月进一步成立了绿色金融业务发展委员会,统筹全行绿色金融业务发展。委员会下设五个项目小组,分别为绿色发展规划与执行小组(负责制定绿色金融发展目标)、行业及产业链研究小组(负责开展绿色行业研究)、客户经营服务小组(负责绿色客户经营和绿色项目组织推动)、政策保障支持小组(负责健全绿色信贷制度)和零售绿色金融小组(负责构建零售绿色产品体系),如图 9.2 所示。

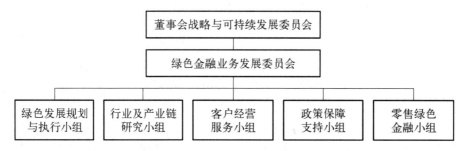

图 9.2 招商银行绿色金融治理架构

9.1.2 绿色金融发展规划

2022 年,招商银行发布了首份绿色发展专项规划——《招商银行绿色发展规划(2022 版)》,该规划描绘了招商银行绿色发展的愿景目标与路径,从绿色金融业务、绿色风险管理、绿色招行运营三大维度搭建了招商银行绿色发展的整体框架,成为招商银行绿色转型发展的纲领性文件。

其中,绿色金融业务体系首先强调定位绿色场景并拓展潜在客群,在此基础上,不断发展和丰富批发绿色金融和零售绿色金融两大产品体系,进一步利用招商银行集团各方资源,打造绿色金融飞轮体系,提升绿色财富管理能力,最后通过数字化平台来不断提升

绿色金融服务能力。

绿色风险管理体系是指在绿色金融授信政策中充分考量与气候环境因素相关的物理风险和转型风险，制定涵盖各相关行业的业务准入和风险控制政策。同时，不断完善气候与环境风险管理流程，利用绿色金融风险管理工具不断提升风险管理水平。

绿色招行运营体系包括三个方面：一是全面推进招商银行绿色低碳升级改造和日常绿色办公，并建设智能化的能源管理平台来提升能源管理的精细化水平；二是推进绿色文化与品牌建设，不断加大绿色发展理念的宣传，倡导员工践行绿色发展理念，打造"绿色招行"企业文化，同时持续向客户、社会公众传播绿色低碳理念；三是积极承担绿色公共责任，不断推进绿色公益事业发展，完善绿色信息披露，并大力支持社会可持续发展。

9.2 加大创新，打造绿色产品体系

招商银行的绿色产品体系如图 9.3 所示。

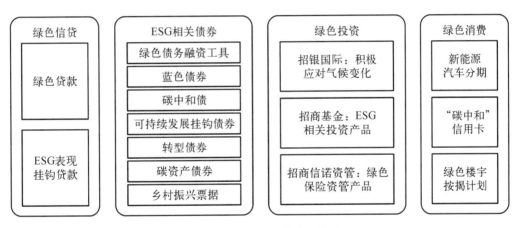

图 9.3 招商银行绿色产品体系

9.2.1 绿色信贷

近年来，招商银行大力发展绿色信贷业务，引导资金流向低碳行业。

截至 2023 年 6 月底，招商银行绿色贷款余额 3 879 亿元，同比新增 757 亿元，增幅 24.2%。在清洁能源领域，招商银行根据清洁能源发电装机快速提升、电力供应波动加大、电力需求持续增长和电力供需格局发生变化的特征，围绕"源网荷储"，制定了清洁能源行业体系化的经营策略。在节能环保和清洁生产领域，针对污水治理、固体废物处理制定了体系化的经营策略。

招商银行持续创新绿色金融产品，落地 ESG 表现挂钩贷款业务。该产品通过将贷款利率与企业的 ESG 指标挂钩，对指标表现良好的客户给予一定幅度的利率优惠，鼓励企业提高 ESG 治理水平。截至 2023 年 6 月底，招商银行共落地 ESG 表现挂钩贷款 9 笔，金额合计 0.94 亿元。

9.2.2 ESG 相关债券

ESG 相关债券是招商银行近年来大力发展的重要产品体系，包括绿色债券、蓝色债券、碳中和债、可持续发展挂钩债券、转型债券、碳资产债券和乡村振兴票据。2020 年，招商银行参考国际标准搭建了《招商银行绿色、社会责任与可持续发展债券框架》，进一步推动相关业务的发展。

1）绿色债务融资工具

绿色债务融资工具是指境内外具有法人资格的非金融企业在银行间市场发行的，募集资金专项用于节能环保、污染防治、资源节约与循环利用等绿色项目的债务融资工具。

2022 年，招商银行主承销绿色债务融资工具 37 只，主承销规模合计 391.78 亿元，排名市场前三。招商银行主承销全国首单权益型风电基础设施类 REITs，标的风电项目通过可再生风能资源发电，所发电量可替代以化石燃料为主导的电网电量，减少温室气体及污染物的排放。

子公司招银理财在符合"代客理财"投资需求的基础上，尽可能加大对绿色行业的支持。2020 年以来，在具体的信用债投资策略上，招银理财将绿色发展纳入综合评估，明确了优先支持公益基建，审慎配置煤炭、钢铁、化工、有色、建材、制造等高耗能、高污染行业的配置策略。截至 2023 年 6 月末，招银理财全口径绿色金融业务余额 378.94 亿元，其中债券直投[1]余额 313.08 亿元，项目类资产[2]业务余额 65.86 亿元。

2）蓝色债券

蓝色债券是绿色债务融资工具的子品种，是绿色债务融资工具在海洋领域的运用。蓝色债券拟投资项目须为对海洋有积极环境、经济和气候效益影响，且满足《绿色债券支持项目目录（2021 年版）》相关要求的经营性项目。

2022 年，招商银行在银行间市场发行 6 只蓝色债券，金额合计 47 亿元，项目集中于海上风电领域、海水淡化、深水养殖等领域。

3）碳中和债

碳中和债是指募集资金专项用于具有碳减排效益的绿色项目的债务融资工具，属于绿色债务融资工具的子品种。

2022 年，招商银行主承销碳中和债 7 只，主承销规模合计 117.14 亿元。其中，主承销全国首单高速公路行业碳中和债，募集资金用于分布式光伏发电项目建设。募集资金投放的光伏发电项目，在碳减排、污染物减排和化石能源替代等方面具有良好的环境效益。此外，主承销全国首单碳中和熊猫次级永续债。募集资金用于置换垃圾焚烧发电类项目贷款，所投项目属于清洁能源发电，可以减少因填埋处置所产生的填埋气，具有较为显著的温室气体减排效益。

4）可持续发展挂钩债券

可持续发展挂钩债券是指将债券条款与发行人可持续发展目标相挂钩的债务融资工

---

[1] 这里指参照人民银行《绿色债券支持项目目录》，采用 Wind 绿色债券清单。

[2] 这里指属于 FPA 口径的项目类资产。

具。可持续发展挂钩债券适合注重声誉、希望扩大 ESG 投资人基础、有信心和实力实现可持续发展目标的主体发行,尤其是暂无足够绿色项目而较难发行绿色债务融资工具的发行人和想参与可持续金融的传统行业发行人。

2022 年,招商银行主承销可持续发展挂钩债券 3 只,主承销规模合计 25 亿元,主承销规模排名市场前三。其中,主承销的陕煤化集团可持续发展挂钩债券为全国首批。该企业从降低企业自身的碳排放、逐步实现"双碳"目标的角度,在重点领域开展节能减排行动,选取吨钢综合能耗、新能源装机规模、火电供电标准煤耗 3 个关键绩效指标(KPI),并设置具有进取性的可持续发展绩效目标(SPT),助力公司实现"双碳"战略目标、走可持续发展之路。

5)转型债券

转型债券指为支持适应环境改善和应对气候变化、募集资金专项用于低碳转型领域的债务融资工具,聚焦电力、建材、钢铁、有色、石化、化工、造纸、民航八个行业发行人。

招商银行主承销山东能源集团转型债券,募集资金投向公司电力业务板块下煤炭高效利用类的低碳转型项目,募集资金拟投项目建设完成投入运营后,预计每年可节能 15.93 万吨标准煤,减少二氧化碳排放量 35.21 万吨。

6)碳资产债券

碳资产债是将债券的价值与碳资产的价值相关联的债务融资工具,包括用途关联、风险缓释关联及票面利率关联等方式。

招商银行主承销华光环保能源集团的碳资产债券是市场首单中长期碳资产债券,也是市场首单"绿色""碳资产"双标签债券。本期债券利率挂钩 3 447 吨碳排放配额,持有本期绿色中期票据至到期的投资者可根据未来碳排放配额处置价格享有 0~5BP 浮动收益。

7)乡村振兴票据

乡村振兴票据是指非金融企业在银行间市场发行的,募集资金用于乡村振兴的债务融资工具。乡村振兴票据募集资金投向应符合中国人民银行金融服务乡村振兴要求,用于支持"三农"发展,投向乡村振兴项目应坚持商业可持续原则,具有市场化的投资收益机制,支持的项目类型包括农民就业增收、农业现代化、乡村建设等与乡村振兴有关的项目。2022 年,招商银行主承销 10 只乡村振兴票据,发行规模合计 45.43 亿元。

9.2.3 绿色投资

招商银行践行负责任投资理念,在资产管理的各流程和环节纳入 ESG 考量因素,通过负责任的投资支持更具社会和环保效益企业的发展。

子公司招银国际在官方网站发布《积极采取行动应对气候变化》,将气候相关风险因素融入投资风险管理中。对企业进行调研与访谈时,关注企业创始人与管理层是否了解或执行 ESG 相关理念。

子公司招商基金设立可持续投资决策委员会,负责在制定基金或委托资产投资的基本政策和重大投资决策中贯彻落实 ESG 投资理念。建立内外部结合的 ESG 评价体系,并在《招商基金公司股票池维护指引》中规定,进入核心股票池的投资标的,要全面评价其在公司治理、负面舆情等方面的 ESG 表现,不符合 ESG 要求的标的不得进入公司股票池。截至2022年末，招商基金共存续8只ESG相关投资产品，存续规模36.62亿元，同比增长150.48%。

子公司招商信诺资管在选定投资标的后，通过积极主动的尽职管理提高投资标的ESG表现。此外，在股权投资中初步建立了ESG评估框架，通过评估治理和环境因素在不同投资期限内对投资标的基本面和行业产生影响，为投资决策提供参考。充分发挥保险资金长期资金优势，2022年发行的7只保险资管产品获评估机构绿色认证，登记总规模约95亿元。

9.2.4 绿色消费

招商银行依托招商银行App及掌上生活App，搭建多个新能源汽车品牌专区，支持在线浏览新能源车型信息、一键获知分期购车额度、预约到店试驾等功能，全年为新能源汽车品牌提供数百万次宣传曝光。同时，建立了专业的新能源汽车分期线下综合服务团队，为新能源汽车门店提供全天候服务支持，为所有办理新能源汽车分期的客户提供专属一对一VIP服务，倡导和鼓励绿色消费。

招商银行推出了首张"碳中和"信用卡，旨在促进绿色消费，推动全球低碳发展。该卡支持纯电子交付，客户在申请时可以自主选择是否需要实体卡。同时，招商银行与上海环境能源交易所、中国银联合作，对该卡从产生、制作到配送等整个生产周期内所产生的碳排放进行中和，由上海环境能源交易所认证并出具碳中和证书。

子公司招商永隆银行推出"绿色楼宇按揭计划"，针对持有香港绿色建筑议会颁发的"绿建环评"铂金级或金级住宅楼宇认证的一手、二手私人及政府资助住宅项目提供按揭方案，支持绿色建筑消费。

除上述绿色金融产品和服务外，招商银行近年来还大力发展绿色租赁、绿色托管等业务，不断丰富和完善自身绿色金融业务体系，提升服务"双碳"战略的能力。

9.3 强化能力建设，提升绿色金融研究水平

9.3.1 提升绿色金融行业研究能力

招商银行以自身发展战略为导向，通过行业"自组织"形式深入开展对正负极材料、储能、光伏材料、固体废物治理等绿色相关行业的研究，制定授信审查指引，并加强对钢铁等高碳行业或传统制造业的碳中和影响分析，深化行业认知、开展专题培训，以实际行动支持绿色金融服务。同时，撰写和发表多份关于环境与绿色金融相关的研究报告，主题覆盖：应对气候变化的经济分析、光伏制造业研究、风电制造业研究、钢铁行业转型分析、气候投融资、碳市场等。

9.3.2 开展绿色金融相关培训

为提升员工对绿色金融的认知，招商银行展开了多场相关培训，线上与线下相结合，

宏观策略与具体业务相结合,致力于为客户专业高效地提供绿色金融服务。

招商银行邀请多位ESG领域知名专家学者面向全行授课,介绍ESG的发展、演进及对银行业的影响,深度解读转型金融、气候风险管理以及绿色经济量化测度等前沿主题。

招商银行开展碳减排支持工具专项培训,指导各分行快速精准识别碳减排项目;开展绿色业务认定培训,助力提升绿色业务数据质量;举行"碳达峰碳中和"战略下新能源发展的趋势、模式及产业机会相关培训,帮助员工了解"双碳"战略下新能源发展的趋势、模式。

子公司招商永隆银行为董事提供由专业机构主持的"气候风险和绿色金融的战略机遇"现场培训;邀请香港质量保证局专家进行《绿色及可持续发展挂钩贷款产品特征及认证流程主题分享会》;在公司内部网站开通绿色金融专栏,发布多篇绿色及可持续金融最新专业文献。

子公司招银国际聘请专业会计师事务所为业务相关员工提供ESG相关培训,介绍证监会对气候相关风险管理及披露的要求,以及气候相关风险的融入方式和使用的工具。

子公司招商基金在线上培训系统开设ESG课程专栏,上线ESG相关线上课程供全员学习,引导投资经理及相关业务条线员工加强对企业环境保护、社会道德以及公共利益等方面的考量。

子公司招商信诺资管邀请广州绿色金融专家库专家开展"绿色金融发展与展望"ESG专题培训,引导全体员工牢固树立并积极践行绿色金融理念,持续优化完善绿色投资能力。

9.4 践行低碳理念,加速推进绿色运营

9.4.1 节能降耗,践行绿色办公

1) 建设能源管理体系

招商银行积极构建物业绿色低碳运营体系,建设能源管理平台,编制能源管理手册,开展能源绩效评估。一是通过安装智能表计和搭建能源管理平台,实现水、电等数据的实时采集、对比分析和监测,及时发现异动数据与设备问题,为编制节能方案、设定能源规划目标提供基础数据支持。二是发布《办公物业能源精细化管理指引(试行)》,明确"以管理为基础,全面提升能源管理水平;以节能技改为手段,提高能源利用效率;以完善组织、落实资金等为保障,确保实现节能目标"的节能工作路线图。三是聘请专业机构评估楼宇设备设施能源绩效,基于专业机构出具的节能规划路线专项报告,开展日常节能降耗工作。

2) 节约能源消耗

银行自身的能源消耗主要来自日常运营,包括数据中心空调制冷系统、照明、动力能源消耗,餐厅厨房天然气消耗,自有公务车辆汽油消耗,以及应急发电机柴油消耗等。

提升办公区域使用效率方面,试点改造办公区,推广共享办公模式,减少办公卡位闲置,提升场地利用效率。

节能技术应用方面,在对总行大厦全部办公区域和深圳、上海两地培训中心部分区域进行LED节能灯改造,并在地下车库、卫生间、走廊内加装雷达感应LED灯具;持续优化

总行大厦空调冷水机组等各类设备,改进升级智慧空调系统集成架构;在平湖金融创新大厦电梯采用高效节能电机,通过群控、分时段控制、非运行延时关灯等手段节能;在平湖金融创新大厦非机动车道路、地面停车场等区域种植乔木绿化遮阴,增加绿色面积,降低城市热岛效应强度,减少空调制冷负荷。

新能源汽车应用方面,为办公楼宇各场地加装电动汽车充电桩,倡导使用新能源车辆;制定商务车更新计划,计划将现有燃油车逐步更换为电动车;利用乘车打卡数据,动态优化班车线路,提升使用效率,减少能源浪费。

3) 节约水资源

银行的水资源消耗主要来自卫生间用水、厨房生活用水、茶水间生活用水、冷却水系统补水、外围绿化浇灌用水、空调冷冻用水、消防栓用水及消防喷淋用水等。招商银行积极开展节水宣导,张贴节水标识,提升节水意识;改造使用感应式水龙头及节水型马桶,采用高压洗地机清洁广场地板,提升水利用效率;将处理后的空调水用于植物浇灌,循环利用水资源;在办公区设置共享茶水间和直饮水机,减少直饮水消耗;在深圳金融创新大厦设置中水回收系统,将生活污水处理为中水,用于项目绿化灌溉及道路清洗。

4) 节约纸张

自身办公运营方面,招商银行推行无纸化办公,运用财务分析手段监测资源消耗趋势,加强纸张管理。提倡双面打印,减少纸质文件的使用;减少会务茶水一次性纸杯、抽纸等各类资源消耗;减少纸质证书、奖牌及名片使用,推广电子勋章、电子员工名片;加强对纸杯的采购管理,提倡使用可循环茶杯,减少一次性消耗品物品使用;规范宣传资料纸张使用,提倡以电子文档方式进行传递等。同时,作为全国首家成功实现无纸单据、无人审核、无感报销"三无"报销流程改造的银行业金融机构,通过无纸化端到端报销流程改造,2022年,招商银行节省约160万张报销用纸,成功实现以"小发票撬动大环保"。

业务无纸化运营管理方面,持续推进运营智能化工作。2022年,通过线上平台灵活支持418万笔业务和协议的无纸化办理,节约纸张约1 664万张,节能减碳约43.3吨;鼓励信用卡客户使用电子账单,持续优化升级各类线上渠道对账服务,夯实以掌上生活App、信用卡中心官网(移动端)等为核心的全渠道电子账单查账服务基础建设。截至2022年末,信用卡电子账单占比达99.58%,全年节省纸质账单用纸19.86亿张。

5) 废弃物管理

银行在自身运营过程中产生的主要废弃物分为有害和无害废弃物两类。招商银行根据废弃物类型差异设置了差异化处理方式,确保废弃物处理及时科学;在总行大厦推行垃圾分类,在醒目位置设置标识并放置分类垃圾桶,设置临时垃圾收集站进行再次分类挑选,确保垃圾清运符合政府规定要求,努力做到源头减量、分类投放和可回收利用;在总行各员工餐厅发起"践行节约,杜绝浪费"倡议,在倡议的推动下,餐余垃圾较2021年减少14%。

6) 绿色采购

在采购制度中明确规定"在符合采购需求、质量和服务标准同等的条件下,应优先选择采购节能环保产品"。同一种设备在不同品牌型号均设备能满足使用需求的前提下,优先选择绿色环保材料、低能耗的设备。在受理各部门采购申请时,首先查看使用部门的存量配置情况,了解目前的使用率,核实是否有可利用的设备,再确定是否采购。

9.4.2 积极宣导低碳环保理念

1) 宣导绿色文化

通过线上、线下相结合的形式,持续开展绿色运营宣传,开展绿色行为宣导,设置"绿色低碳宣传栏"。在2023年行庆活动中邀请全行员工设定"ESG小目标",进一步提升员工绿色低碳意识,共同推进绿色运营工作。同时,发布招商银行"绿色低碳行动倡议",涵盖节水、节电、节粮等与日常办公及生活密切相关的主题,有效提升员工低碳环保意识。

2) 开展绿色运营专项培训

通过大兴调研和专题培训等方式,强化总行、分行沟通交流,共同推进全行绿色运营目标达成;搭建绿色运营知识平台库,不断收集纳入各类成功案例和经验举措,逐步积累和丰富内容。

3) 组织绿色公益活动

定期举办绿色知识答题和绿色行为打卡活动。2023年,招商银行配合36周年行庆,推出主题为"绿色出行CAR啡助力"的绿色出行活动,员工参与低碳环保出行可兑换咖啡饮品,活动共吸引1 619人参与,累计减少359.75千克碳排放。

9.4.3 参与绿色环保倡议

继2021年10月签署加入《银行业金融机构支持生物多样性保护共同宣示》后,2022年12月,招商银行加入中国银行业开展支持生物多样性保护共同行动倡议,将充分践行生物多样性保护共同宣示与共同行动方案,在国内外传递绿色理念与声音,为实现生态友好的可持续发展贡献力量。

9.4.4 开展碳盘查及碳减排工作

招商银行开展"碳中和"项目,建设自身碳管理能力。该项目通过碳盘查摸清自身排放情况,全面梳理2020—2022年总行及境内外分支行运营及部分价值链上下游碳排放清单、核算碳排放量以及分析减排潜力等。在此基础上,从节能降耗和能源转型等多个维度出发,多措并举推进各项碳减排工作,助力我国实现碳达峰、碳中和的"3060"目标。

[思考与练习]

1. 在招商银行打造"价值银行"战略目标中,绿色金融扮演了什么角色,为招商银行的战略目标实现提供哪些价值?
2. 招商银行可以通过哪些方式来助力我国实现碳达峰、碳中和的"3060"目标?
3. 招商银行面临哪些潜在的ESG风险和机遇?未来应如何规避风险、把握机遇?

第 10 章 中国太平洋保险(集团)股份有限公司 ESG 实践[1]

中国太平洋保险(集团)股份有限公司(以下简称"中国太保"或"太保")作为国内知名险企,始终走在国内可持续发展道路的前沿,并取得系列显著成就。2021 年,中国太保正式签署联合国可持续保险原则和负责任投资原则,全面对标国际先进实践;2022 年中国太保成功入选福布斯"2022 中国 ESG50"。在环境层面,太保围绕绿色金融,为绿色产业提供融资支持;在社会层面,太保支持实体经济发展,并聚焦社会福利和乡村振兴提供保障;在公司治理层面,太保将 ESG 理念融入顶层设计,并高度关切利益相关方诉求。以下将逐一阐述太保 ESG 具体实践。

10.1 环境层面:发展创新绿色金融,提供绿色融资支持

太保作为国内领先的险企,走在绿色金融体制机制创新的前沿,为国家经济绿色转型提供融资支持。以绿色保险完善风险保障,以绿色投资提供资金支持,以绿色运营展现业内典范,以绿色公益扩大公众参与。

10.1.1 绿色保险

从负债端来看,太保大力推行绿色保险,聚焦服务清洁能源、降低污染消耗、应对气候变化、生态环境保护、绿色交通运输五大领域。截至 2022 年末,清洁能源项目累计保额超 1.2 万亿元,环境污染责任保险累计保障超 110 万亿元,巨灾保险累计风险保障约 7 000 亿元,合计提供保障超 8 万亿元,产品 120 余款,其中创新产品 45 款。近年来太保尤为强调生态文明建设,先后落地首个草原碳汇遥感指数保险、首个湿地碳汇生态价值保险、全国首单单株林木碳汇保险等。截至 2022 年末,为 3.5 亿亩各类林地提供约 2 200 亿元的风险保障,切实促进生态文明强国的建设。

在标准制定方面,太保也在 2022 年率先在业界创建《可持续(绿色)保险标准指引》和编码体系,包括服务绿色转型、服务民生福祉提升、服务实体经济韧性、服务对外开放提质四大类别,涵盖 12 个领域、22 个细分领域和 47 个业务范围,为业内绿色保险创新提供有益参考。

---

[1] 本案例编撰完成时间为 2023 年 6 月,案例所涉信息均更新至 2023 年 6 月底。

10.1.2 绿色投资

从资产端来看,太保充分匹配保险资金长期投资需求与绿色项目长期融资需求,通过债权投资计划、股权投资计划、资产支持计划、产业基金等形式,直接参与绿色项目投资建设,领域涵盖清洁交通、清洁能源、资源节约、循环利用和污染防治、生态环境、基础设施绿色升级、绿色服务产业等(见表10.1)。截至2022年末,累计绿色投资超过1500亿元。

表 10.1 太保绿色投资要求与实践

资产投资流程中的 ESG 要求	实 践 与 探 索
上市公司投票过程中考虑 ESG 因素的情况	初步制定 ESG 积极所有权策略,并逐步将投票流程中对公司议案的分析纳入 ESG 分析框架
新兴市场上股票投资过程中考虑 ESG 因素的情况	对研究标的开展 ESG 评估分析,将 ESG 分析与基本面分析相结合,将 ESG 因素纳入权益投资流程和决策考量。初步建立数据库,用以定量判断研究标的 ESG 水平
固定收益(非公司类)投资过程中考虑 ESG 因素的情况	风险管理相关部门针对投资组合的 ESG 因素进行监督,定期跟踪组合 ESG 情况,及时向投资部门提示和预警相关 ESG 风险
固定收益(公司类)投资过程中考虑 ESG 因素的情况	在固定收益投资中,将环境、社会和公司治理因素纳入考量,在投资策略制定和标的筛选的过程中应充分考量 ESG 因素。对于标债类资产投资,根据 ESG 评级等因素构建 ESG 可投池,并根据 ESG 投资策略选取投资标的。对于金融产品投资,在进行产品审核和评价时充分考虑 ESG 因素,并在产品存续期持续关注 ESG 风险,必要时采取相应风险防范措施
对冲基金和另类投资过程中考虑 ESG 因素的情况	对固定收益(公司类)在信用评级框架中将公司 ESG 因素纳入考量,重点关注 ESG 因素对被评级企业的竞争能力、财务状况等方面的影响。在公司信用评估部门提供的债券可投池的基础上,优先筛选 ESG 评分较高主体进行投资
公司参与或代理投票政策	在另类投资中积极践行 ESG 发展理念,聚焦绿色投资,关注项目的环境和社会影响,在项目的评估环节综合考虑对环境的影响、公司的治理水平等因素

具体来看,太保以债权投资为主,覆盖各类可持续挂钩债、蓝色债券、绿色债券、碳中和债以及乡村振兴债,用于投资清洁能源基础设施建设、水资源保护、棚改区改造、生态环境治理等多领域项目。以鲁山豫能债权投资为例,计划50亿元资金用于河南鲁山抽水蓄能电站项目。项目建成投产后,预计每年可减少电网标煤耗14万吨,减排二氧化碳31万吨、二氧化硫4 004吨、氮氧化物648吨。

在标准制定方面,太保资产制定了《太平洋资产管理有限责任公司绿色金融投资管理办法(试行)》,覆盖债券投资、金融产品投资、权益投资三大投资维度,于投资全流程中纳入 ESG 因素,定期收集拟投资标的及被投资标的包括环境信息披露情况等在内的所有相关 ESG 数据及信息,全面评估、追踪、管理 ESG 风险。

10.1.3 绿色运营

从运营端来看,太保践行绿色运营,推行绿色办公,打造绿色建筑并倡导绿色生活。具体而言,在绿色办公方面,太保寿险推行电子批单、电子保单、电子信函等无纸化服务,电子信函订阅率达86.5%;在减少温室气体排放方面,太保产险启动CL-01低碳运行机制建设项目,迭代设计和建立行业首创的"实物＋财务＋碳排放"的一体化管理模式,实现公司低碳运行目标;在绿色建筑方面,大湾区总部大楼已取得WELL HSR认证和LEED-CS铂金认证;在倡导绿色生活方面,2022年太保上线"碳险家"平台,参与用户1万余人,通过记录员工个人行为碳足迹,鼓励用户线进行上会议、绿色通勤、低碳差旅等低碳行为,通过积累碳积分兑换权益的激励措施,引导参与绿色打卡任务,促进碳减排。

10.1.4 绿色公益

从公益端来看,太保坚持绿色公益,并将公益融入业务创新,扩展客户参与公益的渠道。自2020年以来,集团持续规划建设三江源公益林,公司和员工共捐款3 330万元,共造林2 000余亩,植树近12万株。在业务创新方面,2022年太保开展"你投保,我捐赠"活动,客户每一次投保人身险、车险等产品,太保都将捐赠0.3元用于三江源种植公益林,倡导绿色行动。

10.2 社会层面：支持实体经济发展，社保乡村振兴齐飞

太保从服务实体经济出发,围绕新型工业化和普惠金融助力国民经济提质增效,在社会福祉保障方面,聚焦大健康产业,着重围绕健康保障与养老服务强化产品供给能力。此外,太保发力乡村振兴建设,以乡村帮扶和农业保险为两翼,打造具有太保特色的乡村振兴长效机制。

10.2.1 社会福祉保障

在社会福祉保障方面,太保积极响应"健康中国2030"目标,实施健康战略,助力多层次医疗保障体系建设,布局养老产业,初步建立覆盖客户全生命周期的服务供给能力。

在健康保障方面,太保围绕政保业务与健康保险业务不断提升健康产品服务供给能力。在政策保险服务方面,截至2022年末,惠民保覆盖15个省、90余个城市,服务5 300万参保人;大病保险项目超过60个,覆盖1亿多参保人;产险长期护理保险服务4 350万参保人;寿险长期护理保险服务5 000万参保人,累计赔付超420万人次,赔款超20亿元,合计在办各类医保合作项目覆盖32个省市自治区,服务1.6亿多参保人。在健康保险服务方面,太保针对家庭医生、健康管理、康复医疗、特定疾病与重大疾病等分别推出太医管家、太保蓝本、源申康复等特色医疗服务品牌。以太医管家为例,拥有近千人的"自建医生＋外部专家"服务团队,已为超400万用户及其家庭成员提供7×24小时家医及管理式医疗服务。

在养老服务方面，太保推出太保家园探索养老社区建设，截至2022年末，已在全国11个城市落地了12个项目，初步完成养老产业全国布局，目前已形成"颐养社区、乐养社区、康养社区"三大产品线，为客户提供全年龄覆盖、全天候响应、全方位呵护的养老服务。

在创新新市民服务方面，太保立足新市民在创业、就业、住房、教育等重点领域的金融需求，开发适合新市民房屋居住人员保险保障的险种，包括重大事故及灾害对房屋内人身保险、财产保险造成损失的综合意外保险、异地扶贫搬迁就业救助责任保险、农民工工资支付保证保险等产品，持续为建筑、物流快递、家政服务等行业提供职业伤害保险。截至2022年末，累计为3 000名异地搬迁人员提供保障金额1 502万元。

10.2.2 服务实体经济

太保积极融入和服务新发展格局，围绕保险主业，坚持服务实体经济，积极贡献太保力量，围绕推进新型工业化以及普惠金融，服务国家重大基础设施，助力国民经济提质增效、城镇化等重大工程项目。

在新型工业化方面，太保聚焦集成电路、新能源车、航天事业、生物医药四大领域，围绕全产业链提供全流程保险服务。在集成电路领域，承保多个国内头部芯片工厂项目，从产业链、出口、人员安全、责任等各个方面提供全流程的保险服务；在新能源车领域，成功落地新能源车险直营新模式，直面对接"电动化、智能化、共享化"的新能源车时代；在航天领域，已为10余发"快舟一号"甲运载火箭提供全面风险保障；在生物医药领域，创新开发上市前临床试验责任险、上市后生命科学产品责任险、知识产权执行及被侵权损失保险等险种，并建立了基于疫苗产业生态的完整保障体系，保障新药从研发到上市全生命周期所要面临的各种不确定风险，护航生物医药健康发展。

在普惠金融方面，太保围绕"增量、扩面、提质、降本"，持续加大小微企业金融支持力度，帮助解决小微企业融资难、担保难的问题。在融资端，太保推出"太享贷"为小微企业主和个人客户提供智能自动核保，截至2022年末，累计帮助40万小微业主、个体工商户从银行等金融机构获得融资资金超1 800亿元。在担保端，太保产险推进替换保证金类保证险发展，提供开办工程投标、建设合同履约、业主合同款支付、建设工程质量和工人工资支付等多维度的保险，帮助民营建筑企业减轻资金负担，截至2022年末，服务民营企业共计约48万家（次），保险金额超617亿元。

10.2.3 乡村振兴建设

聚焦乡村帮扶与农业保险服务，太保在乡村发展、乡村建设、乡村治理等重点领域持续深化具有太保特色的乡村振兴长效机制。

在乡村帮扶方面，太保进一步拆解为捐赠帮扶、产业帮扶以及消费帮扶。在捐赠帮扶方面，截至2022年末，累计投入1 900余万元帮扶款。在产业帮扶方面，太保聚焦冷链物流、公路水利等农村基础设施提供保障，在全国15个省市开展高标准农田IDI项目。在消费帮扶方面，太保发动各机构工会和员工购买消费帮扶特色农产品，截至2022年末，线上线下消费帮扶265万元。在保障机制上，太保推出防贫保并派出驻村干部，截至2022年末，防贫保增点扩面至全国1 175个区县，累计提供保险保障逾36.5万亿元，累计支付防贫救助金 20.34 亿元,当年派出驻村干部 275 人,其中第一书记 68 人。

在农业保险服务方面,截至 2022 年末,中国太保提供各类农险保障 6 652 亿元,农险理赔惠及农户 3 032 万户次,支付赔款近 98 亿元;累计开发逾 3 500 款农险产品,实现农林牧渔全领域产品全覆盖。太保聚焦粮食安全、数字化和金融创新以及"三农"服务站重点推进。在粮食安全方面,积极推进三大主粮作物的成本和收入保险,截至 2022 年末,在 380 余个产粮大县为逾 7 400 万亩次、862 万多户次粮农的主粮耕地提供逾 670 亿元风险保障,保障国家粮食安全。在数字化和金融创新方面,利用"e 农险"卫星遥感+无人机+地面专家的"天、空、地"服务模式,进行成长期长势监测、收获期产量估测,实现理赔全流程的精准高效。此外,太保承保近 180 个"保险+期货"项目,为 150 万户农户提供保障服务站,推动农险保障从保物化成本向保完全成本、从保产量损失向保价格收入升级。在"三农"方面,截至 2022 年末,太保在全国建成以 3 800 余个"三农"服务站为堡垒、1.5 万余协保员为支撑的基层服务网络体系。

10.3 公司治理层面:完善 ESG 治理体系,关切利益相关方诉求

太保积极引入 ESG 管理理念并融入公司战略,明确发展愿景和主要原则,具体在管理体系实践方面,在董事会下设立战略与投资决策及 ESG 委员会,并成立了 ESG 常设职能部门,完善 ESG 管理架构。此外,太保高度重视利益相关方诉求,携手员工、供应商与客户,推动形成与生态环境、经济社会利益相关方和谐共生、互利共赢的发展文化。

10.3.1 战略设计

太保将 ESG 作为"必答题",积极引入 ESG 管理理念并融入公司战略。2021 年,中国太保正式签署联合国可持续保险原则和负责任投资原则,全面对标国际先进实践。2022 年,太保制定《中国太平洋保险(集团)股份有限公司环境、社会及治理规划》(2023—2025 年),明确公司 ESG 发展目标和实现路径,将围绕应对气候变化、构建韧性社会、实施绿色运营、发展绿色金融、完善客户经营、保障员工发展等重要议题,持续完善公司治理架构,全面塑造可持续发展文化,推动形成与生态环境和经济社会相关利益方和谐共生、互利共赢的发展 格局,提升公司 ESG 发展水平,融入国家战略发展方向,助力实现我国"碳达峰碳中和"目标,全面建设人与自然和谐发展的中国式现代化。

10.3.2 管理体系

在管理体系方面,太保持续完善 ESG 治理架构,将 ESG 理念融入公司管治。在中国太保的 ESG 顶层设计中,将董事会作为最高决策机构,推动各职能部门和子公司条线将 ESG 理念融入日常运营中,以此确保 ESG 管理有效性。

具体而言,董事会负责全面监督 ESG 规划、实施与管理,评估 ESG 对公司整体策略的潜在影响,对公司 ESG 目标、计划、管理政策等进行决策;董事会下设的战略与投资决策及

ESG委员会则负责识别公司ESG风险,研究规划公司ESG战略,设定公司ESG目标、计划、管理政策、绩效考核等,监督ESG执行情况。该委员会下设集团ESG办公室,作为ESG日常工作推进部门,而各个集团职能部门和子公司条线则作为ESG具体事项落实主体,落实ESG具体工作任务,反馈ESG关键议题、绩效及执行情况(如图10.1所示)。

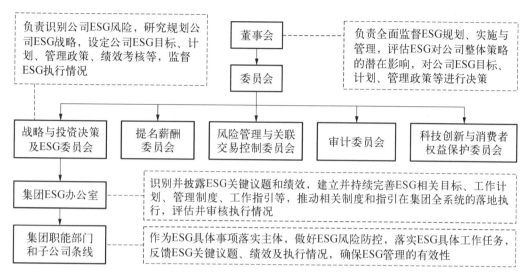

图10.1　太保ESG治理体系

太保的各子公司也纷纷完善ESG管理架构。太保产险成立可持续发展(ESG)领导小组作为高级管理层履行相关职责,牵头负责公司绿色金融工作,下设可持续发展研究中心作为牵头执行部门;太保寿险设立ESG办公室;太保资产设立证券投资决策委员会,下设ESG投研工作小组;长江养老成立ESG投资及产品研发项目组。其中太保产险、太保资产、长江养老也各自发布ESG制度设计文件,将ESG融入整体决策(见表10.2)。

表10.2　太保子公司ESG制度设计

子公司	文　件　名	亮　　点
太保产险	《2022—2024年绿色保险(可持续保险)战略规划及实施方案》	将年度绿色金融发展情况报告作为董事会议题纳入2023年度"三会"会议计划
太保资产	《太平洋资产管理有限责任公司绿色金融投资管理办法(试行)》	将ESG因素综合考虑进整体的投资决策流程之中
长江养老	《长江养老股份有限公司ESG债券投资细则(试行)》	明确公司ESG债券投资的债券池分类及入池标准

10.3.3　利益相关方

关爱员工,保障权益。截至2022年末,太保员工总数11.09万人,其中劳动合同制员工10.45万人,劳动合同签订覆盖率达100%,并建立企业年金制度,员工参保率85%,切实做到基本权益保障。在人才建设方面,太保积极推进人才队伍年轻化建设,形成近500人组成的覆盖各层级、各领域优秀青年人才池;在员工关爱方面,2022年太保慰问帮助因患重大疾病、遭受自然灾害或突发事件、子女上学等原因致贫致困的员工共计3 024人,支出慰问金678.59万元,有效缓解困难员工的经济压力。

围绕客户,优化服务。中国太保践行"以客户为中心"的经营理念,打造"责任、智慧、温度"的"太保服务"品牌。2022年,太保收集客户服务体验反馈230余万条,在销售人员专业性、理赔流程作业规范性等方面制定针对性提升举措,推动客户体验持续提升,关键旅程NPS(客户净推荐值)稳中向好,客户黏性持续提升。

携手供应商,责任采购。为保证供应链的稳定运行,太保制定《供应商管理办法》,建立供应商管理机制,持续优化采购及供应商管理流程,开展供应商准入、评价分级管理制度。逐步推动数字化管理,建设供应商准入、评价、使用等功能一体化的供应商管理系统。在供应商准入环节,实行公开征集、内外部推荐、供应商自荐等,凡有意向参与集团采购活动的供应商应通过采购部门登记相关信息,并签署ESG承诺书。2022年,集中采购供应商528家,未发生因为ESG问题而拒绝合作的供应商。

合作共赢,同铸辉煌。中国太保深化与部委、省市政府、行业龙头、地方头部企业的合作关系,创造合作共赢典范标杆(见表10.3)。2022年,围绕做实服务民生保障、乡村振兴、绿色发展等国家战略加大与部委省级机构以及战略客户的生态链接,纳入协同开发的战略客户802家,其中,央企客户61家,战略签约客户124家,与省级政府(含省、自治区、直辖市、计划单列市)签约率达77%。

表10.3 太保与利益相关方沟通

利益相关方	利益相关方期望	沟 通 渠 道
客户	优质的产品和服务、保护数据和隐私安全、消费者权益保护、畅通沟通机制、提升金融服务可及性	客户产品需求调研、NPS调研监测、95500客户服务专线、客户线上服务平台、客户关怀活动、社会媒体
员工	平等公正的招聘原则、畅通无阻的沟通渠道、不断完善的薪酬福利、广阔的职业发展前景、促进提升职业能力、保障健康和安全、促进工作与生活平衡	职工代表大会、员工申诉通道、部门沟通会、OA与即时通信平台、业务督导、培训、技术支持、员工文体、关怀活动
股东	稳健的经营业绩、完善的公司治理、透明的信息披露、持续加强风险管理、合规诚信发展、保护中小股东权益	股东大会、定期报告与信息公告、路演与反向路演、资本市场开放日、社会媒体、线上沟通渠道
政府与监管机构	响应国家战略、风险与合规管理、依法合规纳税、合规信息披露、促进行业发展	参加政府会议、拜访及工作汇报、政策研究、定期报告、专题报告
供应商	公平采购、合作共赢、绿色采购	采购活动、供应商管理系统、供应商调研
合作伙伴	合作共赢、行业创新	实践经验沟通与共享、项目合作、会议沟通、广泛的业界与跨界合作

续 表

利益相关方	利益相关方期望	沟 通 渠 道
社会	突发灾害应对、助力公益事业、社会热点回应、普及金融知识	推动乡村振兴、公益和志愿服务活动、支持体育文化事业、保险知识宣传与普及活动、多媒体沟通渠道
环境	应对气候变化、保护生物多样性、污染防治、提升资源使用效率	环境友好型产品和服务、绿色建筑与绿色运营、绿色投资与绿色保险、绿色公益

[思考与练习]

1. 简要归纳太保的 ESG 实践的核心做法与特点。
2. 对比分析太保的 ESG 实践与其他保险公司 ESG 案例实践。
3. 分析太保的 ESG 实践还有哪些不足之处与可改进之处？

第 11 章　海通证券：深化 ESG 管理，推进 ESG 风险管理体系建设[1]

11.1　ESG 管理发展背景及历程

11.1.1　主动拥抱 ESG 管理

海通证券股份有限公司(以下简称"海通证券")成立于 1988 年,是一家大型证券公司。公司业务涵盖证券期货经纪、投行、自营、资产管理、私募股权投资、另类投资、融资租赁、境外投行等领域,营业网点覆盖纽约、伦敦、香港、新加坡、上海、东京六大国际金融中心。

ESG 管理始终是企业落实高质量发展理念的重要方面之一。国家"双碳"战略和"十四五"规划的推出为企业践行 ESG 指明了方向,政府及金融监管机构针对绿色金融、乡村振兴、投资者教育等 ESG 领域也提出相应的要求。海通证券作为国有金融企业,对于支持"双碳"目标、落实高质量发展理念责无旁贷。

随着 ESG 投资理念在全球范围内受到普遍认同,上市公司 ESG 管理愈发受到关注。作为 A 股、H 股两地上市公司,海通证券主动分析国内外资本市场发展趋势,以 ESG 信息披露为起点,逐步深化企业 ESG 管理。2018 年中国 A 股被正式纳入 MSCI 指数,以 MSCI ESG 评级为代表的 ESG 评级机构及国际投资者也对公司 ESG 管理提出要求。海通证券在满足证券交易所信息披露要求的基础上,进一步回应资本市场关注点,通过更高质量的 ESG 管理提升 ESG 表现,以满足投资者的期待,助力自身的高质量发展。

11.1.2　在 ESG 信息披露、治理与管理方面建立扎实基础

长期以来,海通证券始终秉承"务实、开拓、稳健、卓越"的经营理念,准确定位自身作为上市公司、金融公司以及企业公民的角色,持续强化 ESG 信息披露,完善 ESG 治理架构与管理体系。

在 ESG 信息披露方面,海通证券已连续 13 年发布社会责任报告,披露环境、社会及公司治理方面所采取的行动和达到的成效,在满足交易所及监管机构 ESG 信息披露要求的同时,切实回应了股东、客户、员工、社区等各利益相关方的关注重点。自 2021 年起,公司在社会责任报告开篇发布单独的《董事会环境、社会及公司治理(ESG)声明》,进一步将

---

[1]　本案例编撰完成时间为 2023 年 6 月,案例所涉信息均更新至 2023 年 6 月底。

ESG 治理与管理的最新成果纳入社会责任报告披露范围。

海通证券关注 ESG 治理体系建设,积极将 ESG 融入公司发展战略和日常经营中,构建以金融赋能美好未来为核心的 ESG 理念模型,明确 ESG 履责主要领域,并持续完善 ESG 治理体系、夯实 ESG 发展根基。2021 年,海通证券将董事会发展战略与投资管理委员会更名为董事会发展战略与 ESG 管理委员会,并于 2022 年在经营管理层面设置 ESG 建设领导小组及工作小组,积极践行 ESG 理念,主动推进 ESG 管理工作规范、高效实行。

11.2 ESG 风险管理体系建设历程

11.2.1 ESG 风险管理体系建设背景

1) 外部要求

党的十八大以来,以习近平同志为核心的党中央把握时代大势,提出并深入贯彻创新、协调、绿色、开放、共享的新发展理念。在该理念指引下,政府、监管机构及行业自律组织先后出台了多项政策。2021 年 7 月,中国人民银行正式发布《金融机构环境信息披露指南》,从金融机构环境相关治理结构、政策制度、风险管理流程等维度提出实操引导。2022 年 5 月,我国证监会发布《上市公司投资者关系管理工作指引》,在投资者关系管理中,上市公司与投资者沟通的内容首次纳入公司的环境、社会和治理信息。此外,沪深交所和港交所均发布了规范文件,明确上市公司 ESG 风险管理的相关要求。

随着可持续发展理念在全球范围内的普及和发展,ESG 表现作为当前推动企业可持续发展的重要着力点,逐渐成为衡量企业综合实力的重要因素之一。以全球较早建立 ESG 评级体系机构之一的 MSCI 为例,2023 年 4 月 MSCI ESG 评级更新影响环境的融资议题,将指标数量由原 14 个细化为 46 个,关注证券公司在 ESG 风险管理政策、ESG 尽职调查实施、ESG 风险的触发及上报机制、气候相关风险分析及管理、可持续发展相关产品及服务开发等方面的表现。企业需要不断完善其 ESG 风险管理体系,强化组织韧性,更好地应对市场挑战并迎接新的发展机遇。

2) 内部环境

经过反复论证和充分讨论,海通证券决定自上而下开展 ESG 风险管理工作。治理层方面,2021 年,公司将董事会发展战略与投资管理委员会更名为董事会发展战略与 ESG 管理委员会(以下简称"委员会"),并将 ESG 风险管理确认为 ESG 管理重点领域之一。委员会主要负责为董事会制定公司发展战略、经营策略及 ESG 战略提供依据,及对包括 ESG 在内的中长期发展战略和重大投融资决策进行研究并提出建议。委员会负责指导及审阅公司总体的 ESG 理念、目标及策略、ESG 议题的识别和排序,监督公司 ESG 管理绩效目标的制定,检讨目标实现的进度,并就实现目标所需采取的行动提供建议。管理架构方面,海通证券搭建了包括董事会、经理层、风险管理部、相关业务及业务管理部门、分支机构和子公司在内的四级立体化 ESG 风险管理架构。

11.2.2 ESG 风险管理的核心行动

1) 完善 ESG 风险管理顶层设计

(1) 搭建 ESG 风险管理架构

海通证券搭建了董事会、经理层、风险管理部、相关业务及业务管理部门、分支机构和子公司的五级 ESG 风险管理架构,并明确各层级的具体职责,对业务层面的 ESG 风险进行系统、规范管理。其中,董事会参与 ESG 重大事项的审议与决策,对公司 ESG 工作进行监督并承担整体责任;经理层负责统筹落实 ESG 风险管理政策和制度,定期审核 ESG 风险管理制度及配套文件、组织实施 ESG 风险的识别与评估工作、审议处理公司重大 ESG 风险等;风险管理部负责拟定 ESG 风险管理规章制度,建立公司 ESG 风险评价体系,组织对各项业务 ESG 风险管理制度执行情况的监督检查,定期或不定期对公司整体 ESG 风险水平及其管理状况进行全面评估和报告,报告重大 ESG 风险隐患和风险事件;相关业务及业务管理部门、分支机构和子公司(以下简称"各单位")根据业务需要建立健全本单位的 ESG 风险管理制度和流程,将 ESG 风险管理纳入本单位展业过程,组织实施相应的 ESG 风险管理工作,落实公司 ESG 风险管理政策和制度。

(2) 制订 ESG 风险管理制度

海通证券高度重视业务层面的 ESG 风险管理,通过 ESG 风险管理制度建设将 ESG 风险融入全面风险管理体系,并将 ESG 风险管理的具体动作及职责规范化、标准化。2021 年,公司启动 ESG 风险管理体系搭建,访谈调研了投资交易类业务、信用类业务、投资银行业务及客户资产管理业务条线的相关部门和子公司,讨论 ESG 风险事件的客户主体特征与识别方法,研究尽职调查、审批决策、存续期管理环节纳入 ESG 风险因素的实施路径,明确 ESG 风险事件引发信用违约、资产贬值等风险的管控手段和处置方案。2021 年 11 月,公司正式发布《海通证券股份有限公司(集团)ESG 风险管理办法(试行)》和《海通证券股份有限公司(集团)客户 ESG 尽职调查指引(试行)》,对各条线业务活动中 ESG 风险管理机制和流程加以规范,确保公司各条线业务在可承受的 ESG 风险范围内有序运作。

(3) 完善 ESG 风险管理流程

在 ESG 风险的识别和评估上,各单位应根据客户的行业、经营活动及 ESG 负面事件等因素初步判断客户的 ESG 风险水平,对于可能存在高 ESG 风险的客户,相关单位在展业过程中应进一步开展 ESG 尽职调查。ESG 尽职调查人员应收集如下信息:客户的 ESG 风险暴露水平,涉及因素包括所属行业、业务活动类型、运营区域等;客户的 ESG 风险管理能力,涉及因素包括 ESG 信息披露状况、ESG 管理制度及行动情况等;客户 ESG 方面的合法合规性调查;客户 ESG 方面的负面舆情;体现客户 ESG 风险暴露水平和 ESG 风险管理能力的其他重大事项。

ESG 尽职调查人员应当根据实际情况选取间接调查和(或)实地调查的方法以了解客户的 ESG 风险状况。ESG 间接调查过程中,尽职调查人员可以使用外部 ESG 信息渠道进行信息检索和评判,例如,公开披露客户年报、社会责任报告、ESG 报告、可持续发展报告等资料的官方网站、MSCI、万得、富时罗素等有公信力的 ESG 第三方评级机构,信用中国网、国家企业信用信息公示系统、中华人民共和国生态环境部等监管机构公告等。

ESG 实地调查过程中,尽职调查人员应要求客户提供相关佐证材料或承诺函以证明其 ESG 管理能力。

ESG 尽职调查评价体系分为负面事件评估和管理能力评价两大维度,尽职调查人员先对客户的 ESG 负面事件进行筛查和评估。如客户发生过重大 ESG 负面事件,则直接判定为高 ESG 风险客户;若客户未发生过重大 ESG 负面事件,则进行 ESG 管理能力综合评价,得到客户的 ESG 风险评价结果。

在 ESG 风险的控制与监测上,各单位须在审批决策过程中严格审议客户的 ESG 风险评价结果。针对可能存在高 ESG 风险的客户,相关单位在展业前须审慎评估其 ESG 风险,制定 ESG 风险应对方案,督促客户改善 ESG 管理水平,跟踪和评估改善措施的落实情况,定期监控和评估客户的 ESG 风险变化,若客户 ESG 风险发生恶化,及时采取提前了结、控制或降低业务风险敞口等有效的风险缓释措施。在业务存续期内,各单位应关注客户的 ESG 风险变化情况,定期或不定期开展 ESG 风险再评估,针对存在高 ESG 风险的情况,应当及时评估其对存续业务的负面影响,并采取应对措施缓释风险。

在 ESG 风险的报告和应对上,海通证券构建业务+风控的双向 ESG 风险应对机制:各单位发现其客户在业务存续期内存在高 ESG 风险的,须及时制定 ESG 风险应对方案并形成报告;风险管理部如果在风险监测过程中发现客户存在高 ESG 风险的,也会督促相关单位及时更新客户的 ESG 风险评价结果、制定 ESG 风险应对方案并落实风险缓释措施。风险管理部应及时向公司经理层报告 ESG 风险识别、评估、监测和应对的情况,确保公司经理层及时、充分地了解业务活动中的 ESG 风险管理情况。

2)健全 ESG 风险管理配套落实机制
(1)全面落实集团化 ESG 风险管理工作

以《海通证券股份有限公司(集团)ESG 风险管理办法(试行)》为纲领,海富产业投资基金管理有限公司、海通开元投资有限公司、上海海通证券资产管理有限公司、海富通基金管理有限公司、海通创新证券投资有限公司、海通恒信国际融资租赁股份有限公司(以下简称"海通恒信")、海通期货股份有限公司、海通国际证券集团有限公司(以下简称"海通国际")、海通银行等分别制定了适应本单位业务现状的 ESG 风险管理办法和尽职调查指引(见表11.1),落实集团化 ESG 风险管理工作,压实 ESG 风险管理责任。

表 11.1 海通证券子公司 ESG 风险管理制度

子公司名称	制度/文件名称
海富产业	《海富产业投资基金管理有限公司 ESG 风险管理办法(试行)》 《海富产业投资基金管理有限公司客户 ESG 尽职调查指引》
海通开元	《海通开元投资有限公司 ESG 风险管理办法(试行)》 《海通开元投资有限公司客户 ESG 尽职调查指引(试行)》
海通资管公司	《上海海通证券资产管理有限公司 ESG 风险管理办法》
海富通基金	《海富通基金管理有限公司 ESG 风险管理办法(试行)》

续　表

子公司名称	制度/文件名称
海通创新证券	《海通创新证券投资有限公司 ESG 风险管理办法（试行）》
海通恒信	《海通恒信国际融资租赁股份有限公司 ESG 风险管理办法（试行）》
海通期货	《海通期货股份有限公司资产管理业务 ESG 风险管理办法（试行）》
海通国际	《Group Risk Management Policy》，Chapter.12 ESG Risk Management
海通银行	《ESG Risk Regulation of Haitong Bank S.A.》

(2) 着力搭建 ESG 风险管理共享沟通平台

考虑到 ESG 风险管理体系建立初期各单位需要逐步积累经验，为全力推进 ESG 风险管理工作落地，海通证券于 2022 年 7 月进行了 ESG 风险管理案例征集，为各单位提供了共享沟通的交流平台。公司甄选了来自医药制造业、原材料加工制造业等 5 个高 ESG 风险行业的 36 家典型企业，编制 ESG 尽职调查及风险评价工作底稿，建立了 ESG 风险管理案例库，并根据不同行业进行分类评估，从环境、社会、治理三个视角深入研究各行业 ESG 风险实质，从实操层面明确 ESG 风险管理的标准和规范，帮助各单位尽快熟悉和掌握 ESG 风险管理要点，全面提高公司 ESG 风险评估的实操性和充分性。

(3) 持续优化 ESG 风险评估体系

结合实际业务落实情况，海通证券收集各单位的实操经验及意见反馈，于 2022 年 12 月修订了《海通证券股份有限公司（集团）客户 ESG 尽职调查指引》，进一步完善 ESG 风险管理制度，健全 ESG 风险评估框架。公司参考 MSCI ESG 评级、标普企业可持续发展评估（CSA）、可持续发展会计准则（SASB）、国际可持续发展准则理事会（ISSB）四类境外标准，以及国证 ESG 评价、中证 ESG 评价两大境内评级体系，新增了采矿业、原材料加工制造业、医药制造业 3 个高 ESG 风险行业的行业版评分卡，根据 3 个高风险行业在上述评级和信息披露标准中关注的重点议题及所占权重，对 ESG 尽职调查行业版评分卡的指标及权重进行调整，从而显著提升 ESG 风险评估的准确性和合理性。

(4) 建立 ESG 风险管理监督机制

为保证 ESG 风险管理工作的真正落实，海通证券自 2022 年起建立了持续性的 ESG 风险管理监督机制，对各单位的 ESG 风险管理工作开展情况进行考核评价，对工作落实不到位的单位将予以批评惩戒。通过考核评价，公司再度强调 ESG 风险管理工作的严肃性和重要性，加快补齐 ESG 风险管理中的短板与弱项。

3) 持续践行 ESG 风险管理理念

(1) 自上而下进行 ESG 风险管理文化宣导

为提升各单位的 ESG 管理意识，推动 ESG 工作向纵深化方向开展，海通证券于 2021 年 11 月开展了全集团 ESG 培训，该培训由董事长主持，在全集团层面进行 ESG 管理理念的内部宣导，将 ESG 发展理念嵌入公司发展战略和实践行动，强调 ESG 对于公司长期发展的重要性和必要性。

为提升各单位的 ESG 风险管理水平,2021 年公司面向各业务条线的主要负责人及业务骨干开展了 ESG 风险管理培训,从风控制度及实际操作层面对 ESG 风险管理、尽职调查及风险评估进行了讲解,进一步提升各业务条线的 ESG 风险管理意识。2022 年,公司组织了 ESG 风险管理案例库培训,通过案例库的形式,对前期各单位 ESG 尽职调查过程中存在的疑惑做出了归纳和解答,便于各单位在 ESG 的尽调过程中更好地把握 ESG 风险。各单位在会后针对培训内容组织了内部培训学习,2022 年累计开展各种形式的培训及学习近 20 场。2023 年,公司进行了 ESG 风险管理专题培训,介绍了海通证券 ESG 风险管理体系建设最新进展、ESG 监管趋势及同业实践,并分享 ESG 投资策略与应用。

(2) 开展常态化 ESG 反馈和沟通

海通证券高度重视 ESG 风险管理工作落地。在日常工作的落实中,各业务条线经常遇到实操问题,为积极响应和快速解决,公司建立常态化 ESG 反馈和沟通机制,定期通过问卷调研等形式,向各单位收集问题及建议,统一进行答疑和指导,加强各单位在 ESG 风险管理中的沟通交流和联动配合,着力破解 ESG 风险管理实操层面的堵点、痛点、难点,营造 ESG 风险管理体系良好的发展生态。

11.3 ESG 风险管理体系建设推进成果

11.3.1 ESG 管理认可度不断提高

海通证券在 ESG 风险管理方面的建设工作获得了权威评级机构的肯定和认可。2022 年公司最新 MSCI ESG 评级提升至 A 级,在国内证券公司同业中处于领先地位,其中"影响环境的融资""负责任投资"议题均体现了公司 ESG 风险管理体系建设的成绩。公司的 2021 年万得 ESG 评级连升两级至 AA 级,在 2022 年度 Wind ESG 评级榜单中,海通证券位居中国内地上市券商评级的第一名,为行业提供了良好的 ESG 实践样本。

11.3.2 信息披露质量持续提升

海通证券高度重视 ESG 信息披露,扎实提升披露质量和信息透明度,降低信息不对称性。在母公司发布的 2022 年社会责任报告中,详细介绍了公司深化 ESG 理念、完善 ESG 治理、推进 ESG 风险管理体系建设的具体举措和落实"双碳"战略、推进责任投资的情况,列举了绿色研究咨询成果和多个子公司的绿色投资案例,信息披露质量持续提升。此外,两家港股上市子公司海通恒信和海通国际均积极披露 ESG 报告。其中,海通国际自 2016 年起逐年披露 ESG 报告,并在 2020 年发布了首份 ESG 声明,承诺 2025 年底前实现碳中和,是首家作出碳中和公开承诺的香港金融机构;海通恒信自 2019 年开始逐年披露 ESG 报告,在切实履行社会责任和落实 ESG 风险管理方面表现出色。

11.3.3 ESG 尽职调查日趋完善

各单位积极开展 ESG 尽职调查工作,加强 ESG 风险的管控力度。以股权融资条线为例,2022 年完成对高 ESG 风险行业的全部存续期项目的 ESG 尽职调查和风险评价工作。例如,在某生物企业的 IPO 项目中,业务人员先后于 2022 年 9 月和 2022 年 10 月对该企业开展实地 ESG 尽职调查,走访了企业的研发及生产等核心部门,开展 ESG 管理访谈,搜集相关资料,先后两次进行 ESG 风险评估,最终确认 ESG 风险可控,继续推进该企业的 IPO 辅导。

展望未来,海通证券将在已有的 ESG 风险管理基础上,进一步加强细分行业的 ESG 风险研究,丰富 ESG 行业打分卡,扩充企业 ESG 案例库,打造更为立体化、精细化的 ESG 风险管理体系。此外,海通证券将建设数据化驱动的风险舆情捕捉系统和 ESG 风险管理系统,科技赋能 ESG 风险管理。在 ESG 风险管理之路上,海通证券传递责任声音,传播价值贡献,以榜样的力量引导行业提升 ESG 风险管理建设水平,为我国经济社会的高质量发展提供助力。

[思考与练习]

1. 券商为何要开展 ESG 风险管理?严控 ESG 风险的券商有何优势?
2. 券商的 ESG 风险管理框架如何搭建?各层级的职责如何明确?
3. 券商如何开展和落实 ESG 尽职调查?
4. 现阶段券商 ESG 风险管理有何难点?相应的应对方案有哪些?

图书在版编目(CIP)数据

金融业 ESG 导论/李志青,刘涛主编. —上海:复旦大学出版社,2024.5
(绿色金融系列)
ISBN 978-7-309-17393-2

Ⅰ.①金… Ⅱ.①李… ②刘… Ⅲ.①金融机构-经济发展-研究-中国 Ⅳ.①F832.3

中国国家版本馆 CIP 数据核字(2024)第 084000 号

金融业 ESG 导论
JINRONG YE ESG DAOLUN
李志青　刘　涛　主编
责任编辑/鲍雯妍

复旦大学出版社有限公司出版发行
上海市国权路 579 号　邮编:200433
网址: fupnet@ fudanpress.com　　http://www.fudanpress.com
门市零售:86-21-65102580　　团体订购:86-21-65104505
出版部电话:86-21-65642845
上海新艺印刷有限公司

开本 787 毫米×1092 毫米　1/16　印张 14.75　字数 341 千字
2024 年 5 月第 1 版第 1 次印刷

ISBN 978-7-309-17393-2/F·3045
定价:56.00 元

如有印装质量问题,请向复旦大学出版社有限公司出版部调换。
版权所有　侵权必究